SÉNÈQUE

DES BIENFAITS

LIVRES V - VII

COLLECTION DES UNIVERSITÉS DE FRANCE
publiée sous le patronage de l'ASSOCIATION GUILLAUME BUDÉ

SÉNÈQUE

DES BIENFAITS

TOME II

LIVRES V - VII

TEXTE ÉTABLI ET TRADUIT
PAR
FRANÇOIS PRÉCHAC
Professeur honoraire de l'Université de Lille

Quatrième tirage

PARIS
LES BELLES LETTRES
2003

95 boulevard Raspail, 75006 Paris
www.lesbelleslettres.com

Première édition 1928

ISBN : 2-251-01229-X
ISSN : 0184-7155

DES BIENFAITS

LIVRE V

Introduction à l'examen de problèmes de casuistique; libéralité d'Aebutius.

I. 1 Dans les livres précédents je pensais avoir réalisé tout mon plan, ayant traité de la manière dont il faut faire le bien et de la manière dont il le faut recevoir; ce sont là, en effet, les limites du devoir dont je m'occupe. Si je m'attarde encore après cela, ce n'est pas docilité scrupuleuse à la matière, mais complaisance pour elle; car c'est là où elle me conduit qu'il la faudrait suivre, et non où elle m'invite à m'engager; plus d'une fois, en fait, naîtra un problème capable de solliciter mon esprit par quelque attrait, problème non oiseux, mais encore moins essentiel. 2 Toutefois, puisque tu le veux, continuons, après avoir épuisé le fond du sujet, à explorer aussi ces questions qui, si tu veux savoir la vérité, s'y rattachent plutôt qu'elles n'en font partie intégrante; mais dont l'examen rigoureux, s'il ne paie pas de la peine qu'il coûte, n'est pas cependant peine perdue.

3 Pour toi, nature d'élite portée à la bienfaisance, Libéral Aebutius, nul éloge de cette pratique ne te satisfait pleinement. Je n'ai jamais vu personne faire une aussi généreuse estimation des services, même les plus insignifiants; voici que ta bonté en suivant sa pente en est venue jusqu'à te faire envisager comme fait à toi-

LIBER V

I. **1** In prioribus libris uidebar consummasse propositum, cum tractassem, quemadmodum || dandum esset beneficium, quemadmodum accipiendum; h*i* enim sunt huius officii fin*e*s. Quidquid ultra moror, non seruio materiae, sed indulgeo, quae, quo ducit, sequenda est, non qu*o* inuitat; subinde enim nascetur, quo lace*s*sat aliqua dulcedine animum, magis non superuacuum quam necessarium. **2** Verum, quia ita uis, perseueremus peractis, quae rem continebant, scrutari etiam ea, quae si uis uerum, conexa sunt, non cohaerentia; quae quisquis diligenter inspicit, nec facit operae pretium nec tamen perdit operam.

3 Tibi autem, homini natur*a* optimo et ad beneficia propenso, Liberalis Aebuti, nulla eorum laudatio satis facit. *N*eminem *u*mquam uidi *t*am benignum etiam leuissimorum officiorum aestimatorem; iam bonitas tua eo usque prolapsa est, ut tibi dari putes beneficium, quod ulli datur; paratus es, ne

I, **1** hi : hii *N* || fines *N*[2] : -nis *N*[1] || non quo *N*[2] : non quod *N*[1] || quo *N* : quod *G* || lacessat *N*[2] : -esat *N*[1]

3 natura *N*[2] : -ram *N*[1] || Neminem *N*[2] : memi- *N*[1] || umquam *N*[2] : *umq- [I *ut uid. eras*] *N*[1] || tam benignum *N*[2] : am ben- *N*[1].

même le bien fait à toute personne; tu es disposé pour empêcher qu'un homme ait regret du bien qu'il a fait, à le payer à tes frais à la place des ingrats. 4 Tu es personnellement si éloigné de toute jactance, tu tiens si fort à décharger à l'instant ceux que tu obliges, que toujours, en accordant un bienfait, tu veux avoir l'air non de faire quelque chose pour autrui, mais de payer un dû; et voilà pourquoi la mesure sera plus pleine des biens ainsi donnés lorsqu'ils feront retour vers toi; car en général on est poursuivi par les bienfaits lorsqu'on n'en réclame point le prix et comme la gloire s'attache de préférence à ceux qui la fuient, ainsi l'intérêt du bien que l'on a fait est plus rémunérateur lorsqu'on permet jusqu'à l'ingratitude. 5 Or il ne tient pas à toi qu'après avoir reçu tes bienfaits on ne vienne spontanément t'en redemander d'autres, et tu ne refuseras pas d'en accorder encore et d'ajouter aux premiers, que tu as refoulés dans l'ombre et dissimulés, des grâces encore plus nombreuses et plus grandes : le but que se propose l'homme excellent et d'une âme très haute est de supporter l'ingrat jusqu'à ce qu'il lui ait inspiré la gratitude. Et cette règle ne sera pas un leurre pour toi; les vices seront vaincus sous la masse des vertus, si l'on ne met pas à les haïr un zèle trop empressé.

Est-il honteux d'être vaincu dans un échange de bienfaits?

II. 1 Ce mot, en tout cas, te plaît entre tous pour sa noblesse : « Il est honteux d'avoir le dessous dans les bienfaits. » Or, la vérité de ce mot est à bon droit mise en question ordinairement et la réalité est tout autre que tu ne l'imagines; car jamais lorsque les bonnes pratiques sont l'objet de notre émulation, la défaite n'est honteuse, pourvu qu'on ne jette pas les armes et que même vaincu on ait la volonté de vaincre. 2 Tous n'apportent pas au service du bien, où ils tendent, même vigueur, mêmes ressources, même chance; et c'est celle-ci, même en nos desseins les meilleurs, qui, à ne considérer que le succès, décide souverainement; mais c'est

quem beneficii paeniteat, pro ingratis dependere. **4** Ipse usque eo *a*bes ab omni iactatione, usque eo statim uis exonerare, quos obli*g*as, ut, quidquid in aliquem confers, uelis uideri non praestare, sed reddere, ideoque plenius ad te sic data reuertentur; nam fere secuntur beneficia non reposcentem et ut gloria fugientes magis sequitur, ita fructus beneficiorum gratius respond*e*t, per quos esse etiam ingratis licet. **5** Per te uero non est mor*a*, quominus beneficia, qui acceperunt, ultro re*p*etant, nec recusabis conferre alia et suppressis di*s*simulatisque plura ac maiora adicere : propositum optimi uiri et ingentis animi tam diu ferre ingratum, donec feceris *g*ratum || Nec te ista ratio decipiet; succumbunt uitia uirtutibus, si illa *n*on cito odisse pr*o*peraueris.

II. **1** Illud utique unice tibi placet uelut magnifice dictum turpe ess*e* beneficiis uinci. Quod a*n* s*i*t uerum, non inmmerito quaeri solet, longeque aliud est, quam mente concipis; numquam enim in rerum honestarum certamine superari turpe est, dummodo arma non pro*i*cias et uictus quoque uelis uincere. **2** Non omnes ad bonum propositum easdem adferunt uires, easdem facultates, eandem f*o*rtunam, quae optimorum quoque consiliorum dumtaxat exitus temperat; uolu*n*tas ipsa rectum petens laudanda est, etiam si illam alius gra*d*u uelociori antecessit : non ut in certaminibus ad spectaculum editis meliorem palm*a* declarat, quamquam in illis quoque

4 abes N^2 : hab- N^1 || obligas : -icas *N* || usque eo : *habet N ex* usque ** eo || secuntur N^1 : sequuntur N^2 || respondet [-det illis] *V* : -dit *N*.

5 mora N^2 : -ram N^1 || repetant N^2 : repp- N^1 || dissimulatis *edd.* : disi- *N* || gratum *GP*^{2} : ira-|*N in ima pagina* || non cito *V* : concito *N* || properaueris N^2 : prosp- N^1.

II, **1** esse N^2 : | esset N^1 || Quod an sit *Erasme* : quo damset | *N* || proicias N^2 : pro**icias| [sp *eras,*] N^1.

2 fortunam N^2 : fur- N^1 || uoluntas N^2 : -umtas N^1 || gradu N^2 : -tu N^1 || palma *V* : -mam N^1.

la volonté elle seule, en tant qu'elle vise au bien, qui mérite les louanges, lors même qu'un concurrent plus habile a su la devancer, et ce n'est pas, comme aux joutes données en spectacle, la palme qui manifeste la supériorité; d'ailleurs, même en ces joutes, c'est souvent au plus faible que le hasard accorde l'avantage. 3 Lorsqu'il s'agit d'un devoir que chacune des deux parties veut réaliser de son côté en toute sa plénitude, l'une a-t-elle pu davantage, a-t-elle eu sous la main des moyens en rapport avec son intention, a-t-elle, pour aussi haut qu'ait visé son effort, reçu de la fortune la faculté d'y atteindre : si l'autre l'égale par la volonté, eût-elle moins rendu qu'elle n'a reçu ou manqué à rendre la totalité, mais enfin si elle a la volonté de rendre et s'applique de toute son âme à ce devoir, elle n'est pas plus battue que celui qui meurt les armes à la main et à qui l'ennemi a eu moins de peine à donner la mort qu'à faire tourner les talons. 4 Ce que tu tiens pour honteux ne saurait arriver à l'homme de bien : je veux dire la défaite. Jamais il ne pliera sous la force, jamais il n'abandonnera la partie; jusqu'au dernier jour de sa vie il sera debout et prêt; et à ce poste de combat il mourra disant bien haut la grandeur du bienfait reçu, la grandeur proportionnée de ses intentions.

III. 1 Lacédémone défend aux siens les combats du pancrace et du ceste, où la preuve d'infériorité est l'aveu du vaincu. Un coureur a-t-il touché le premier la craie <du cordon> : c'est de vitesse et non d'énergie qu'il a battu l'autre. Le lutteur trois fois renversé a perdu la palme, il ne l'a point cédée. Comme Lacédémone attachait grande importance à ce que ses citoyens ne connussent pas la défaite, elle les éloigna des combats où la victoire est décidée par un cri : « Je me retire! — Cède-moi la palme. » 2 Le malheur dont ce peuple préserve ses concitoyens, la vertu et la bonne intention en garantissent tous les hommes : celui d'être vaincus; puisqu'aussi bien, même aux prises avec des difficultés qui la dépassent, l'âme demeure in-

saepe deteriorem praetulit casus. **3** Vbi de officio agitur, quod uterque a sua parte esse quam plenissimum cupit, si al*ter* plus potuit et ad manum habuit materiam sufficientem animo suo, si illi, quantum conatus est, fortuna permisit, alter autem uoluntate par est, etiam si minora, quam accepit, reddidit aut omnia non reddidit, sed uult reddere et toto in hoc intentus est animo, non magis uictus est, quam qui in armis moritur, quem occidere facilius hostis potuit quam a*u*ertere. **4** Quod turpe existimas, id accidere uiro bono non potest, ut uincatur. || Nunquam e*nim* succumbet, numquam renuntia*b*it; ad ultimum usque uitae diem stabit paratus et in hac statione morietur magna se accepisse prae se ferens, paria uoluisse.

III. **1** Lac*e*d*a*emonii uetant suos pancrati*o* aut caestu decernere, ubi inferiorem ostendit uicti confessio. Cursor cretam prior contigit : uelocitate illum, non animo antecessit; luctator ter abiect*u*s perdidit palmam, non trad*id*it. Cum inuictos esse Lac*e*-*d*aemoni ciues suos magno aestimarent, ab iis certaminibus remouerunt, in quibus uictorem facit non iudex nec per se ipse exitus, sed uox c*e*dentis et tradere iube*n*tis. **2** Hoc, quod illi in suis ciuibus c*u*stodiunt, uirtus ac bona uoluntas omnibus praestat, ne umquam uincantur, quoniam quidem etiam inter superantia animus inuictus est. Ideo nemo tre-

3 si alter *dett.* : si aliter *N* || auertere *N*[2] : aduer- *N*[1].
4 enim *N*[2] : e *N*[1] || renuntiabit *N*[2] : -auit *N*[1] || prae se ferens paria uoluisse : *om. prius, sed postea supra uersum addidit N.*

III. **1** Lacedaemonii : lacaede- *N* || pancratio *Erasme* : -atios || abiectus *N*[2] : -tos *N*[1] || palmam non tradidit : *prius om. sed postea supra lineam* [—non tradedet] *addidit N* || Lacedaemonii : lacaede- *N* || suos magno : habet *N ex* suos certaminibus magno || cedentes *Erasme* : caed- *N* cad- *Gertz* || iubentis *N*[2] : -betis *N*[1].
2 Poenis *N*[2] : pen- *N*[1].

vincible. Voilà pourquoi nul ne parle d'une défaite des trois cents Fabius, mais de leur massacre; Régulus aussi fut pris par les Carthaginois et non vaincu; et de même, quiconque sous l'effort et le poids d'une malchance acharnée est écrasé, — mais non terrassé moralement. **3** En matière de bienfaits c'est la même chose : tel en a reçu de plus nombreux, de plus importants, de plus fréquents : il n'est pas vaincu pour cela. Les bienfaits le cèdent peut-être à d'autres bienfaits, si l'on dresse le bilan de ce qu'on donne et de ce qu'on reçoit; mais si l'on compare celui qui donne et celui qui reçoit, — et en eux ce sont les intentions, je dirai même les intentions toutes seules qui doivent entrer en compte, — ni l'un ni l'autre ne sera le gagnant. Il arrive en effet d'ordinaire que, l'un des deux adversaires étant criblé de blessures, l'autre n'ayant à vrai dire que de légères atteintes, on les déclare cependant au sortir de la lice « à égalité », pour autant que l'un des deux paraisse plus faible.

IV. **1** Donc nul ne saurait être vaincu en bienfaits, s'il sait être redevable, s'il veut rendre la pareille; puisque, si la balance matérielle est irréalisable, la balance morale est réalisée. Tant qu'il reste dans ces dispositions, tant qu'il garde fermement la volonté de prouver sa reconnaissance par des signes extérieurs, qu'importe de quel côté de misérables présents l'emportent par le nombre? Tu peux, toi, donner beaucoup, et moi je ne puis que recevoir; tu as la fortune pour toi, moi j'ai la bonne volonté : je n'en suis pas moins ton égal et je suis invincible comme le sont, devant des hommes en nombre et bardés de fer, des adversaires nus ou armés à la légère.

2 Nul par conséquent n'est vaincu en bienfaits, puisque la gratitude en chacun de nous se mesure à l'intention. En effet, s'il est honteux d'être vaincu en bienfaits, il n'en faut point accepter des puissants, à qui l'on ne saurait rendre la pareille, je veux dire des princes, des rois, que la fortune à mis en un rang d'où ils

centos Fabios uictos dicit, sed occisos; et Regulus captus est a P*o*enis, non uictus, et quisquis alius saeuientis fortunae ui ac pondere oppressus non submittit animum. **3** In beneficiis idem est : plura aliquis accepit, maiora, frequentiora; non tamen uictus est. Beneficia fortasse beneficiis uicta sunt, si inter se data et accepta conputes; si dantem et accipientem conparaueris, *qu*orum animi vel per se aestimandi sunt, penes neutrum erit palma. Solet enim fieri, ut, etiam cum alter multis uolneribus conf*o*ssus est, alter leuiter quidem saucius, pares exisse dicantur, quamuis alter uideatur inferior.

IV. **1** Ergo nemo uinci potest beneficiis, *si* scit debere, si uult referre : si quidem rebus non potest, animo aequat. Hic || quam diu in hoc permanet, quam diu tenet uoluntatem gratum animum *s*ignis adprobandi, quid interest, ab utra parte munuscula plura numerentur? Tu multa dare potes, et ego tantum accipere possum; tecum stat fo*r*tuna, mecum bona uoluntas : tamen tam par tibi sum et tam *inuictus quam* multis armatissimis nudi aut leuiter armati. **2** Nemo itaque beneficiis uinci*t*ur, quia tam gratus est quisque, quam uoluit. Nam si turpe est beneficiis uinci, non oportet a praepote*n*tibus uiris accipere beneficium, quibus gratiam referre non possis, a principibus dico, a regibus, quos eo loco fortuna posuit, ex quo largiri multa possent, pauca admodum et in-

2 Poenis N^2 : pen- N^1.

3 quorum N^2 : cor- N^1 || palma : *habet N ex* parma || confossus N^2 : confu- *ut uid.* N^1.

IV. **1** si scit *G* : scit *N* || debere : *habet N ex* -beri || signis *V* : ignis *N* || fortuna N^2 : fotu- N^1 || et tam <inuictus quam> *nos* : et tam | *N* quam N^2 *uel* N^3 *edd.*

2 uincitur N^2 : -cimur N^1 || praepotentibus N^2 : praepoten***tibus N^1.

peuvent répandre quantité de présents pour n'en recevoir en retour qu'un tout petit nombre et encore hors de proportion avec les leurs. 3 J'ai dit les rois et les princes; mais on ne laisse pas de leur pouvoir prêter son concours; et leur puissance, cette puissance qui les met hors de pair, trouve dans l'unanimité de leurs inférieurs à faire leurs volontés la base qui la soutient.

En revanche il y a certaines âmes soustraites entièrement à l'ambition, que presque aucun désir humain n'effleure; pour celles-là la Fortune elle-même ne peut rien faire. Fatalement un Socrate, en bienfaits, me vaincra; fatalement aussi un Diogène, qui parmi les trésors des Macédoniens, marcha nu foulant aux pieds les richesses du roi. 4 Ah! oui, il méritait alors de paraître à ses propres yeux — à tous les yeux qui pour apercevoir la vérité distinctement n'étaient offusqués par aucun brouillard — d'une envergure supérieure à l'homme qui voyait l'univers à ses pieds; de beaucoup il dépassait et en pouvoir et en richesse le maître du monde en ce temps-là, Alexandre; car il dépassait en capacité de refus la mesure des dons où l'autre pouvait atteindre. V. 1 Il n'y a point de honte à être vaincu par de tels hommes.

Et, en effet, je ne suis pas moins brave par le fait que tu me mets aux prises avec un adversaire invulnérable; et le feu n'en a pas moins le pouvoir de brûler s'il tombe sur une matière à laquelle les flammes ne sauraient faire outrage; et le fer ne perd pas du coup sa propriété tranchante si c'est un caillou réfractaire au choc, compact et d'une substance invincible aux corps durs qu'il s'agit de partager. Au sujet de l'homme reconnaissant je te fais la même réponse : nulle honte pour lui à être vaincu en bienfaits, si ceux-là l'ont obligé dont le haut rang ou la perfection morale ferme au bien qui leur pourrait faire retour tout accès vers ses auteurs. 2 Nos parents ont, en général, l'avantage sur nous. Car nous ne les possédons que durant le temps où nous les trouvons incommodes et où leurs bienfaits nous sont incompréhensibles; lorsque déjà les

paria datis recepturi. **3** *R*eges et principes dixi, quibus tamen potest opera nauari et quorum illa excellens potentia per minorum consensum ministeriumque const*at*.

*A*t sunt quidam extra omnem subducti cupiditatem, qui uix ull*i*s humanis desideriis continguntur; quibus nihil potest praestare ipsa fo*r*tuna. Necesse est a Socrate beneficiis uincar, necesse est a Diogene, qui per medias Macedonum gazas nudus incessit calcatis regis opibus; **4** o! ne ille tunc merito et sibi et ceteris, quibus ad d*i*spiciendam ueritatem non erat obfusa caligo, supra eum eminere uisus est, infra quem omnia iacebant; multo potentior, multo locupletior fuit omnia tunc possidente Alexandro; plus enim erat, quod hic nollet accipere, quam quod ille posset dare. **V. 1** Non est turpe ab his uinci.

Neque enim minus fortis sum, || si cum inuulnerabili me hoste committis, nec ideo minus ignis urere potest, si in materiam incidit inuiola*b*ilem flammis, nec ideo ferrum secandi uim perdidit, si non recipiens ictum lapis solidusque et inuictae adu*er*sus dura naturae diuidendus est. Idem tibi de homine grato respondeo : non turpiter uincitur beneficiis, si ab his obli*g*atus est, ad quos aut fortunae magnitudo aut eximia uirtus aditum reditur*i*s ad se beneficiis clusit. A parentibus fere uincimur. **2** Nam tam diu illos habemus, quam diu indicamus graues et quam diu beneficia illorum non intellegimus; cum iam aetas aliquid prudentiae collegit et apparere coe-

3 Reges N^2 : *reges [g *eras.*] N^1 || constat N^2 : -stant N^1 || At *Hosius* : et *habet* N^1 *litura deleuit* N^2 *sed Gertz* || ullis : ulli*s N^1 ulli is N^2 || fortuna N^2 uel N^1 *se corrigens* : fotu- N^1

4 et ceteris : et teris *N qui postea* ce *supra scripsit* || dispiciendam *V* : desp- *N* || nollet : *habet N ex* nollt.

V. 1 inuiolabilem : -auilem *N* || aduersus N^2 : ad|sus N^1 || obligatus N^3 *uel* N^4 : -icatus N^1 || redituris N^2 : -turus N^1.

2 inconsultae : -te *N* || adulescentiae : aduli- *N*.

années nous ont acquis un peu d'expérience et qu'avec évidence a commencé à nous apparaître le devoir de les aimer précisément pour les raisons qui nous empêchaient de les aimer (admonestations, rigueur, contrôle exact de notre jeunesse inconsidérée), ils nous sont ravis; peu arrivent, par le bienfait de l'âge, jusqu'à recueillir chez leurs enfants leur véritable récompense; les autres n'ont connu l'existence de leur fils que pour en porter la charge. 3 Il n'y a point de honte cependant à être vaincu par un père en bienfaits; il faut bien qu'il n'y en ait pas puisqu'en tout autre cas il n'y en a pas. Par rapport à quelques-uns, en effet, nous sommes à la fois égaux et inégaux, égaux par le cœur, le seul paiement qu'ils demandent, le seul auquel nous nous engagions; inégaux par la fortune, qui, si elle a mis quelqu'un dans l'impossibilité de s'acquitter, ne le met pas pour cela dans le cas de rougir comme un vaincu; il n'y a point de honte à n'atteindre pas quelqu'un, pourvu qu'on tâche de l'atteindre. 4 Souvent force nous est de demander de nouveaux bienfaits avant d'avoir rendu les premiers et il ne s'ensuit pas que nous nous abstenions de demander ou qu'il y ait honte à le faire parce que nous allons être redevables sans pouvoir rendre; car il ne tiendra pas à nous que nous ne soyons les plus reconnaissants du monde, mais il surviendra du dehors un empêchement; nous cependant nous n'essuierons pas une défaite morale, non plus que nous ne serons en honteuse posture pour être vaincus par ces circonstances qui ne dépendent pas de nous.

VI. 1 Alexandre, roi de Macédoine, aimait à se vanter de ce que nul ne l'eût vaincu en bienfaits (il n'y a point de raison pour qu'il éprouve moins d'orgueil quand la Macédoine, la Grèce, la Carie, la Perse sont rangées en corps d'armée devant ses regards émerveillés — au lieu d'estimer qu'il doit un tel avantage à un empire qui s'étend d'un coin de la Thrace jusqu'au rivage de l'Océan inconnu!...). Le même titre de gloire aurait pu être mis en avant par Socrate, comme par Diogène, en

pit propter illa ipsa eos amari a nobis debere, propter quae non amabantur, admonitiones, seueritatem et inconsult*ae* adul*e*scentiae diligentem custodiam, rapiuntur nobis; paucos usque ad uerum fructum a liberis percipiendum perduxit aetas, ceteri filios onere senserunt. **3** Non est tamen turpe uinci beneficiis a parente; quidni non sit turpe, cum a nullo turpe sit? Quibusdam enim et pares et inpares sumus, pares animo, quem solum illi exigunt, quem nos solum promittimus, inpares fortuna, quae si *c*ui obstitit, quominus referret gratiam, non ideo illi tamquam ui*c*to erubescendum est; non est turpe non consequi, dummodo sequaris. **4** Saepe necesse est ante alia beneficia petamus, quam priora reddidimus, nec ideo non petimu*s* aut turpiter, quia n*on* reddituri debebimus; quia non per nos erit mora, quominus gratissimi s*i*mus, sed interueniet aliquid extrinsecus, || quod prohibeat : nos tamen nec uincemur animo nec turpiter his rebus supera*b*imur, quae non sunt in nostra potestate.

VI. 1 Alexander Macedonum *r*ex gloriari solebat a n*u*llo se beneficiis uictum. Non est, quod minus anim*ose* is Macedonas et Graecos et Caras et Persas et nationes dis*c*ri*p*tas *in* exercitum suspic*i*at, nec hoc sibi praestitisse regnum *a* T*h*ra*c*iae angulo porrectum usque ad litus incogniti maris iudicet; eadem re gloriari So*c*rates potuit, eadem Di*o*genes, a quo

3 si cui *Erasme* : | siqui *N* || uicto N^2 : uinc- N^1.
4 quia non reddituri : quianredd- *N* || simus : sumus N^1 sumus *subscripta* i *littera* N^2 || superabimur N^2 : -auimur N^1.

VI. 1 rex N^2 : lex N^1 || a nullo N^2 : anolo *littera* l *supra scripta* N^1 || minus animose is Macedonas *nos* : minus animis mace | donas *N* nimius animis — *Erasme* nimius animi — *Gertz ingeniose quidem sed non satis, ut uid., aut ad superiora aut ad sequentia apte* || discriptas in *Gronov* [descr-] : dis|trictas sine *N* || suspiciat N^2 : sus **pist [ci *eras.*] N^1 || nec *N nos* : ne *RGP edd. praeeunte Erasmo* || a Thraciae angulo *edd.* : Thraciae angulo [trachiae N^1 thraciae N^2] *N Bourgery* || Socrates N^2 : sogr- N^1 || Diogenes N^2 : diug- N^1.

qui sans aucun doute il trouva son maître. Oui, son maître (et pourquoi pas?), le jour où, créature humaine déjà enflée par delà les proportions de l'humaine superbe, il vit quelqu'un à qui il était incapable de rien donner comme de rien ôter.

2 Le roi Archélaüs[1] pria Socrate de venir chez lui; la réponse de Socrate fut, dit-on, qu'il ne voulait pas se rendre chez un homme dont il aurait à recevoir les bienfaits sans pouvoir lui en offrir autant. D'abord il ne tenait qu'à lui de ne pas les accepter; ensuite c'était lui qui, en fait de marques de bienfaisance, donnait la première, car s'il venait c'était parce qu'on l'en priait et le don qu'il faisait était de ceux que dans tous les cas l'autre était hors d'état de rendre à Socrate; en outre Archelaüs n'était capable d'offrir que de l'or et de l'argent en échange du mépris de l'or et de l'argent qu'il allait apprendre. Il n'était pas possible à un Socrate de s'acquitter envers Archelaüs[2]? 3 Et quel bienfait pouvait-il donc recevoir qui valût le sien, s'il eût fait voir un homme versé dans l'art de la vie et de la mort et possédant le secret de leurs fins; si ce prince qui s'égarait en plein jour, il l'eût initié à la physique[3], à laquelle il était à ce point étranger qu'un jour d'éclipse,

(1) Archélaüs, roi de Macédoine (de 413 à 399) attirait à sa cour les penseurs, les poètes (comme Euripide qui lui dédia la pièce d' « Archélaüs »), les artistes (comme Zeuxis qui orna de peintures son palais).

(2) Sur les services qu'un sage rend à un roi, cf. VI, 31-34.

(3) Les explications de la physique eurent de tout temps un grand prestige dans l'antiquité; Démocrite prétendait qu'il eût mieux aimé en découvrir une seule que de devenir roi de Perse (Euseb. *Pr. ev.* XIV, 27, 3). La science des éclipses était particulièrement admirée. Elle rehaussa l'autorité d'un Périclès (Cic. *De Rep.*, I, 25). Et Saint Augustin louera sans réserve ceux qui la possèdent (*Conf.* V, 3, 4). Comme elle était un puissant remède à la superstition populaire, les chefs d'Etat, comme Périclès (Cic. *ibid.*) en usaient. Ainsi Claude en 45. Il annonça officiellement l'éclipse du soleil qui devait avoir lieu au jour anniversaire de son avènement; et les explications contenues en son édit (Cass. Dio 60, 26, 1-14) rappellent celles de Socrate comme celles de Périclès. « La lune fait son tour au-dessous du soleil... Lorsque le soleil et la lune jettent d'aplomb leurs rayons sur la terre et que la lune est immédiatement au-dessous du soleil, elle le dérobe à la vue, — bien qu'elle le dérobe inégalement à l'égard des divers pays. » Sur l'éclipse de soleil qui eut lieu en 59, cf. *Introd.*, p. V, n. 8.

utique uictus est. Quidni uictus sit illo die, quo homo super mensuram iam humanae super*b*iae tumens uidit aliquem, cui nec dare quicquam posset nec eripere?

2 Archelaus rex So*c*ratem rogauit, ut ad se ueniret; dixisse So*c*rates traditur nolle se ad eum uenire, a quo acciperet beneficia, cum reddere illi paria non posset. Primum in ipsius potestate erat non accipere; deinde ipse dare beneficium prior incipiebat, ueniebat enim rogatus et id dabat, quod utique ille non erat So*c*rati redditurus; etiamnunc Arc*h*elaus daturus erat aurum et argentum recepturus contemptum auri et argenti : non poterat referre Archelao So*c*rates [grates] gratiam? **3** Et quid tantum erat accepturus, quantum dabat, si ostendisset hominem uitae ac mortis peritum utriusque fines tenentem? si *regem* luce media errantem ad rerum naturam admisisset usque eo eius ignarum, ut, quo die solis def*e*ctio fuit, regiam cluderet et filium, || quod in luctu a*c* rebus aduersis moris est, tonderet? **4** Quantum fuisset beneficium, si timentem e latebris suis extraxisset et bonum *a*nimum habere iussisset dicens : " Non est ista solis defectio, *s*et duorum siderum coitus, cum luna humiliore currens uia infra ipsum solem orbem suum posuit et illum obiectu su*i* abscondit; quae modo partes eius exiguas, si in transcurs*u* strinxit, obducit, modo plus tegit, si maiorem partem sui obiecit, modo excludit totius aspectum, si recto libramento inter solem terrasque

1 illo die : *habet* N ex illu die || superbiae N^2 : -ruiae N^1.
2 Socratem N^2 : sogr- N^1 || Socrates N^2 : sogr- N^1 || Socrati N^2 : sogr- N^1 || Archelaus N^2 : arce- || Socrates gratiam N^2 : sogratesgrates|gratiam N^1.
3 si regem luce *nos* : | si lege in [*fort. ex* legem] luce N^1 si regem in luce N^2 *edd.* || defectio N^2 : -fictio N^1 || ac rebus N^2 : arebus N^1.
4 animum N^2 : han- N^1 || set *nos* : et N^1 sed N^2 *edd.* || obiectu sui abscondit N^2 : obiectus uia abscondit N^1 || intranscursu N^2 : intrans cursus | N^1.

il fit fermer son palais et, comme il est d'usage pour un deuil ou une calamité, tondre son fils? 4 De quel prix n'eût pas été son bienfait si apeuré, il l'eût fait sortir de sa cachette et forcé de reprendre courage en lui disant : « Il n'y a point là défaillance du soleil, mais rencontre de deux astres, au moment où la lune poursuivant sa course par un chemin plus bas a mis son disque précisément au-dessous du soleil et l'a caché en s'interposant; et tantôt ce sont de faibles parties de cet astre qu'elle voile, si elle n'a fait au passage que l'effleurer; tantôt c'est une plus grande portion qu'elle masque si elle a interposé une partie plus considérable de sa masse; tantôt elle le dérobe tout entier aux regards, si elle est en droite ligne avec la terre et le soleil, s'étant glissée juste au milieu. 5 Mais voici que ces astres vont prendre, en se séparant, deux directions différentes par l'effet de leur vitesse propre; voici que le jour va être rendu à la terre. Et l'ordre des phénomènes se déroulera pareillement de siècle en siècle et il comprend des dates échelonnées et prédites où le soleil perd, la lune passant dans l'entre-deux, la faculté de nous verser tous ses rayons. Attends un moment, il va émerger, il va quitter cette sorte de nuée, il va, dégagé des obstacles, nous envoyer librement sa clarté. » 6 Socrate n'aurait-il pu rendre la pareille à Archelaüs, quand même le roi lui eût interdit un refus? C'était sans doute un trop petit bienfait qu'il eût reçu de Socrate, s'il lui eût été possible de faire à Socrate le moindre bien? Pourquoi donc Socrate fit-il cette réponse? Homme d'esprit, et de qui le langage allait par sous-entendus, s'entendant à railler tout le monde, surtout les puissants, il aima mieux lui refuser finement, qu'avec opiniâtreté ou avec hauteur; il dit qu'il ne voulait pas accepter les bienfaits d'un homme à qui il n'était pas en mesure d'en offrir autant. Peut-être craignit-il d'être forcé d'accepter ce dont il n'eût pas voulu; ou encore d'accepter quelque don qui n'eût pas été digne de Socrate. Quelqu'un dira: « Il eût pu à son gré dire non. » 7 Mais c'eût été piquer un monarque arrogant qui prétendait que l'on fît grand

medi*a* successit. **5** Sed iam ista sidera hoc et illo d*i*ducet uelocitas sua; iam recipient diem terrae, et hic ibit ordo per saecula dispositosque ac praedi*c*tos dies habet, quibus sol intercursu lunae uetetur omnes radios effundere. Paulum expecta; iam emer*ge*t, iam istam uelut nubem relinquet, iam exolutus impedimentis lucem suam libere mittet. " **6** Socrates parem gratiam Archelao referre non posset, si illum re*x* n*eg*are uetuisset? parum scilicet magnum beneficium a Socrate accipiebat, si ullum dare Socrati potuisset. Quare ergo hoc Socrates dixit? Vir facetus et cuius per fi*g*uras sermo procederet, derisor omnium, maxime potentium, maluit illi nasute negare quam contumaciter aut super*be*; dixi*t* se nolle beneficia ab eo accipere, cui non posset paria reddere. Timuit fortasse, ne cogeretur accipere, quae nollet, timuit, ne quid indignum || Socrat*e* accipere. Dicet aliquis : " negasset, si uellet. " **7** Sed instigasset in se regem insolentem et omnia sua magno aestimari uolente*m*. Nihil ad rem pertinet, utrum dare aliquid regi nolis an accipere a rege; in aequo utramque ponit repulsam, et super*bo* fastidiri acerbius est quam non timer*i*. Vis scire, quid uere uoluerit? noluit ire ad uoluntariam seruitutem *i*s, cuius libertatem civitas libera ferre non potuit.

VII. **1** Satis, ut existimo, hanc partem tractauimus,

4 media N^2 : medi|as N^1.
5 diducet *V* : deducet [*ex*-cit] *N* || praedictos *Erasme* : | praeditos *N* || emerget N^2 : -git N^1.
6 Archelao : *habet N ex* | achelao || r<ex> negare *nos* : regnare | *N edd.* [*fort. ex* rex necare, ex *et* ec *syllabis simillima nota effictis*] negare *Abélard in ecxerptis* p. 592 [*Migne*] || uetuisset N^2 : | uetuisset si illum regnare tuisset N^1 *superioribus uerbis oscitanter repetitis* || figuras N^2 *uel* N^3 : ficu- N^1 || superbe N^2 : -rue N^1 || dixit N^2 : -xi N^1 || Socrate *G* : | -ti *N*.
7 uolentem N^2 : -te N^1 || superbo N^2 : -ruo N^1 || timeri N^2 : -re N^1 || is N^2 : his N^1.
VII. **1** hanc : *habet N ex* hac.

cas de tous ses dons. Peu importe que l'on refuse de donner à un roi ou d'accepter de lui quelque chose, il y a équivalence à ses yeux entre ces deux refus; et l'orgueilleux ressent plus cruellement les dédains qu'une bravade. Veux-tu savoir ce qu'au fond il voulait? Eviter d'aller se mettre volontairement sous un maître, lui dont la liberté de langage ne put être tolérée par une cité libre.

Peut-on être son propre bienfaiteur?

VII. 1 Nous avons suffisamment, je crois, traité ce point : est-il honteux d'être vaincu en bienfaits? Lorsque l'on pose cette question, on sait bien que les hommes ne sont pas d'habitude leurs propres bienfaiteurs; car autrement il eût été évident qu'il n'y a point de honte à être vaincu par soi. 2 Et pourtant chez certains philosophes du Portique on discute même sur la possibilité d'être soi-même son obligé et sur l'existence d'une dette de reconnaissance dans ce cas. Ce qui justifie en apparence cette question, ce sont les faits suivants :

« Nous avons l'habitude de dire : « je me rends grâces » et « je ne puis me plaindre que de moi » et « je m'en prends à moi » et « je saurai me punir » et « je m'en veux »; et de tenir bien d'autres propos de même sorte, par où chacun s'exprime sur son propre compte comme s'il s'agissait d'autrui. 3 Si un dommage véritable, dit-on, me peut venir de moi, pourquoi pas aussi un bienfait? En outre un service qui, si je l'avais rendu à d'autres, s'appellerait bienfait, pourquoi rendu à moi-même, ne le serait-il pas? Ce qui reçu d'autrui me créerait une dette, pourquoi s'il m'a été donné par moi n'aurait-il pas le même effet? Pourquoi être ingrat envers moi-même; ce qui n'est pas moins honteux que d'être avare pour soi, dur et méchant pour soi, indifférent à soi? 4 A trafiquer du corps d'autrui et à trafiquer du sien on est aussi mal famé. On blâme, n'est-ce pas, l'approbateur complaisant et celui qui se règle docilement sur le langage d'autrui, le donneur de

an turpe esset beneficiis uinci. Quod qui *q*uaerit, scit non solere homines sibi ipsos dare beneficium; manifestum enim fuisset non esse turpe a se ipsum uinci. 2 Atqui aput quosdam St*o*icos et de hoc ambigitur, an possit aliquis sibi beneficium dare, an debeat referre sibi gratiam. Quo*d* ut uideretur quaerendum, illa fecerunt : solemus dicere : " gratias mihi ago " et " de nullo queri possum alio quam de me " *et* " ego mihi irascor " et " ego a me p*o*enas exigam " et " odi me ", multa praeterea eiusmodi, per quae unusquisque de se tamquam de altero loquitur. 3 " Si nocere " inqui*t* " mihi possum, quare non et beneficium mihi dare possim? Praeterea quae, si in alium contulissem, beneficia uocarentur, quare, si in me contuli, non sint? quod, si ab altero accepissem, deberem, quare, si mihi ipse dedi, non debeam? quare sim aduersus me ingratus, quod non minus turpe est quam in se so*r*di*d*um esse et in se durum ac *s*aeuum et sui neglegentem? 4 Tam alieni corporis leno mal*e* audit quam sui. Nempe reprenditur adsen*t*ator et aliena || subsequens verba, paratus ad falsa laudator; non minus placens sibi *e*t se suspiciens, ut ita dicam, adsen*t*ator suus. Vitia non tantum, cum foris peccant, inuisa sunt, sed cum in se retorquentur. 5 Quem magis admira*b*eris, quam qui imper*a*t sibi, quam qui se habet in potestate? Gentes facilius est barbaras inpatientesque arbitrii alieni regere, quam animum suum continere et tradere

1 qui quaerit N^2 : quicuerit N^1 [*qui quir- scribere coeperat*].

2 stoicos N^2 : stooicos N^1 || quod ut N^2 : quo ut N^1 || et *S* : *om.* *N* || poenas N^2 : pen- N^1.

3 inquit N^2 : inqui* [s *ut uid. eras.*] || sordidum N^2 : soditum N^1 || saeuum N^2 : aeu- N^1.

4 male audit N^2 [*sed postea deleuit*] : malaud- N^1 || et se N^2 : ut | se N^1 || suspiciens N^2 *uel* N^3 : suscipiens N^1 || adsentator R^2 : adsens- *N*.

5 admiraberis N^2 : -aueris N^1 || imperat N^2 : -eraat N^1.

louanges toujours prêt au mensonge; mais on ne blâme pas moins celui qui est content de soi et, s'admirant lui-même, est, pour ainsi dire, son approbateur attitré. Le vice n'a pas seulement par le mal qu'il fait hors de l'individu un caractère odieux; mais il l'a par le retour de son action sur lui-même. 5 Quel homme t'inspirera plus d'admiration que celui qui sait se commander, que celui qui reste maître lui? Des nations barbares et incapables de supporter la domination étrangère se laissent plus aisément gouverner, que notre âme, maintenir par nous dans le devoir, et nous, vaincre par nous-même. Platon rend grâces, dit-on, à Socrate pour avoir appris de lui; pourquoi Socrate ne rendrait-il pas grâces à lui-même pour s'être instruit lui-même? M. Caton a dit : « Ce qui te manquera, ne l'emprunte qu'à toi-même. » Pourquoi ne pourrais-je me faire de cadeau, si je puis me faire un prêt? 6 Innombrables sont les cas où le langage usuel nous scinde en deux personnes; nous disons: « Laisse-moi m'entretenir avec moi-même et encore : « Je vais me tirer fortement l'oreille. » Si ces expressions et les autres sont exactes, autant que de s'en vouloir à soi-même on est tenu de se rendre grâces aussi; autant que de s'adresser des reproches, de se louer aussi; autant qu'une cause de dommage on peut être aussi pour soi une cause de profit. Injure et bienfait sont opposés : si nous disons de quelqu'un : « Il s'est fait injure », nous pourrons dire également: « Il s'est fait du bien. » Il est conforme à la nature qu'il se soit fait du bien, comme VIII. 1 il est conforme à l'ordre de la nature, d'abord qu'il y ait dette, ensuite témoignage de reconnaissance.

Débiteur suppose prêteur, comme le mari suppose la femme, comme un père suppose fils ou fille. Il faut que quelqu'un donne pour que quelqu'un reçoive. 2 Ce n'est ni donner ni recevoir que de faire passer de sa main gauche en sa main droite. Nul ne se porte lui-même pour autant qu'il remue et déplace son corps; nul, pour autant qu'il ait plaidé sa cause, ne passe pour s'être lui-même assisté, ni ne s'élève de statue

sibi. Platon, inquit, agi*t* Socrati gratias, quod ab illo d*i*dicit; quare Socrates sibi non agat, quod ipse se docuit? M. Cato ait : " Quod tibi deerit, a te ipso mutuare "; quare donare mihi non possim, si com*m*odare possum? 6 Innumerabilia sunt, in quibus consuetudo nos diuidit; dicire solemus : " sine, loquar mecum " et " ego mihi aurem peruellam "; quae si uera sunt et *cetera,* quemadmodum aliquis sibi irasci deb*e*t, sic et gratias agere, quomodo obiurgare se, sic et laudare se, quomodo damno sibi esse, sic et lucro *p*otest. Iniuria et beneficium contraria sunt; si de aliquo dicimus : iniuriam sibi fecit, poterimus dicere et : beneficium sibi dedit. Natura sibi dedit. VIII. 1 Natura prius est, ut quis debeat, deinde, ut gratiam referat.

Debitor non est sine creditore, non magis quam maritus sine uxore aut sine *filio uel* filia pater; aliquis dare debet, ut aliquis accipiat. Non est dare nec accipere in dexteram manum ex sinistra transferre. 2 Quomodo nemo se portat, quamuis corpus suum moueat et transferat, || quomodo nemo, quamuis pro se dixerit, adfuisse sibi dicitur nec statuam sibi tam*quam* patrono suo ponit, quomodo aeger, cum cura sua conualuit, mercedem a se non exigit, sic in omni negotio, etiam, cum aliquid, *quod* prodesset sibi, fecerit, non tamen debebit referre gratiam sibi, quia non habebit, cui referat. 3 Vt concedam aliquem dare sibi beneficium, dum dat, et rec*i*pit; ut concedam aliquem a se accipere

5 agit N^2 : agi N^1 || didicit N^2 : | dedi- N^1 || commodare N^2 *uel* N^3 : comod- N^1.

6 sunt et cetera, quemadmodum *nos* : sunt et quemadmodum [*fort. ex* sunt etc. quemadmodum] N^1 sunt quemadmodum N^3 *edd.* || debet N^2 : -it N^1 || damno : *habet N ex* dam n [*superposito* o] || potest N^3 : p potest N^1.

VIII. 1 <filio uel> filia *nos* : filia *N* filio *edd.*

2 tamquam *V* : tantum *N* || aliquid <quod> prodesset *dett.* : aliquid prodesset *N*.

3 recipit *PS* : rece- *N*.

comme à son défenseur; un malade, lorsque ses soins lui ont rendu la santé, ne prélève sur lui-même aucun salaire. Ainsi en un ordre quelconque d'activité, eût-on pris pour soi-même quelque utile mesure, on ne sera pas tenu pour cela de s'acquitter envers soi, vu qu'on n'aura personne envers qui s'acquitter. 3 Quand même je t'accorderais qu'on est parfois son bienfaiteur, à l'instant où l'on donne on est également payé de retour; quand même je t'accorderais qu'on est parfois son obligé, le bienfait est aussitôt reçu aussitôt rendu. Ma caisse, comme on dit, est celle où j'emprunte, et comme une balle à jouer, la créance au même instant va et vient; et en fait il n'y a pas une personne autre pour donner que pour recevoir, mais une seule et même personne. Ce mot « dette » n'est de mise qu'entre deux personnes : comment, dès lors, s'appliquera-t-il logiquement à une seule, qui en s'obligeant se libère? 4 Quand la balle fait le tour du rond, il n'y a ni bas ni haut, ni fin ni commencement, parce que le mouvement bouleverse l'ordre, met ce qui était derrière en avant et fait monter ce qui descendait; la partie, de quelque manière qu'elle ait évolué, est ramenée au même point. Tu peux considérer que pour l'homme il en va de même; quand tu auras diversifié son rôle en cent façons, c'est toujours lui. S'est-il frappé, il n'a personne à poursuivre pour sévices; s'est-il enchaîné, emprisonné, il ne sera soumis à aucune sanction pour violence; s'est-il fait du bien, il l'a rendu immédiatement à l'auteur. 5 La nature, dit-on, ne subit aucune perte parce que tout ce qui lui est arraché retourne à elle et rien ne saurait disparaître, faute d'un lieu où s'aller perdre, mais rentre dans la masse d'où il est détaché. « Quel rapport, dis-tu, entre cet exemple et le problème posé? » Je vais te le dire. 6 Supposons que tu sois ingrat : le bienfait n'est pas perdu, il reste aux mains de son auteur; supposons que tu ne veuilles pas qu'il te soit rendu; il est chez toi avant restitution. Tu ne saurais faire aucune perte, puisque ce qui t'est enlevé ne laisse pas d'être acquis pour

beneficium, accipit, reddit. Domi, quod aiunt, uersura fit et uelut lusorium nomen statim transit; neque enim alius quam accipi*t* *d*at, sed unus a*t*que idem. Hoc uerbum "debere" non habet nisi inter duos locum; quomodo ergo in uno consistet, qui se obligando liberat? **4** Vt in orbe ac pila nihil imum est, nihil summum, nihil extremum est, nihil primum quia motu ordo mutatur et quae sequebantur praecedunt et quae occidebant oriuntur, omnia, quomodocumque ierunt, in idem reuertuntur, ita in homine existima fieri; cum illum in multa mutaueris, unus est. Cecidit se : iniuriarum cum quo agat, non habet; adligauit et clusit : de ui non teneb*i*tur; beneficium sibi dedit : danti protinus reddidit. **5** Rerum natura nihil dicitur perdere, quia, quicquid illi auellitur, ad illam redit, nec perire quicquam potest, quod, quo excidat, non habet, sed eodem reuoluitur, unde discedit. "Quid simile" inquis "hoc exemplum habet huic propositae quaestioni?" **6** Dicam. Puta te ingratum esse : non perit beneficium, habet illu*d*, qui dedit; puta te recipere nolle; aput te est, antequam redditur. Non pote*s* quicquam amittere, quia, quod detrahitur, nihilo minus || tibi adquiritur. Intra te ipsum orbis agitur; accipiendo *das*, dando accipis.

IX. **1** "Beneficium" inqui*t* "sibi dare *o*portet; ergo

3 accipit reddit *N* : accipit et reddit *Hosius dubitanter* || lusorium: *habet N ex* luxo- [x *litterae* s *littera superposita*] || quam accipit dat *nos* : quam accipiat N^1 dat quam accipit N^2 *uel* N^2 *edd.* || atque : adque *N*.

4 extremum est N^1 *nos* : extremum N^2 *edd.* || primum : *habet N ex* sum|mum, *ut uid.* || sequebantur N^1 *uel* N^2 : **sequebantur N^1 *prius* [ex *fort. eras.*] || tenebitur *nos* : tene**tur N^1 *duabus litteris erasis, quarum haud dubie priorem, id est* b, *dispicimus* tenetur N^2 *edd.*

6 illud N^2 : -lum N^1 || potes N^2 : -tes* [t *eras.*] N^1 || nihilominus : nihil * ominus N^1 [h *eras.*] || das : *omisit prius N, sed supra uersum scripsit eadem, ut uidetur, manus.*

IX. **1** inquit N^2 : -id N^1 || dare oportet : dare orportet *N.* ||

toi. C'est en toi que tout gravite; recevoir revient à donner, donner à recevoir.

IX. 1 « La bienfaisance envers soi-même, dit-on, est un devoir, donc la reconnaissance aussi. » C'est d'un principe faux que la conséquence est tirée; nul, en effet, n'est son propre bienfaiteur, il obéit en réalité à sa nature propre, qui le prédispose à s'aimer : d'où le soin extrême qu'il prend d'éviter ce qui peut lui nuire, de rechercher ce qui lui peut être utile. 2 Aussi n'y a-t-il ni générosité à se faire un présent, ni clémence à se pardonner, ni compassion à être touché de ses malheurs; puisque témoigné à autrui le sentiment est générosité, clémence, compassion; témoigné à soi-même, instinct naturel. Un bienfait est un acte volontaire, tandis que se rendre service à soi-même est une nécessité. Plus de bienfaits on a répandus, plus on est « bienfaisant »; qui fut jamais loué pour s'être secouru, pour s'être arraché aux mains des brigands? On n'est pas plus son bienfaiteur qu'on n'est son hôte, on n'est pas plus son donateur qu'on n'est son créancier. 3 Si chacun se fait du bien, il s'en fait toujours, sans trêve; le dénombrement de ses bienfaits est impossible. Quand donc témoignera-t-il sa reconnaissance puisque l'acte par lequel il la témoigne constitue précisément un bienfait? Car comment discerner si c'est un bienfait accordé ou rendu, puisque tout se passe dans le même individu? Je me suis tiré d'un péril : bienfait accordé; je recommence : est-ce bienfait accordé ou rendu? 4 Ensuite, à supposer que je transige sur le principe (possibilité de la bienfaisance envers soi-même), sur la conséquence je serai intransigeant; car même s'il y a don, il n'y a point dette. Pourquoi? parce que le recouvrement est instantané. Il faut : recevoir un bienfait; — puis en être redevable; — puis témoigner ma reconnaissance : il n'y a pas lieu d'être redevable, puisque le recouvrement est immédiat. Il n'y a don qu'à autrui, dette qu'envers autrui, restitution

et referre gratiam oportet." Primum illud falsum est, ex quo pendent sequentia; nemo enim sibi beneficium dat, se*d* naturae suae paret, a qu*a* a*d* caritatem sui conposit*u*s est, unde summa illi cura est nocitura uitandi, profutura adpetendi. **2** Itaque nec liberalis est, qui sibi donat, nec clemens, qui sibi ignoscit, nec misericors, qui malis suis tangitur; quod aliis praestare liberalitas est, clementia [est], misericordia, sibi praestare natura est. Beneficium res uoluntaria est, a*t* prodesse sibi necessarium est. Quo quis plura beneficia dedit, beneficentior est; quis umquam laudatus est, quod sibi ipse fuisset auxilio? quod se eripuisset latronibus? Nemo sibi beneficium dat, non magis quam hospitium, nemo sibi donat, non magis quam credit. **3** Si dat sibi quisque beneficium, semper dat, sine intermissione dat, inire beneficiorum suorum non potest *nu*merum; quando ergo gratiam referet, cum per hoc ipsum, quo gratiam refert, beneficium de*t*? quomodo enim discernere poteris, utrum det sibi beneficium an reddat, cum intra eundem hominem res geratur? Liberaui me periculo : beneficium mihi dedi; iterum me periculo libero : utrum do beneficium an reddo? **4** Deinde, ut primum illud concedam dare no*s* nobis ‖ beneficium, quod sequitur, non concedam; nam etiam si damus, non debemus. Quare? quia statim rec*i*pimus. Accipere beneficium me oportet, deinde debere, deinde referre; debendi locus non est, quia sine ulla mora recipimus. Dat nemo nisi alteri, debet nemo nisi alteri, reddit nemo nisi alteri; id intra unum non potest fieri, quod totiens duos exigit.

1 sed N^2 : se | N^1 ‖ a qua ad N^2 : a quo a N^1 ‖ conpositus N^2 : -tos N^1 ‖ uitandi : uitadi *N prius, sed* n *addidit ead., ut uid., manus*.
2 est clementia N^2 : est clementia ∗ [est *eras.*] N^1 ‖ at N^2 : ad N^1.
3 numerum N^2 *uel* N^3 : nom- N^1 ‖ beneficium det : — d ∗∗ *N qui postea* et *in rasura scripsit* ‖ periculo libero N^2 : periculu∗ libero [m *era.*] N^1 ‖ beneficium an : *habet N ex* beneficiom an.
4 nos nobis N^2 : non nobis N^1 ‖ recipimus N^2 : rece- N^1.

qu'à autrui; de tels actes ne sont pas possibles dans les limites individuelles, puisque pour tous les trois la dualité est requise.

X. 1 Un bienfait consiste à avoir payé de sa personne utilement; or le terme « avoir payé de sa personne » est relatif aux autres. Est-ce que par hasard on ne tiendra pas pour un fou celui qui viendra dire qu'il s'est vendu quelque chose? Car vendre c'est aliéner et transférer à autrui un bien que l'on possède et le droit que l'on a sur ce bien. Or, tout comme la vente, la donation consiste à se séparer d'un bien et à remettre à autrui ce qu'on possédait, pour qu'il en soit le maître. Cela étant, nul ne s'est jamais donné de bienfait parce que nul ne se fait un don; autrement deux choses opposées se confondent et il y a identité entre donner et recevoir. 2 Et encore : il y a grande différence entre donner et recevoir; évidemment, puisque ces deux termes sont précisément opposés; or si l'on se donne à soi-même un bienfait, il n'y a plus de différence entre donner et recevoir.

Tout à l'heure je disais que certains mots sont relatifs à autrui et sont faits de telle sorte que leur portée nous écarte essentiellement de nous. Je suis le frère d'un autre; personne en effet n'est son propre frère. Je suis l'égal... mais de quelqu'un; qui est en effet l'égal de soi-même? Ce qui forme paire est inintelligible sans l'autre partie; ce qui forme couple n'existe que par l'autre élément. De même ni le don n'existe sans autrui, ni le bienfait sans autrui. 3 La même idée ressort de l'expression même qui définit le fait : « avoir fait du bien »; l'on ne se fait pas plus de bien qu'on ne se prête son appui, qu'on n'est son partisan. On pourrait poursuivre et prolonger cette discussion par un plus grand nombre d'exemples : 4 évidemment, puisque le bienfait doit être regardé comme une de ces choses qui exigent une seconde personne! Certains actes ont beau être honorables, magnifiques, du plus haut mérite : sans application à autrui

X. 1 Beneficium est praestitisse aliquid utiliter; uerbum autem "praestitisse" ad alios spectat. Numquid non demens uidebitur, qui aliquid sibi uendidisse se dicet? quia uenditio alienatio est et rei suae iurisque in ea sui ad alium translatio. Atqui quemadmodum uendere, sic dare aliquid a se dimittere est et id, quod tenueris, habendum alteri tradere; quod si est, beneficium nemo sibi dedit, quia nemo dat sibi; alioqui duo contraria in uno coeunt, ut sit idem dare et accipere. 2 Etiamnunc multum interest inter dare et accipere; quidni? cum ex diuerso ista uerba posita sint. Atqui *sibi* si quis beneficium dat, nihil interest inter dare et accipere.

Paulo ante dicebam quaedam ad alios pertinere et sic esse formata, ut tota significatio illorum discedat a nobis : frater sum alterius, nemo est enim suus frater; par sum, sed alicui, quis enim par est sibi? Quod conparatur, sine altero non intellegitur; quod iungitur, sine altero non est; sic et, quod datur, sine altero non est, et beneficium sine altero non est. ‖ 3 Idem ipso uocabulo apparet, in quo hoc continetur, "bene fecisse »; nemo autem sibi bene facit, non magis quam sibi fauet, quam suarum partium est. Diutius [est] hoc et pluribus exemplis licet prosequi: 4 quidni? cum inter ea sit habendum beneficium, quae secundam personam desiderant. Quaedam, cum sint honesta, pulcherrima, summae uirtutis,

X. 1 praestitisse N^2 : praesteti- N^1 || uendidisse N^2 : undededisse ‖ atqui N^2 : adq- N^1 || uendere N^2 : uin- N^1 || dimittere *edd.* : dem- N || dedit N^2 : deb- N^1 || alioqui *Gruter* : aliq- N^1 aliquid N^2 || ut sit idem V : ut|id ∗idem [s *eras.*] N^1 ut id idem N^2.

2 cum GV : tum N || sibi si quis *nos* : si quis N si quis sibi N^2 *edd.* || intellegitur : *habet N ex* intelli- || quod datur N^2 : quodatur N^1.

3 diutius N^2 : diutius e *uirgula supra posita* [=est] N^1 || exemplis N^2 : -pli N^1.

4 quidni « *codices nonnulli* » *Pinciani* V : quid|N *deleuit Skutsch haud satis ut uidetur ad rectum sententiae tenorem apte* quo id ? *uel* in quid? *nos in praefat. nostra ad op. de cl. p.* XXVII s. ‖ secundam N^2 : secud- N^1 || pulcherrima N^2 : -chrerima N^1

ils ne sauraient exister. On loue la bonne foi, et c'est comme un des biens les plus grands de l'humanité qu'elle reçoit un culte; dit-on pour cela qu'un homme a été de bonne foi envers lui-même?

XI. 1 Je viens maintenant à la dernière partie <de la thèse>.

Quand on témoigne sa reconnaissance on doit dépenser quelque chose; tout comme, pour acquitter une dette, de l'argent. Or l'on ne dépense rien lorsqu'on se marque de la gratitude, non plus qu'on ne touche rien lorsqu'on est son obligé. Bienfait et marque de reconnaissance impliquent nécessairement un échange; à l'intérieur de l'individu la réciprocité n'existe pas. Témoigner sa reconnaissance c'est rendre service à son tour à la personne de qui l'on a reçu quelque chose; se témoigner de la reconnaissance c'est rendre service à qui? à soi; et qui, mentalement, n'attribue une destination différente à l'acte de gratitude et à l'acte de bienfaisance? Se marquer de la reconnaissance c'est être utile à soi : et quel ingrat s'y est jamais refusé? Bien plus, qui n'a été ingrat précisément dans cette intention? 2 « Si nous devons nous rendre grâces, dit-on, nous devons aussi nous marquer de la gratitude. Or nous disons : je me rends grâces de n'avoir pas voulu épouser une telle — et : de ne m'être pas associé à un tel. » Quand nous parlons ainsi nous faisons notre éloge et, pour approuver notre conduite, nous employons improprement les termes du remerciement. 3 Un bienfait est ce qui, après avoir été donné, peut aussi bien n'être pas rendu; celui qui est son bienfaiteur recouvre nécessairement ce qu'il a donné; donc il n'y a point bienfait. Le moment où l'on reçoit un bienfait diffère de celui où on le rend : or ici les deux moments ne diffèrent pas. 4 Dans le bienfait ce qui est méritoire, ce qui est admirable c'est qu'un homme, pour rendre service à autrui, oublie parfois son intérêt, tout prêt, pour donner à autrui, à se dépouiller lui-même; ce

nisi in altero non habent locum. Laudatur et inter maxima humani generis bona fides colitur; num quis ergo dicitur sibi fidem praestitisse?

XI. **1** Venio nunc ad ultimam partem. Qui gratiam refert, aliquid debet inpendere, sicut, *qui* soluit, pecuniam; nihil autem inpendit, qui gratiam sibi refert, non magis quam consequitur, qui beneficium a se accepit. Beneficium et gratiae relatio ultro citro ire debent; intra unum hominem non est uicissitudo. Qui gratiam refert, inuicem prodest ei, a quo consecutus est aliquid; qui sibi gratiam refert, cui prodest? sibi : et quis non alio loco relationem gratiae, alio beneficium cogitat? Qui gratiam refert sibi, *sibi* prodest: et quis umquam ingratus hoc noluit facere? immo quis non ingratus fuit, ut hoc faceret? **2** " Si gratias " inqui*t* " nobis agere debemus, et gratiam referre debemus; dicimus autem : Ago gratias mihi, quod illam uxorem *n*olui ducere et quod cum illo non contr*ax*i societatem. " Cum hoc dicimus, laudamus nos *et*, ut factum nostrum conprob*e*mus, gratias agentium uerbis abutimur. **3** Beneficium est, quod potest, cum datum est, et non reddi; qui sibi beneficium dat, non potest non recipere, quod dedit; ergo non est beneficium. || Alio tempore be*ne*ficium accipitur, alio redditur; <at hic non alio tempore accipitur alio additur>. **4** In beneficio et hoc est proba*b*ile, hoc suspiciendum, quod aliquis, u*t*

XI. **1** sicut qui soluit N^2 *uel* N^3 : sicut soluit N^1 || refert sibi sibi prodest *Haase* : refert sibi prodest *N* sibi refert sibi prodest *Muret*.

2 inquit N^2 : id N^1 || referre : *habet N ex* reff- || nolui ducere *Erasme* : | uolui ducere *N* ducere nolui *V* || contraxi N^2 : -tradixi N^1 || et ut N^2 : | ut N^1 || conprobemus N^2 : -bamus N^1. || abutimur : *habet N ex* -titur.

3 beneficium N^2 : benenefcium N^1 || <at hic alio tempore accipitur, alio redditur> *addidimus non habet N lacunam statuit Haupt ac iure quidem cum hic incipiat in Nazariano pagina.*

4 probabile N^2 : -auile N^1 || aliquis ut N^2 : aliquisui N^1 || alteri dedit N^2 : alteri dedit alteri N^1 || sibi dat N^2 : sibitdat N^1.

n'est pas agir ainsi que s'octroyer un bienfait. 5 Le bienfait est un acte de portée sociale : il crée un lien d'amitié, une obligation; un don fait à soi-même est un acte sans portée sociale, ne nous fait pas d'ami, ne crée à personne d'obligation, n'inspire à personne l'espoir qui fait dire : « Cet homme est à cultiver; à un tel il a fait du bien, il m'en fera aussi ». 6 Un bienfait c'est ce que l'on donne pour l'amour non de soi, mais de celui à qui l'on donne; or s'octroyer un bienfait c'est donner pour l'amour de soi, partant ce n'est pas un bienfait [1].

Sur deux paradoxes stoïciens : que nul n'est ingrat, que tout le monde l'est.

XII. 1 J'ai l'air à présent de t'avoir fait, dans mes déclarations du commencement, une fausse promesse; tu dis que je suis loin d'être l'homme utilement occupé, bien mieux que je prends de bonne foi une peine qui est perdue entièrement. Attends et tu seras tout à l'heure plus fondé à le dire, dès que je t'aurai conduit en un labyrinthe d'où tu finiras par sortir, mais sans autre avantage que de t'être tiré d'une série de difficultés où tu étais libre de ne pas t'engager : 2 que gagne-t-on en effet à résoudre laborieusement des énigmes qu'on a soi-même composées à seule fin de les résoudre? Mais comme, pour se distraire et passer le temps, on emmêle des fils afin d'embarrasser au soin de les débrouiller une main malhabile (tandis que l'auteur de l'imbroglio y arrive sans difficulté parce que les points de jonction et d'arrêt lui sont familiers), — et malgré tout, ce jeu est divertissant, car il exerce la finesse d'esprit et réveille l'attention; de même ces questions qui ressemblent à des pièges adroitement tendus, dissipent l'insouciance et la paresse de l'intelligence, à qui il faut tantôt ouvrir un champ uni où elle puisse librement s'aventurer, tantôt offrir un chemin obscur et accidenté qu'elle ne gravisse qu'en rampant et suive d'un pas infiniment prudent.

(1) Mais quand le bien fait à soi consiste en une amélioration morale, il en reviendra bienfait à autrui : *De Ot.*, 8, 5.

alteri prodesset, utilitatis interim suae oblitus est, quod alteri dedit [alteri] ablaturus sibi; hoc non facit, qui beneficium sib*i* dat. **5** Beneficium [sibi] dare socialis res est, aliquem conciliat, aliquem obli*g*at; sibi dare non est socialis res, neminem conciliat, neminem obli*g*at, neminem in spem *in*ducit, ut dicat : "Hic homo colendus est; illi beneficium dedit, dabit *et* mihi." **6** Beneficium est, quod quis non sua causa dat, sed eius, cui dat; *is* autem, qui sibi beneficium dat, su*a* caus*a* dat; non est ergo beneficium.

XII. **1** Videor tibi iam illud, quod in principio dixeram, mentitus; dicis me abesse ab eo, qui operae pretium facit, immo totam operam bon*a* fide perdere. Expecta, et iam hoc uerius dices, simul te ad has latebras perduxero, ex quibus cum euaseris, nihil amplius eris adsecutus, quam ut eas di*f*ficultates effuger*is*, in quas licuit non descendere. **2** Quid enim boni est nodos operose soluere, quos ipse, ut soluer*es*, feceris? Sed quemadmodum quaedam in oblectamentum ac iocum sic inligantur, ut eorum solutio inperito di*f*ficil*is* sit, quae illi, qui *ea* plicuit, sine ullo negotio [spira] *it*, quia conmissuras eorum et moras no*u*it, nihil*o* minus illa habent aliquam uoluptatem (temptant || enim acumen animorum et intentionem excitant), ita haec, quae uiden-

5 Beneficium dare N^2 : beneficium sibi dare N^1 || obligat N^2 : -icat N^1 || neminem obligat : *omisit prius N dein suprascripsit* [— oblicat] || spem inducit N^2 : spem ducit N^1 || dabit et mihi N^2 : ⊣ et dabit mihi N^1.

6 is N^2 : *non habet* N^1 || sua causa N^2 : suam causam N^1.

XII. **1** bona fide N^2 : bonam fide N^1 || difficultates N^2 : difi- N^1 || effugeris *Gruter* : -geres *N*.

2 solueres N^2 : -ris N^1 || difficilis sit N^2 : defficilesit || ea plicuit *Gertz* : ex|plicuit *N* [*cf. huius editionis prooem.* p. XLVI, n. 2] || spira it *nos* [*quasi uerbum « spira » i. e. « funis implicatus » ex margine huc irrepserit*] : spirat *N* separat [ille *supra pro* illi *posito*] *Erasme* || nouit N^2 : nobit N^1 || nihilo minus N^2 : nihil hominus N^1.

3 On dit : nul homme n'est ingrat; et l'on raisonne ainsi :

« Le bienfait est chose utile; or être utile à un homme méchant, c'est ce qui est impossible à tout le monde, ainsi que vous l'affirmez dans l'école stoïcienne; donc aucun bien ne peut être fait au méchant; donc il n'est point ingrat. » Et encore : « Le bienfait est une action honnête et louable; avec le méchant nulle conduite honnête et louable n'est de mise; donc un bienfait non plus [méchante fiction]; or s'il ne le peut recevoir, il n'est pas non plus tenu de le rendre; et partant il n'est pas sujet à l'ingratitude. » **4** Et encore : « L'honnête homme, dites-vous, agit toujours droitement; s'il agit toujours droitement, il ne saurait se montrer ingrat. Au méchant nul ne saurait faire du bien; l'honnête homme rend celui qu'on lui fait, tandis que le méchant n'en reçoit point. Cela étant, l'ingratitude n'existe ni chez l'honnête homme ni chez le méchant. Ainsi l'ingrat dans la nature n'existe pas. »

Conclusion dépourvue, elle aussi, de fondement.

5 L'unique bien chez nous c'est l'honnête. Il ne saurait venir en la possession du méchant, qui cessera d'être méchant si la vertu pénètre en lui; tant qu'il est méchant, nul ne lui saurait faire de bien, car le bien et le mal sont d'esprit opposé et incompatibles. Si nul n'est utile à un tel homme, c'est que toute chose arrivant entre ses mains est altérée par l'usage qu'il en fait. **6** Comme un estomac gâté par la maladie et bilieux dénature les aliments qu'il reçoit et ramène toute nourriture à un principe nocif; ainsi l'âme malade, lorsqu'on lui confie quelque chose, le transforme en un fardeau pour elle-même, en un principe pernicieux, en une occasion de misère. Aussi les hommes les plus heureux et les plus riches sont-ils les plus sujets à l'agitation et d'autant moins capables d'être en équilibre qu'ils ont rencontré champ plus vaste à leurs fluctuations. **7** Donc rien ne peut venir aux mains des méchants, qui leur puisse être utile; ou plutôt rien, qui ne leur soit nuisible : tout bonheur qui

tur callida et insidiosa, securitatem ac segnitiam ingeniis auferunt, quibus modo campus, in quo uagentur, sternendus est, modo cre*pe*ri aliquid et confragosi obiciendum, per quod erepant et sollicite uestigium faciant.

3 Dicitur nemo ingratus esse; id sic colligitur : "Beneficium est, quod prodest; prodesse autem nemo *ho*mini malo potest, ut dicitis Stoici; ergo beneficium non acc*i*pit malus, *igitur non* ingratus est, Etiamnunc beneficium honesta et proba*b*ilis res est; a*p*ud malum nulli honestae rei aut probabili locus est, ergo [*h*aut bene fic*t*um] nec beneficio; quod si accipere non potest, nec reddere quidem debet, et ideo non fit ingrat*u*s. **4** Etiamnunc, ut dicitis, bonus uir omnia recte facit; si omnia recte facit, ingratus esse non potest. Malo uiro beneficium nemo dare potest. Bonus beneficium reddit, malus non acc*i*pit; quod si est, nec bonus quisquam ingratus est nec malus. Ita ingratus in rerum natura est nemo". Et hoc inane.

5 Vnum est aput nos bonum, honestum. Id peruenire ad malum non potest; desinet enim malus esse, si ad illum uirtus intrauerit; quam diu autem malus est, nemo illi dare beneficium potest, quia mala

2 ac segnitiam : *prius omisit, deinde supra uersum posuit N* || creperi *Juste Lipse* : crebri *N* scabri *Pincianus « scribendum fortasse » putat.*

3 nemo homini *N*[2] *uel N*[1] *se ipse corrigens* : nemo mini *N*[1] || accipit *N*[2] : acce- *N*[1] || igitur non ingratus *nos* [cf. *nostr. ad op. de cl. praefationem p. XXXVII*] : | ingratus *N lacunam statuit Haase* ergo non ingratus *lacunam ad sententiae tenorem sed non ad N apte sarciens Vincentius Bellouacus* [*Spec. Hist.* 6, 29 *et Spec. Doctr.* 4, 49] || honesta et : *habet N ex* honesta ut || probabilis : -auilis *N* || apud *V* : aliud *N* || [haut bene fictum] nec beneficio *nos quasi illa quae seclusimus uerba in aliquo exemplari ab indignante clerico scripta huc ex margine aliqua irrepserint* : aut beneficium nec beneficio *N* nec beneficio *V edd.* || nec reddere quidem *Erasme nos* [cf. *apparat. ad* 1, 4, 1] : ne reddere quidem *Gertz in adnot. ad l. et Stud. crit.* p. 80 || ingratus : -tos *N.*

4 accipit *N*[2] : -epit *N*[1] || nemo et hoc inane : *omisit prius, deinde in ima pagina reposuit N.*

leur arrive, ils l'assimilent à leur propre nature et des choses qui ont bel aspect au dehors et seraient profitables à un meilleur destinataire, deviennent pour eux mortelles. Aussi ne peuvent-ils pas non plus faire du bien; car nul ne peut donner ce qu'il n'a pas; un tel homme n'a pas en lui la volonté de faire du bien.

XIII. 1 Tout cela a beau être exact : le méchant lui-même ne laisse pas d'être apte à recevoir certaines choses analogues à des bienfaits et, s'il ne les rend point, il sera ingrat. Il y a les biens de l'âme; il y a les biens du corps; il y a les biens de fortune. Les premiers, ceux de l'âme, sont intangibles au sot et au méchant, mais les autres lui sont accessibles; car il est capable de les recevoir et tenu de les rendre, faute de quoi il est ingrat. Et cela ne résulte pas de notre système uniquement; les péripatéticiens aussi, qui agrandissent et élargissent le champ du bonheur humain, affirment que de menus bienfaits peuvent échoir au méchant; et ne point les rendre est de sa part ingratitude. 2 Ainsi donc, selon nous, un bienfait est nul s'il n'est capable de rendre l'âme meilleure; mais que ce soit chose avantageuse et désirable, nous n'en disconvenons pas. Un tel présent peut être adressé par le méchant à l'homme de bien comme il le peut recevoir de lui; ainsi, de l'argent, des vêtements, des honneurs, la vie; et s'il ne le rend pas, il se mettra dans le cas d'être appelé ingrat. 3 « Mais comment peux-tu parler d'ingratitude lorsqu'on manque à rendre ce qui, d'après toi, n'est point bienfait? » Certains objets, sans être la chose authentique, en raison de la ressemblance sont compris sous le même nom : ainsi nous appelons pyxis [1] et la boîte en argent et la boîte en or; nous appelons illettré non pas l'homme absolument ignorant, mais celui qui n'a pas atteint un certain degré de culture; ainsi, qui a vu un homme mal vêtu, en guenilles, dit qu'il l'a vu aller tout nu.

(1) Ces exemples de catachrèses, d'hyperboles, sont chers à Sénèque; ils sont d'ailleurs dans la tradition philosophique (V. *infra*

bonaque dissentiunt nec in unum eunt. Ideo nemo illi prodest, qu*i*a, *quid*quid ad illu*m* peruenit, id prauo usu corrumpitur. **6** Quemadmodum stomachus morbo uitiatus et colligens bilem, quoscumque accepit cibos, mu*ta*t et omne alimentum in causam doloris trahit, ita animus ae*ger*, || quidquid illi conmiseris, i*d* onus suum et perniciem et occasionem miseriae facit. Felicissimis itaque opulentissimisque plurimum aestus subest minusque se inueniunt, quo in maiorem materiam inciderunt, qua *in* fluctuarentur. **7** Ergo nihil potest ad malos peruenire, quod prosit, immo nihil, quod non noceat; quaecumque enim illis contigerunt, in naturam suam uertunt et extra speciosa pro*f*uturaque, si m*e*lior*i* darentur, illis pestifera sunt. Ideo nec beneficium dare non possunt, quoniam nemo potest, quod non habet, dare; hic bene faciendi uoluntate caret.

XIII. **1** Sed quamuis haec ita sint, accipere etiam malus tamen quaedam potest, quae beneficiis similia sint, quibus non redditis ingratus erit. Sunt animi bona, sunt corporis, sunt fortunae; illa animi bona a stulto ac malo summouentur; ad haec admittitur, quae et accipere potest et debet reddere, et, si non reddit, ingratus est. Nec hoc ex nostra tantum constitutione; Peripatetici quoque, qui felicitatis humanae longe lateque terminos ponunt, aiunt minuta beneficia peruentura ad malos; haec qui non reddit, ingratus est. **2** Nobis itaque beneficia esse non placet,

5 quia quidquid N^2 : quamqui d N^1 || ad illum N^2 : ad illud N^1.
6 mutat N^2 : mutatat N^1 || aeger *nos* : aecus | [*fort. ex* aeg *uel sicut de cl.* 3, 23, 5 = *Vulg.* 1, 25, 5 aec *uirgula suprastante, cf. in epistola* 123, 17 *ad Lucilium* aeque [*fort. ex* aeq; ?] *pro* aeger *uerbo in fol.* 129ᵛ *Bamberg. cod.*] *N* c(a)ecus *G P* scaeuus *Juret* || id N^2 : it N^1 || miseriae : *habet N ex* miseri || qua in *nos* : quam *N* qua *V edd.* [fluctuarent *infra V*].
7 profuturaque N^2 : protu|turaque *N* || si meliori *G* : similiora *N* || nec beneficia dare non possunt N^1 *nos* [*cf.* « *nec* » *aut* « *ne...quidem* » *cum negandi uerbo in apparatu ad* 1, 11, 3] : nec—dare possunt N^2 *edd.*

Il n'y a point là bienfait, mais il n'y en a pas moins les dehors du bienfait. 4 « Comme il y a ici apparence de bienfait, il y a de même là apparence d'ingratitude, et non pas ingratitude. » Erreur : dans un tel cas le nom de bienfait est dans la bouche de l'obligé comme du bienfaiteur; et ainsi, n'avoir pas répondu à ce qui avait tous les dehors d'un bienfait authentique, c'est être ingrat, au même titre que l'on est un empoisonneur lorsqu'on a préparé un somnifère, en croyant que c'était du poison.

XIV. 1 Cléanthe défend cette idée avec plus de fougue. « Quand même ce ne serait pas un bienfait que l'on a reçu, on ne laisse pas au fond d'être un ingrat, parce qu'on ne l'eût pas rendu, même si on l'avait reçu ! ». 2 Ainsi l'on est brigand avant même de souiller de sang ses bras, parce que l'on est déjà armé en vue de tuer et que l'on a l'intention de détrousser et de donner la mort; l'acte n'est que la mise en œuvre et la manifestation de la méchanceté, il n'en est pas le commencement. « La chose même qu'il a reçue n'était pas un bienfait. » Mais elle portait ce nom. Les « sacrilèges »[1] sont bien punis, quoiqu'aucun ne porte la main jusqu'aux dieux[2] !

3 « Comment, dit-on, l'ingratitude envers le méchant est-elle possible, alors que le méchant est incapable de

VII, 22, 1). La *pyxis* est littéralement « une boîte en buis » (du grec πύξος). Ce mot paraît être de formation tardive (Boisacq, *Dictionnaire étymol. de la langue grecque*, s. u.).

(1) L'étymologie de « sacrilège » (de *sacra legere*, « emporter les objets sacrés ») était évidente pour les Latins, comme pour les Grecs celle d' ἱερόσυλος.

(2) Nous n'avons pas cru devoir déplacer une partie de ce 2e § avec Gertz et Hosius (exactement les trois dernières phrases), ni le mutiler avec Feldmann (V. l'apparat), car il nous semble qu'il s'entend assez bien, si l'on garde le texte du *Nazarianus*.

quae non sunt animum factura meliorem; commoda tamen illa esse et expe*te*nda non negamus. Haec et *u*iro bono dare malus potest et accipere a bono, ut pecuniam et uestem et honores et uitam; quae si non reddit, in ingrati nomen incidet. **3** "At *quo*modo ingratum uocas eo non reddito, quod negas esse beneficium?" Quaedam, etiam si uera non sunt, propter || similitudinem eodem uocabulo conprehensa sunt: sic pyxidem et argenteam et auream dicimus; sic inlitteratum non ex toto rudem, sed ad litteras altiores non perductum; sic, qui male uestitum et pannosum uidit, nudum uidisse se dicit. Beneficia ista non sunt, habent tamen beneficii speciem. **4** "Quomodo ista sunt tamquam beneficia, sic et ille tamquam ingratus est, non ingratus." Falsum est, quia illa beneficia et qui dat a*p*pellat et qui a*c*cipit; ita, qui ueri beneficii speciem fe*f*ellit, tam ingratus est quam *u*enefic*u*s, qui soporem, cum uenenum esse crederet, miscuit.

XIV. **1** Cleanthes uehementius agit. "Licet" inqui*t* "beneficium non sit, quod accepit, ipse tamen ingratus est, quia non fuit redditurus, etiam si accepisset." **2** Sic latro est etiam antequam manus inquinet, quia ad occidendum iam armatus est et habet spoliandi atque interficiendi uoluntatem; exercetur et aper*i*tur opere nequitia, non incipit. "Ipsum quod accepit beneficium non erat": sed uocabatur! Sacri-

XIII. **2** expetenda *GP* [t *in ras. G*] : expectanda *N* || uiro *N*[2] : auiro *N*[1].
3 quomodo *N*[2] : commodo *N*[1].
4 appellat *N*[2] : apellat *N*[1] || accipit : acipit *N* || fefellit *N*[2] : fepellit *N*[1] || ueneficus *N*[2] : beneficius *N*[1] [*quia supra hunc ipsum locum in priore uersu uerbum* beneficiis *exarauerat*].
XIV. **1** inquit *N*[2] : -id *N*[1].
2 quam manus : *habet N ex* quamnus, *superposita* ma *syllaba* || aperitur *G* : -rietur | *N*.
2, 3 Ipsum quod accepit — quia accipiet *N nos* : Sacrilegi dant poenas, quamuis nemo usque ad deos manus porrigat. Quomodo,

faire du bien? » Tout bonnement pour la raison suivante. Celui qui recevra de lui quelqu'un de ces avantages qui ont du prix aux yeux des ignorants et dont, cela va de soi, les méchants sont amplement pourvus, aura le devoir à son tour de lui témoigner sa reconnaissance en quelque occasion analogue et, quelle que soit la valeur de ces présents, puisqu'il les a reçus comme biens, de les rendre comme tels. 4 On dit aussi bien d'un homme qu'il doit de l'argent, — s'il est redevable de pièces d'or, — ou de cuir frappé au coin de l'Etat (comme celui qui existait à Lacédémone et qui servait de numéraire) [1]. La manière dont on a été obligé est précisément celle dont on doit se libérer. 5 « Qu'est-ce que des bienfaits? faut-il par hasard jusqu'à ces signes matériels méprisables et vils abaisser le prestige d'un nom éclatant? » Cela ne vous regarde pas; c'est pour des cas différents du vôtre qu'on recherche le vrai; vous, devant l'apparence du vrai faites-vous une âme de circonstance et, tandis que vous apprenez le Bien, quel que soit le signe matériel où s'affiche le nom du Bien, rendez-lui hommage.

XV. 1 Si l'ingrat, dit-on, n'existe pas grâce à vous, il est également vrai, au rebours, que tout le monde est ingrat. » En effet, tout insensé, disons-nous, est méchant et celui qui a un vice les a tous; or l'insensé est toujours doublé d'un méchant; donc tout le monde est ingrat. 2 Eh quoi? n'est-ce pas la vérité? Est-ce que de tous côtés ne s'élève pas une clameur contre le genre humain? N'est-ce pas un sujet de plainte général que le bien fait aux autres est perdu et qu'il est fort peu de gens qui ne répondent aux bons procédés par les procédés les plus détestables? Et n'allez pas croire que nous sommes seuls à murmurer, quand nous comptons pour un très grave délit et une marque de perversité tout acte qui ne cadre pas exactement avec

(1) Cet usage est attesté par Nicolas de Damas (*Recueil de traits de mœurs*), qui le rattache à la simplicité des Spartiates.

legi dant poenas quamuis nemo usque ad deos manus porrigat.

3 "Quomodo" inqui*t* "aduersus malum ingratus est quisquam [ingratus est], cum mal*us* dare beneficium non possit?" Ea scilicet ratione : qu*ia* accipiet ab illo a*li*quid ex his, quae aput imperitos *in pretio* sunt, quorum, s*cilicet* malis copia est, ipse quoque in simili materia gratus esse debebit et illa, qualiacumque sunt, cum pro bonis acc*e*perit, pro bonis reddere. 4 Aes alienum habere dicitur et qui aureos debet et qui corium forma publica percussum, quale aput Laced*ae*monios fuit, quod || usum numeratae pecuniae praesti*ti*t. Quo genere obligatus es, hoc fidem exsolue. 5 Quid si*n*t beneficia, an et in hanc sordidam humilemque materiam deduci magnitudo nominis clari debeat, ad uos non pertinet; in alios quaeritur uerum : uos ad speciem ueri componite animum et, dum honestum disciti*s*, quidquid est i*n* quo nomen honesti iactatur, id colite.

XV. 1 Quomodo" inqui*t* "nemo per uos ingratus est, sic rursus omnes ingrati sunt." Nam, ut dicimus, omnes stulti mali sunt; qui unum autem habet uitium, omnia habet; omnes autem stulti et mali sunt : omnes ergo ingrati sunt. 2 Quid ergo?

inquit, aduersus malum ingratus est quisquam, cum ille dare [malus dare *Feldmann* a malo dari *Haupt*] beneficium non possit? Ea scilicet ratione : quia ipsum quod accepit beneficium non erat, sed uocabatur; qui accipiet [ipsum — uocabatur *del. Feldmann*] *transposuit Gertz uerbis etiam haud semel mutatis* || inquit N^2 : -id N^1 || [ingratus est] *seclusi tamquam ex margine huc inlapsum* : ingratus est *N omittunt edd* || malus *Feldmann* : male [*fort. ex* mal' *aut ex confusis et Annaeano* malus *et marginali* male *uerbis*] || ratione : *habet N ex* ne, *prioribus syllabis postea supra positis* || aliquid *V* : ait Quid | *N* || imperitos in pretio *Madvig* : imperitos *N* || scilicet *H. J. Mueller* : si [*fort. ex* s. l.] *N* et *Feldmann* saepe *Gertz dubitanter* || acceperit *delt* : -iperit *N*.

4 praestitit *nos* : praestit N^1 -stat N^2 *edd.*

5 sint : *habet N ex* sit, n *supra posito* || uerum N^2 *Muret* [*iam habebat sed toto deformato loco Erasme*] : uerbum *N* || discitis *GP* : -scite *N* || in quo *Madvig* : id quo *N*.

XV. 1 inquit N^2 : -id N^1.

la formule du Bien. 3 Voici je ne sais quelle rumeur — non pas une exclamation partie de la maison des sages, mais bien un cri parti du milieu du public et qui est virtuellement la condamnation des peuples et des nations :

« Point d'hôte qui soit en sûreté avec son hôte; point de beau-père, avec son gendre; même entre frères la bonne intelligence existe rarement; le mari guette le moment de tuer sa femme; la femme, de tuer son mari [1]. »

4 Voici qui est plus fort encore; la bienfaisance est devenue crime et le sang de ceux-là n'est point épargné, pour qui l'on devrait verser tout son sang; l'épée et le poison sont notre réponse aux bienfaits; frapper sa patrie elle-même, l'écraser de ses faisceaux est marque de puissance et d'honneur; on se croit humilié et ravalé si l'on ne voit à ses pieds la république; les armées qu'on a reçues d'elle on les tourne précisément contre elle; et des chefs suprêmes pour toute harangue disent : 5 « Combattez contre vos épouses, combattez contre vos enfants! Autels, foyers, pénates, voilà où vos armes doivent s'attaquer! » Vous qui, même pour recevoir le triomphe, auriez eu jadis le devoir de ne pas pénétrer dans la ville sans l'ordre du Sénat, vous qui, ramenant votre armée victorieuse, n'auriez obtenu audience que hors des murs [2], aujourd'hui après le massacre de vos concitoyens, tout baignés dans le sang de vos frères, faites étendards hauts votre entrée dans la ville! 6 Parmi les sonneries militaires, silence à la liberté! et quant à ce peuple, le vainqueur et le pacificateur du monde, lorsque la guerre est loin, toute cause de terreur étouffée, qu'assiégé dans ses murs il tremble devant ses aigles!

(1) Ce tableau des guerres civiles emprunté à Ovide (*Met.* I, 144 ss.) se trouve déjà, un peu plus complet, dans le *De Ira* (II 9, 2 ss.).

(2) L'audience était accordée en quelque temple « hors des murs », par exemple en celui de Bellone (T. Liv. XXVI, 21).

non sunt? non undique humano generi conuicium fit? non publica querella est perisse beneficia et paucissimos esse, qui de bene merentibus non inuicem pessime mereantur? Nec est, quod hanc nostram tantum murmurationem putes pro pessimo p*ra*uoque numerantium, quidquid citra recti form*u*lam cecidit. **3** Ecce nescio qui non ex philosophorum domo clam*or* at ex medio conuentu populos gentesque damnatura uox mittitur :

... Non hospes ab hospite tutus,
Non socer a genero; fratrum quoque gratia rara est.
Imminet exitio uir || coniugis, illa mariti.

4 Hoc iam amplius est : beneficia in scelus vers*a* sunt, et sanguin*i* eorum non parcitur, pro quibus sanguis fundendus est; gladio ac ue*n*enis beneficia sequimur. Ipsi patriae manus adferr*e* et fa*s*cibus illam suis premere potenti*a* ac dignitas est; humili se ac depresso loco putat stare, quisquis non supra rem *p.* stetit; accepti ab illa exercitus in ipsam conuertuntur, et inperatoria contio est : **5** « Pugnate contra coniuges, pugnate contra liberos! aras, focos, penates armis incessite! » Qui ne triumphaturi quidem in*ir*e urbem iniussu sena*tus* deberetis quibusque uictorem exercitum reducentibus curia extra muros praeberetur, nunc ci*u*ibus caesis perfusi cruore cognato urbem subrectis intrate uexillis. **6** Obmutescat inter militaria signa libertas, et ille uictor pacatorque gentium populus remotis procul bellis, omn*i* terrore

2 prauoque N^1 : paruo- N^2. || formulam N^2 : formo- N^1.

3 clamor at *nos* [*cf. supra* optet *pro* oportet] : clamat *N edd.* || conuentu : *habet ut uidetur N ex* -to || non hospes ab hospite— illa mariti *Ou. Met.* 1, 144 *seq.*

4 uersa N^2 : -sata N^1 || sanguine N^2 : -ni N^1 || uenenis N^2 : uenis N^1 || adferre : -ri *N* || fascibus N^2 : fa∗c- N^1 [u *eras.*] || potentia N^2 : -tiam N^1 || remp. stetit N^2 : rem prestetit N^1.

5 inire : inere *N* || senatus N^2 : sena [*fort. ex* senat'] N^1 || cuibus N^2 : cibibus N^1.

6 omni N^2 : -nis N^1.

XVI. 1 Ingrat, Coriolan, qui éprouva trop tard et après les regrets du crime, le sentiment du devoir : il déposa les armes, mais c'est en plein parricide qu'il les déposa. Ingrat, Catilina : ce n'est pas assez pour lui de prendre la ville de ses pères, il faut encore qu'il la détruise, il faut qu'il lance contre elle des cohortes d'Allobroges, que l'ennemi transalpin vienne, à son appel, assouvir ses vieillles haines nationales et que, frustré depuis longtemps des victimes dues aux bûchers gaulois, il prenne des généraux romains pour régler le compte! 2 Ingrat, C. Marius, porté coup sur coup, bien que sorti du rang, au consulat : si les cadavres des Romains ne montent par ses soins au même niveau que les Cimbres massacrés; si, non content de donner le signal de la destruction et du carnage des citoyens, il n'en est pas lui-même le vivant signal, il aura le sentiment que sa fortune est trop peu vengée et trop mal rétablie. 3 Ingrat L. Sulla, qui à sa patrie cruellement menacée appliqua des remèdes plus cruels encore pour la guérir, qui après avoir, de la citadelle Prénestine jusqu'à la Porte Colline, marché à travers le sang, réédita dans la ville et les combats et les tueries. C'est deux légions qu'il eut après la victoire, la barbarie — après la foi jurée, l'impiété — de masser dans un coin pour les égorger d'un coup; — et il inventa la proscription, c'est-à-dire, juste ciel! pour quiconque tuait un citoyen Romain, l'impunité, un salaire en argent, presque la couronne civique assurés! 4 Ingrat Cn. Pompée, qui pour payer la république de trois consulats, de trois triomphes, de tant d'honneurs, qu'il avait, à peu près tous, emportés avant l'âge alla jusqu'à s'associer des comparses pour mettre la main sur elle, comme si son pouvoir allait être moins odieux du fait que l'acte qui n'aurait pas dû être permis à un seul, plusieurs se l'étaient permis; tandis qu'il convoitait des commandements extraordinaires, tandis que pour avoir le choix des provinces, il en faisait la répartition, tandis qu'il partageait entre trois maîtres la république, non sans en mettre les deux tiers dans sa maison, il réduisit le

compresso, intra muros obsessus aquilas suas horreat.

XVI. **1** Ingratus est Coriolanus, sero et post sceleris paenitentiam pius : posuit arma, sed in medio parricidio posuit. Ingratus Catilina : parum est illi capere patriam, nisi uerter*it*, nisi Allobro*g*um in illam cohortes *im*miseri*t* et tra*n*s Alpes accitus hostis uetera et ingenita odia satiauerit ac diu debitas inferias Gallicis bustis duces Romanos || persoluerit. **2** Ingratus C. Marius ad cons*u*latus a caliga perductus, qui nisi Cimbricis caedibus *R*om*an*a funera aequauerit, nisi ciuilis exitii et tr*u*cida*t*ionis non tantum dederit signum, sed ipse signum fuerit, parum *ulta*m ac repositam in priorem locum fortunam suam sen*t*iet. **3** Ingratus L. S*u*lla, qui patriam durioribus remediis, quam pericula erant, sanauit, qui, cum a Praenestina arce usque ad Collinam portam per sanguinem humanum incessisset, alia ed*i*dit in urbe proelia, alias caedes : legiones duas, quod crudele est, post uictoriam, quod nefas, post fidem in angulo congestas contrucidauit et proscriptionem commentus est, dii magni, ut, qui ciuem Romanum occidisset, inpunitatem, pecuniam, tantum non ciuicam acciperet! **4** Ingratus Cn. Pompeius, qui pro tribus cons*u*latibus, pro triumphis tribus, pro tot honoribus, quos ex maxima parte inmatur*us* inuaserat, hanc gratiam rei p. reddid*it*, ut in possessionem eius alios quoque induceret quasi potentiae suae detracturus

XVI. **1** uerterit : -ret *N* || Allobrogum N^3 : allobroc- N^1 *ut uidetur* || immiserit N^2 *uel* N^3 : -eris N^1 | trans N^2 : tras N^1.

2 consulatus N^2 *uel* N^3 : consol- N^1 || Romana *Muret :* | omnia [*fort. ex* roma *conpendio,* r *quidem littera cum* o *colligata ideoque nimis simili facta* s *litterae quae in fine prioris uerbi legitur*] || trucidationis N^2 : trocidae ionis N^1 || ultam *nos* : multatam *N* mutatam *edd.* || sentiet N^3 : | sentientiet N^1.

4 consulatibus N^2 *uel* N^3 : consol- N^1 || reddidit N^2 : reddid N^1.

peuple romain à ne pouvoir plus se sauver que grâce à la servitude. **5** Ingrat lui-même, l'ennemi et le vainqueur de Pompée : de Gaule et de Germanie il fit virer la guerre sur Rome; et ce courtisan de la plèbe, ce partisan du peuple établit son camp au cirque Flaminius, plus près que n'avait été celui de Porsina. Il usa, il est vrai, avec mesure du droit sanguinaire de la victoire; ce qui était sa devise, il le mit en pratique : il « ne tua que ceux qui étaient en armes. » Qu'est-ce à dire? les autres ont fait de leurs armes un plus sanglant usage, mais du moins, les ayant bien abreuvées, ils finirent par les mettre bas; celui-ci rengaina promptement l'épée, mais il ne la déposa jamais [1]. **6** Ingrat, Antoine, envers son dictateur; car il proclama qu'on avait bien fait de le tuer; quant à ses assassins, il les lâcha dans toutes les directions sur les provinces et les commandements militaires; et à sa patrie, que les proscriptions, les attaques à main armée, les guerres avaient déchirée, après tant de maux il assigna des rois qui n'étaient même pas des Romains; au point que Celle qui avait, aux Achéens, aux Rhodiens, à la plupart des villes célèbres, rendu l'intégrité de leurs droits et leur indépendance avec l'immunité, — dut la première payer l'impôt à des eunuques!

XVII. 1 Tout un jour ne suffira pas à faire la liste de ceux qui poussèrent l'ingratitude jusqu'à vouloir anéantir leur patrie. Entreprise infinie également, si je me mets à évaluer une à une les marques d'ingratitude dont la république elle-même paya les meilleurs, voire même ceux qui lui étaient le plus attachés, et à compter, une à une, ses fautes, non moins nombreuses que les fautes commises contre elle-même. **2** Camille fut par elle exilé; Scipion, congédié; exilé, après sa victoire sur Catilina, Cicéron; détruit, son foyer; ses biens? mis au pillage; réalisé, tout le programme qu'eût appliqué Catilina vainqueur. Rutilius [2], pour prix

(1) Sur les inquiétudes qu'inspirait César, cf. Cic. *Ad Fam.*, VI, 4, 1, *f.* : *quam sit metuendus iratus uictor armatus.*

(2) Sur Rutilius, voir VI, 37, 2. Sur Sulla (16,3), cf. *De Cl,* (*Vulg.*) I, 12, 2, cf. 16,6 *init.* et le langage d'Octavien (App. *b.c.* 3, 56 s.)

inuidiam, si, quod nulli licere debebat, pluribus licuisset; dum extraordinaria concupiscit imperia, dum prouincias ut eligat, distribuit, dum ita d*omi*-*nis tribus* remp. diuidit, ut tamen in sua domo duae partes essent, eo redegit populum Romanum, ut saluus esse || non posset nisi beneficio seruitutis.
5 Ingratus ipse Pompei hostis ac uictor : a Gallia Germaniaque bellum in urbem circumegit, et ille plebicola, ille popularis castra in circo Flaminio posuit propius, quam Porsinae fuerant. Temperauit quidem ius crudelitatemque uictoriae; quod dicere solebat, pr*a*est*i*tit : neminem occidit nisi armatum. Quid ergo est? ceteri arma cruentius exercuerunt, satiata tamen aliqua*n*do abiecerunt; hic gladium cito condidit, numquam posuit. 6 Ingratus Antonius in dictatorem suum, quem iure caesum pronuntiauit; interfectores eius in prouincias et imperia dimisit, patriam uero proscriptionibus, incursionibus, bellis laceratam pos*t* tot mala destinauit ne Romanis quidem regibus, ut, quae Ach*a*eis, Rhodiis, plerisque urbibus claris ius integrum libertatemque cum immunitate reddiderat, ipsa tributum spadonibus penderet.

XVII. 1 Deficiet dies enumerantem ingratos usque in ultima patriae exitia. Aeque immensum erit, si percurrer*e* c*o*epero, ipsa res p. quam ingrata in optimos ac deuotissimos sibi fuerit quamque non minus saepe peccauerit, quam in ipsam peccatum est.
2 Camillum in exi*l*ium misit, Scipionem dimisit;

4 dominis tribus *nos* : dum tertio [*fort. ex* dom. III] || redeget N^2 : -get N^1 || populum Romanum : PR *supra posita uirgula N.*

5 praestitit : prestetit *N* || aliquando N^2 : -amdo N^1.

6 post tot : postot *N* || Achaeis : acheiis.

XVII. 1 percurrere N^2 : -curre | N^1 || coepero N^2 : | cep- N^1.

2 exilium N^2 : -itium N^1.

de son intégrité, obtint le droit de vivre en Asie; à Caton le peuple Romain refusa la préture, une fois; le consulat toutes les fois. 3 L'ingratitude est le mal officiel!

Chacun n'a qu'à s'interroger; tout le monde, sans exception, se plaint de l'ingratitude de quelqu'un. Or il n'est pas possible que tout le monde se plaigne s'il n'y a pas lieu de se plaindre de tout le monde. Tous partant sont ingrats. Ingrats seulement? Cupides aussi, tous; et avares, tous; et lâches tous (ceux-là surtout qui ont l'air intrépides); ajoute : et ambitieux, tous; et impies, tous. Mais tu n'as pas à t'irriter : pardonne-leur, tous ont l'esprit égaré. 4 Je ne veux pas te ramener à des faits sans précision et dire : « Vois quelle ingratitude chez les jeunes gens! quel est celui qui ne souhaite pas la mort de son père, si tant est qu'il soit innocent; qui ne l'escompte pas, si tant est qu'il soit modéré; qui n'y songe pas, si tant est qu'il soit bon fils? Combien peu de maris redoutent la mort d'une excellente épouse, si tant est qu'elle n'entre pas dans leurs combinaisons? Quel est, oui, quel est le plaideur qui, après avoir été défendu, a gardé d'un si grand bienfait, passées les affaires suivantes, un souvenir persistant? » 5 Voici un fait reconnu : quel est celui qui meurt sans se plaindre? Qui, au dernier jour, a le courage de dire : « J'ai vécu et la carrière que la fortune m'avait tracée, j'ai fini de la parcourir? » — qui n'a pas un mot de révolte, qui n'a un gémissement en sortant de la vie? Pourtant il y a ingratitude à n'être point satisfait du temps écoulé. Toujours le total sera faible, si l'on compte les jours. 6 Dis-toi que le souverain bien ne consiste pas dans la durée; quelle qu'elle soit, tu sauras t'en contenter. A reculer, si c'était possible, le jour de ta mort, tu ne gagnes rien en fait de bonheur, car un délai ne rend pas la vie plus heureuse, mais plus longue. 7 Comme il vaut mieux, l'âme

(1) Cf. *Ad Helu.*, 13, 5 *f*. L'échec de Caton au consulat est de 51 : il ne fut jamais consul. A la préture il avait échoué en 55, mais réussi en 54.

exulauit post Cati*l*inam Cicero, dir*u*ti eius penates, bona direp||ta, factum, quidquid uictor Cati*l*ina fecisset; Rutilius innocentiae pretium tulit in Asia latere; Catoni populus Romanus praeturam negauit, cons*u*latum pernegauit. 3 Ingrati publice sumus.

Se quisque interroget : nemo non aliquem queritur ingratum. A*t*qui non potest fieri, ut omnes querantur, nisi querendum est de omnibus : omnes ergo ingrati sunt. *Ingrati sunt* tantum? Et cupidi omnes et maligni omnes et *t*imidi omnes, illi in primis, qui uidentur audaces; adice : et ambitiosi omnes sunt et inpii omnes. Sed non est, quod irascaris; ignosce illis, omnes insaniunt. 4 Nolo te ad incerta reuocare, ut dicam : "Vide, quam ingrata sit iuuentus; quis non patris sui su*p*remum diem, ut innocens sit, optat, ut moderatus sit, expectat, ut pius, cogitat? Quotus quisque uxoris optimae mortem timet, ut non et conputet? Cui, rogo, cui litigatori defenso tam magni beneficii ultra res proximas memoria durauit?" 5 Illud in confesso est : quis sine querella moritur? quis extremo di*e* dicere audet : "Vix*i* et quem de*d*erat cursum fortuna peregi? " quis non recusans, quis non gemens exit? A*t*qui hoc ingrati est non esse contentum praete*r*ito tempore. Semper pauci dies erunt, si illos numeraueris. 6 Cogita non esse summum bonum in tempore; quantumcumque est, boni consules; || ut prorogetur tibi dies mortis, ni*h*il proficitur ad felicitatem, quoniam mora non

2 Catilinam : catilli- *N* || diruti N^2 : -ruiti N^1 || Catilina : catilli- *N* || consulatum : consol- *N* || pernegauit : *habet N ex* pernauit.

3 Atqui N^2 : adqui N^1 || <Ingrati sunt> tantum *Gertz* : tantum *N* || timidi N^2 : dim- N^1.

4 supremum : suppr- *N* || cui rogo cui *N nos* : cui rogo N^2 *edd.* cui reo cui *Bentley*.

5 Vixi et [*Verg. Aen.* 4, 653] N^2 : uixet N^1 || dederat : desiderat *N* || cursum N^2 : *bis habet* N^1 || Atqui N^2 : ad. qui N^1.

6 nihil N^2 : nichil N^1.

reconnaissante pour les plaisirs que l'on a goûtés, ne pas calculer les années des autres, et faire l'estimation des siennes sans mesquinerie, en les portant au chapitre des gains! « Voici le total dont la divinité m'a jugé digne, il suffit; elle eût pu faire davantage; mais ceci déjà est un bienfait. » Sachons gré aux dieux, sachons gré aux hommes, sachons gré à ceux qui ont fait quelque bien aux nôtres.

De la reconnaissance due aux bienfaits qui nous atteignent indirectement.

XVIII. C'est étendre, dit-on, à l'infini l'effet normal de notre obligation, que dire par-dessus le marché : « aux nôtres »; mets-y donc quelque limite. Qui fait du bien au fils, dis-tu, en fait aussi au père : premier point de mon questionnaire. En voici un second, sur lequel en particulier je voudrais des précisions : si le bienfait s'étend au père, s'étend-il aussi par hasard au frère? et à l'oncle paternel? et à l'aïeul? et à l'épouse et au beau-père? Dis-moi où je dois m'arrêter, jusqu'où je dois suivre la série des personnes intéressées. »

Si je cultive ton champ, je t'aurai fait du bien, si ta maison flambe et que j'éteigne le feu ou si, pour empêcher qu'elle s'écroule je viens l'étayer, je te ferai du bien; si je guéris ton esclave, c'est toi que je tiendrai pour redevable, si je sauve ton fils, n'est-ce pas que tu auras reçu de moi un bienfait?

XIX. 1 « Tes exemples ne sont pas de même sorte. Car cultiver mon champ, c'est obliger non pas mon champ, mais moi; et soutenir ma maison pour en prévenir la chute, c'est me rendre service, car ma maison, elle, est dépourvue de sentiment. Le débiteur c'est moi, puisqu'il n'y en a pas d'autre; et de même cultiver mon champ, c'est vouloir bien mériter non de lui, mais de moi. J'en dirai autant de l'esclave : c'est une chose qui rentre dans mes propriétés, c'est pour moi qu'on le sauve; partant c'est moi qui suis redevable pour lui. Mon fils,

fit beatior uita sed longior. **7** Quanto satius est gratum adversus perceptas uoluptates non aliorum annos conputare, sed suos benigne aestimare et in lucro ponere! "Hoc me dignum iudicauit deus, hoc satis est; potuit plus, sed hoc quoque beneficium est." Grat*i* simus aduersus deos, grati aduersus homines, grati aduersus eos, qui aliquid nobis praestiterunt, grati etiam aduersus eos, qui nostris praestiterunt.

XVIII. "In infinitum *i*us" inqui*t* "me obligas, cum dicis : et nostris; itaque pone aliquem finem. Qui filio beneficium dat, ut dicis, et patri eius dat : primum, de qu*o* quaero. Deinde illud utique mihi determinari volo : si et patri beneficium datur, numquid et fratri? numquid et patruo? numquid et auo? numquid et uxori et socero? Dic mihi, ubi debeam desinere, quo*u*sque personarum seriem sequar."

Si agrum tuum coluero, tibi beneficium dedero; si domum tuam ardentem restinxero aut, ne *c*oncidat, excepero, tibi beneficium dabo; si seruum tuum sanauero, tibi inputabo : si filium tuum seruauero, non habebis beneficium meum?

XIX. **1** "Dissimilia ponis exempla, quia, qui agrum meum colit, agro beneficium non dat sed || mihi; et qui domum meam, quominus ruat, fulcit, praestat mihi, ipsa enim domus sine sensu est; debitorem me habet, quia nullum habet; et qui agrum meum colit, non illum, sed me demereri uult. Idem

7 Grati simus N^2 : gratissimus N^1.
XVIII. 1 ius *Madvig* : eius *N* || inquit N^2 : -id N^1 || de quo *P* : de quod | *N* || quousque N^2 : quosque N^1 || ne concidat *Gruter* : nenon | cidat *N*.

lui, est personnellement susceptible de recevoir un bienfait; aussi est-ce lui qui le reçoit; quant à moi, je m'en réjouis et j'en suis proprement touché, sans être obligé. » 2 Je voudrais cependant — toi qui penses n'être point redevable — que tu me répondes : la bonne santé du fils, sa prospérité, son « patrimoine » intéressent le « père »; il ne manquera pas d'être plus heureux, si on lui conserve son fils, plus malheureux s'il vient à le perdre. Eh quoi? celui qui est rendu plus heureux par moi, et soustrait au risque du plus grand des malheurs, ne reçoit point un bienfait? 3 « Point, dit-on; certains avantages, en effet, sont conférés à autrui, mais ils rayonnent jusqu'à nous; or la personne à qui l'on doit les faire payer chaque fois est celle qui les reçoit, de même qu'on demande l'argent à celle à qui il a été prêté, quand même il serait venu entre mes mains d'une manière ou d'une autre. Il n'est pas de bienfait dont l'effet utile n'atteigne aussi les proches et parfois même ceux qui nous touchent de moins près encore. » 4 La question n'est pas de savoir où le bienfait, des mains qui l'ont reçu, a pu passer, mais où il est d'abord placé. C'est à celui qui est directement obligé, qui est la tête responsable, qu'on est fondé à demander un retour. « Eh quoi! ne dis-tu pas, je te prie : « Ce n'est pas moins qu'un fils que je tiens de toi; et si ce fils eût péri, je n'aurais pu vivre? » Pour la vie de ce fils n'es-tu pas redevable d'un bienfait, quand cette vie a plus de prix que la tienne à tes yeux? Il y a plus : quand j'ai sauvé ton fils, tu tombes à genoux, tu t'acquittes de tes vœux envers la divinité, comme si l'ont t'eût sauvé toi-même; ces mots t'échappent : 5 « Il ne m'importe pas de savoir si c'est moi que tu as sauvé, c'est deux êtres que tu as sauvés; que dis-je, c'est moi surtout. » Pourquoi tenir ce langage si tu ne reçois par réellement un bienfait? » Pour la même raison que, mon fils ayant fait un emprunt, je rembourserai le créancier, sans être personnellement débiteur; pour la même raison que, mon fils venant à être surpris en flagrant délit d'adultère, je rougirai sans

de seruo dicam : *m*ei mancipii res est, mihi seruatur; ideo *e*go pro illo debeo. Fili*u*s ipse beneficii capax est; itaque ille accipit, ego beneficio laetor et contingor, non obligor." 2 Velim tamen, tu, qui debere te non putas, respondeas mihi : filii bon*a* ualetudo, felicitas, patrimonium pertinet ad patrem; felicior futurus est, si saluum filium habuerit, infelicior, si amiserit; quid ergo? qui et felicior fit a me et infelicitatis maxim*ae* periculo liberat*u*r, non accipit beneficium? 3 " Non " inqui*t*; " quaedam enim in alios conferuntur, sed ad nos usque perman*a*nt; ab eo autem exigi quidque debet, in quem confertur, sicut pecunia ab eo petitur, cui credita est, quamuis ad me illa aliquo modo uenerit. Nullum beneficium est, cuius non commodum et proximos tangat, non numquam etiam longius posit*o*s ". 4 Non qu*a*eritur, quo beneficium ab eo, cui datum est, trans*i*er*i*t, sed ubi primo collocetur; a reo tibi ipso et a c*a*pite repetitio est. " Quid ergo? oro te, non dicis : " Filium mihi donasti, et, s*i* hic perisse*t*, uicturus non fui? " pro eius uita beneficium non debes, cuius uitam tuae praefers? Etiamnunc, cum filium tuum seruaui, || ad genua procumbis, dis uota soluis tamquam ipse seruatus; illae uoces ex*e*unt tibi : 5 " Ni*h*il mea interest, an me seruaueris; duos seruasti, immo me magis." Quare ista dicis, si non accipis beneficium? " Quia et, si filius meus pecuniam mutuam sumpserit, creditori numerabo, non tamen ideo ego debuero; quia et, si filius meus in adulterio depren-

XIX. 1 dicam mei N^2 : dicamei N^1 || ego N^2 : ergo N^1 || Filius : filios *N*.

2 filii N^2 : -lio N^1 || bona *det.* : -no *N* || maximae : -me *N* || liberatur N^2 : -tor N^1.

3 inquit N^2 : -id N^1 || permanant N^2 : -nent N^1 || positos *V* : -tus *N*.

4 quaeritur : quer- *N* || transierit *Gertz* : transfert *N* || capite N^2 : ca*pite [i *eras.*] *N* || si hic N^2 : sic hic N^1 || perisset N^2 : -isse N^1 || exeunt N^2 : -ont N^1.

être moi-même adultère pour cela. 6 Si je te dis que je suis obligé pour mon fils, ce n'est pas que je le sois, c'est que je consens à m'offrir à toi comme débiteur volontaire. Mais il m'est venu du fait de sa conservation la plus grande des satisfactions, le plus grand des profits, et sa perte qui eût été pour moi le coup le plus douloureux m'a été épargnée : la question, maintenant, n'est pas de savoir si tu m'as été utile, mais si tu es mon bienfaiteur. Car être utile est le fait et de l'animal et de la pierre et de l'herbe, et ils ne sont pas pour cela nos bienfaiteurs, ce qui suppose toujours intention. 7 Or toi tu as l'intention d'adresser ton bienfait non au père, mais au fils, et parfois tu ne connais même pas le père. Quand donc tu auras dit : « Ainsi je n'ai pas été le bienfaiteur du père en sauvant le fils! » fais la contre-partie : « Ainsi je suis le bienfaiteur du père, que je ne connais pas, à qui je n'ai pas pensé! » Et que dire du cas qui se présentera, où, tout en haïssant le père, tu sauveras le fils? passeras-tu pour bienfaiteur de celui dont tu étais, lors de cette action, l'ennemi mortel?

8 Mais pour laisser de côté cette joûte dialectique et répondre en juriconsulte, c'est l'intention de celui qui donne qu'on doit considérer : il est le bienfaiteur de celui à qui il destinait le bienfait. Si c'est au père qu'il a rendu hommage par cette action, c'est le père qui a reçu le bienfait; s'il a eu en vue l'avantage du fils, le père, par le bienfait adressé au fils, ne se trouve pas obligé, lors même qu'il en jouit. Si toutefois il en a l'occasion, il voudra à son tour payer du sien, non comme étant tenu de s'acquitter, mais comme ayant un motif de faire la première avance. Le retour de ce bienfait ne doit pas être demandé au père; si en échange il fait quelque acte de bienveillance, il est juste et non reconnaissant. 9 Car une telle obligation ne saurait avoir de limite : si le père est obligé, la mère l'est aussi et l'aïeul et l'oncle paternel et les enfants et les alliés et les amis et les esclaves et la patrie! Où donc le bienfait commence-t-il à s'arrêter? Voici en

sus erit, erub*e*scam, non ideo ego ero adulter. **6** Dico me tibi obligatum pro filio, non quia sum, sed quia uolo me offerre tibi debitorem uol*u*ntarium. At peruen*it* a*d* me summa ex incolomitate eius uoluptas, summa utilitas, et orbitatis grauissimum uulnus effugi. Non qu*a*eritur nunc, an *pro*fueris mihi, sed an beneficium dederis; prodest enim et animal et lapis et herba, nec tamen beneficium dant, quod numquam datur nisi a volente. **7** Tu autem non uis patri, sed filio dare, et interim ne nosti quidem patrem. Itaque cum dixeris : "Patri ergo beneficium non dedi filium eius seruando?", contra oppone : "Patri ergo beneficium dedi, quem non noui, quem non cogitaui?" Et quid, quod aliquando eueniet, ut patrem oderis, filium serues? beneficium ei videberis dedisse, cui tunc inimicissimus eras, cum dares?"

8 Sed ut dialogorum altercatione seposita tamquam iuris consultus respondeam, mens spectanda est dantis; beneficium ei dedit, cui datum uoluit. Si in patris honorem fecit, pater accepit benefic*i*um; si fili*i in* u*s*um, pater beneficio in filium collato non obligatur, etiam||si fruitur. Si tamen occasionem habuerit, uolet et ipse praestare aliquid, non tanquam soluendi necessitatem habeat, sed tamquam incipiendi causam. Repeti a patre beneficium non debet; si quid pro hoc benigne facit, iustus, non gratus est. **9** Nam illud finiri non potest : si patri do beneficium, et matri et auo et auu*n*culo et liberis et adfi*ni*bus et amicis e*t* seruis et patriae. Vbi ergo beneficium incipit stare? sorites enim ille in-

5 erubescam : -iscam *N*.

6 uoluntarium : -ontarium *N* || peruenit ad me N^2 : perueniatme N^1 || quaeritur : quer- *N* || profueris N^2 : fue|ris N^1

8 accepit : *habet N ex* acci || filii in usum [fili in—] *Aem. Thomas.*

9 auunculo N^2 : auumc- N^1 || adfinibus N^2 : adinfibus N^1 || et seruis N^2 : etaseruis N^1.

effet qu'arrive sournoisement le sorite insoluble, auquel il est difficile de mettre un terme parce qu'il se glisse peu à peu, mystérieusement et ne cesse de gagner du terrain.

Du bien qu'on nous fait malgré nous.

XX. 1 On a coutume de se poser ce problème : « Deux frères sont en discorde; est-ce qu'en sauvant l'un je suis le bienfaiteur de l'autre, qui va éprouver, si le frère qu'il déteste n'est pas mis à mort, une vive déception? » Il est hors de doute que servir quelqu'un malgré lui [1] c'est encore l'obliger, et, de même, qu'on ne l'a pas obligé lorsqu'on l'a servi malgré soi. 2 « On oblige, dit-on, quelqu'un, d'après toi, en faisant ce qui est pour lui une offense, une cause de souffrance? » Beaucoup de bienfaits ont des dehors maussades et rudes comme l'amputation et la cautérisation médicales et la ligature; il ne faut pas considérer la peine que l'on fait à quelqu'un en l'obligeant, mais la joie qu'il en devrait éprouver. Un denier n'est pas de mauvais aloi parce qu'un barbare, non familiarisé avec l'empreinte romaine, n'en a pas voulu; un bienfait est odieux, mais il est réel, pourvu seulement qu'il soit utile et que l'auteur eût bien l'intention d'être utile. Peu importe si une chose bonne est accueillie avec de mauvais sentiments. 3 Allons, maintenant, retourne la donnée : tel hait son frère et il lui est bon de le conserver; ce frère, moi je l'ai fait périr. Ce n'est pas un bienfait pour autant que l'autre le prétende et se réjouisse. Il nuit et de la manière la plus perfide, celui qui s'attire des remerciements en les payant par le mal qu'il vous fait. »

4 « Je vois; une chose est utile, donc c'est un bienfait; elle nuit, donc ce n'est pas un bienfait. » Voici une

(1) Sénèque contredit l'adage : (*Dig.* 50, 17, 69) *Inuito beneficium non datur;* cf. II, 19, 2 *non est beneficium accipere cogi,* Plaut. *Trin.* 638; et l'adage symétrique VI, 40, 2 *Si mihi non desideranti redderes ingratus esses.* De là l'objection du § 2. Mais Sénèque, au fond, ne se contredit pas ici; cf. II, 14, 4 *pulcherrimum opus est etiam inuitos nolentesque seruare.*

explicabilis subit, cui difficile est modum imponere, quia paulatim subrepit et non desinit serpere.

XX. 1 Illud solet queri : "Fratres duo dissident; si alter*um* seruo, an dem beneficium ei, qui fratrem inuisum non perisse moleste laturus est." Non est dubium, quin beneficium sit etiam inuito prodesse, sicut non dedit beneficium, qui inuitus profuit. 2 "Beneficium" inqui*t* "uocas, quo ille offenditur, quo torquetur?" Multa beneficia tristem frontem et asperam habent, quemadmodum secare et urere, ut sanes, et uinclis coercere. Non est spectandum, an doleat aliquis beneficio accepto, sed an gaudere debeat; non est malus denarius, quem barbarus et ignarus formae publicae reiecit. Beneficium et odit et accepit, si modo id prodest, si is, qui dabat, ut prodesset, dedit. Ni*h*il refer*t*, an bonam rem malo animo quis acc*i*piat. Ag*e*dum hoc in contrarium uerte. 3 Odit fratrem suum, quem illi || habere expedit; hunc ego occidi : non est beneficium, quamuis ille dicat esse et gaudeat. Insidiosissime nocet, cui gratiae aguntur pro iniuria.

4 "Video : prodest aliqua res et ideo beneficium est; nocet et ideo non est beneficium. Ecce, quod nec prosit nec noceat, dabo, et tamen beneficium erit. Patrem alicuius in solitudine exanimem inueni, corpus eius sepeliui : nec ips*i* profui (quid enim illius intererat, quo genere dila*b*eretur?) nec filio (quid enim illi per hoc commodi acces-

XX. 1 alterum : -rom *N*.

2 inquit N^2 : id N^1 || et odit : *bis habuit prius N* || Nihil N^2 : nichil N^1 || refert N^2 : -ferat N^1 || accipiat Agedum : accepiatagendum [*ex* acceptag-] *N*.

4 ipsi N^2 : ipse N^1 || dilaberetur N^2 : dilaue- N^1 || accessit N^2 *uel N^1 se corrigens?* : accessi N^1.

chose qui n'est ni utile ni nuisible, je vais la donner; et ce n'en sera pas moins un bienfait. Le père d'un tel gisait sans vie dans un désert; je l'ai trouvé, j'ai enseveli son cadavre; cela n'a pas plus servi à lui-même (que lui importait en effet la manière dont son corps se désagrégerait?) qu'à son fils (quel avantage en effet lui en est venu?). Je vais te dire ce qu'il y a gagné : son devoir, devoir religieux et imposé par la nature, se trouve grâce à moi accompli. 5 J'ai fait pour son père ce qu'il eût voulu et même dû faire lui-même. Toutefois il n'y a là bienfait qu'à une condition, c'est que je n'aie pas agi dans le sentiment de pitié et d'humanité qui m'eût fait enterrer un cadavre quelconque, mais que j'aie reconnu le corps, que l'idée alors me soit venue que j'obligeais le fils; au contraire si je n'ai fait que jeter de la terre sur un mort anonyme, je n'ai point de débiteur, en ce cas, pour ce bon office, n'ayant fait qu'un geste banal d'humanité.

Dans quelle mesure on peut rappeler à l'obligé sa dette de reconnaissance.

6 Quelqu'un dira : « Pourquoi tant chercher à qui tu as accordé ton bienfait, comme si tu devais le redemander quelque jour? Certains sont d'avis que c'est un devoir de ne jamais redemander et donnent ces raisons : Qui ne méritait pas le bienfait, même sur demande ne le rendra pas; qui le méritait saura bien le rendre tout seul. Au surplus, si ton obligé est homme de bien, patiente, de peur de lui faire injure en lui adressant une sommation, comme s'il n'eût pas été, de lui-même, disposé à rendre; si tu as obligé un malhonnête homme, portes-en la peine; mais ne détruis pas ton bienfait pour en faire une créance. Au surplus, là où la loi n'ordonne pas le recouvrement, elle l'interdit. »

Formules que tout cela. 7 Tant que rien ne me presse, tant que la Fortune ne me contraint à aucune démarche, j'aimerai mieux laisser perdre un bienfait

si*t?*) " **5** Dicam, qu*i*d consecutus sit : officio sollemni et necessario per me functus est; praestiti patri eius, quod ipse praestare uoluisset nec non et debuisset. Hoc tamen ita beneficium est, si non misericordiae et humanitati dedi, ut quodlibet cadauer absconderem, sed si corpus agnoui, si filio tunc hoc praestare me cogita*ui*; *at* si terram ignoto mortuo inieci, nullum *in* hoc habeo huius officii debitorem in publicum humanus.

6 Dicet aliquis : " Quid tanto opere quaeris, *cui* dederis beneficium, tamquam repetiturus aliquando? Sunt, qui numquam iudicent esse repetendum, et has causas adferunt : Indignus etiam repetenti non reddet, dignus ipse per se refe*r*et. Praeterea, si bono uiro dedisti, expecta, ne iniuriam illi facias a*p*pellando, tamquam sua sponte redditurus non fuisset; si malo uiro dedisti, *p*lectere; beneficium uer*o* ne cor||ruperis creditum faciendo. Praeterea lex, quod non iussit repeti, uetuit." Verba sunt ista. **7** *Q*uam diu me ni*h*il urguet, quam diu fortuna nihil cogit, perdam potius beneficium quam repetam; sed si de salute liberorum agitur, si in periculum uxor deducitur, si patriae salus ac libertas mittit me etiam quo ire nollem, imperabo pudori meo et testabor omnia me fecisse, ne opus esset mihi auxilio hom*i*nis ingrati; nouissim*e* recipiendi beneficii necessitas repetendi uerecundia*m* uiṇcet. Deinde, cum bono uiro

5 quid N^2 : quod N^1 || nec non et N^2 : nec et N^1 || cogitaui N^2 *uel* N^1 *se ipse corrigens* : cogita N^1 || at VG^2 : aut *N* || in hoc N^2 : hoc N^1.

6 cui dederis N^2 *ut uidetur* : dederis | N^1 || referet N^2 : -erret N^1 || appellando N^2 : apell- N^1 || plectere *Erasme* : flectere *O* || uero *Erasme* : uerbo *N* || faciendo : *habet N ex* -du.

7 Quamdiu N^2 : | aquam diu || nihil N^2 : nichil N^1 || hominis N^2 : home- *N* || nouissime N^2 : -mo N^1 || uerecundiam *G* : -dia *N*.

que le demander; mais s'il y va de la vie de mes enfants, si ma femme est mise en péril, si le salut et la liberté de ma patrie adressent mes pas là même où je n'aurais pas voulu aller, je ferai taire ma délicatesse et protesterai que j'avais tout fait pour me passer des secours d'un ingrat; finalement, la nécessité de rentrer dans mes avances généreuses l'emportera sur ma discrétion incapable de redemander. Au reste, toutes les fois que je fais du bien à un honnête homme, je le fais en spécifiant mentalement que je ne redemanderai rien, sauf en cas de nécessité.

XXI. 1 « Mais la loi, dit-on, en ne permettant point qu'on réclamât son dû l'a interdit. » Bien des mesures ne sont prévues par aucune loi, ne répondent à aucun cas de poursuite, mais l'usage de la société, plus fort que toute loi, les permet. Aucune loi ne commande de ne point divulguer les secrets de nos amis; aucune loi ne commande de tenir parole même à un ennemi. Quelle loi, quand nous avons fait une promesse, nous astreint à la tenir? Aucune. Pourtant je m'en prendrai à celui qui n'aura pas gardé pour lui un propos confidentiel, et pour une parole donnée et non tenue, je montrerai mon indignation. 2 « Mais d'un bienfait, dit-on, tu fais une créance! » Nullement; en effet, je ne fais pas payer, mais je redemande; et je ne redemande même pas, mais j'avertis. Est-ce que, par hasard, même l'extrême détresse me déterminera à me présenter chez un homme avec qui je devrai lutter longtemps? Quelqu'un est assez ingrat pour qu'il ne suffise pas de l'avertir : je passerai dédaigneusement à côté de lui et ne le jugerai pas digne qu'on le force à la reconnaissance. 3 Le créancier n'use pas de sommation avec certains débiteurs dont la faillite lui est connue et à qui, pour leur honte, il ne reste rien qui ne soit perdu d'avance; ainsi moi, devant certaines ingratitudes cyniques et endurcies, je passerai mon chemin, et je ne redemanderai de bienfait à per-

beneficium do, sic do tamquam numquam repetiturus, nisi fuerit necesse.

XXI. 1 " Sed lex " inqui*t* " non permittendo exigere uetuit. " Multa legem non habent nec actionem, ad qu*ae* consuetudo uitae human*ae* omni lege ualentior dat aditum. Nulla lex iubet amicorum secreta non eloqui; nulla lex iubet fidem etiam inimico praestare; quae lex ad i*d* praestand*u*m nos, quod alicui promisimus, al*l*igat? nulla. Qu*e*rar tamen cum eo, qui arcanum sermonem non continuerit, et fidem datam nec seruatam indignabor. 2 " Sed ex beneficio " inqui*t* " creditum facis ". Minime; non enim exigo, sed repeto, et ne repeto quidem, sed a*d*moneo. N*u*m ultima quoque me necessitas in hoc aget, ut ad eum ueniam, cum quo mihi diu || luctandum sit? *Si* quis tam ingratus est, ut illi non sit satis admoneri, eum transibo nec dignum iudicabo, qui gratus esse cogat*u*r. 3 Quomodo fenerator quosdam debitores non a*p*pellat, quos scit decoxisse et in quorum pud*o*rem nihil superest nisi quod pereat, sic ego quosdam ingrat*o*s palam ac pertinaciter praeteribo nec ab ullo benificium repetam, nisi a quo non ablatur*u*s ero, sed recepturus.

XXII. 1 Multi sunt, qui nec negare sciant, quod acc*e*perunt, nec referr*e*, *q*ui nec tam boni sunt quam grati nec tam mali quam ingrat*i*, segnes et tardi, lenta nomina, non mala; hos ego non a*p*pellabo,

XXI.1 inquit N^2 : -id *N* || ad quae : adque N^1 atqui N^3 *minus apte* || consuetudo : *habet N ex* consuit- || humanae : -ne | *N* || ad id N^3 : adit N^1 || praestandum N^3 : -dom N^1 || alligat N^3 : ali- N^1 || Quaerar : querar *N*.

2 inquit N^3 : -id N^1 || sed admones : sedamoneo|*N* || Num *Fickert* : Nam *N* || sit Siquis *Gruter* : sitquis N^3 || cogatur N^2 : -or N^1.

3 appellat N^3 *uel* N^3 : apell- N^1 || pudorem N^3 : -durem N^1 || sic ego *V* : si ergo *N* || ingratos N^3 : -tus N^1 || ablaturus N^3 : -ros N^1.

XXII. 1 acceperunt N^3 : acci- N^1 || referre N^3 : -rret N^1 || qui N^3 *uel* N^1 *se corrigens* : qui N^1 || ingrati N^2 : -tis | N^1 || appellabo N^3 : apell- N^1.

sonne, hors le cas où il me sera possible, je ne dis pas de prendre par force, mais de recueillir mon dû.

XXII. 1 Il y a beaucoup de personnes inexpertes à nier ce qu'elles ont reçu aussi bien qu'à le rendre : elles n'ont ni la bonté des gens reconnaissants ni la malhonnêteté des ingrats; gens incapables d'énergie comme d'empressement : créances lentes à rentrer, mais non mauvaises. A ces personnes, je n'adresserai pas de sommations, mais un avertissement explicite, et je les ramènerai au devoir, auquel elles ne pensent pas. Et tout de suite elles me répondront : « Pardonne-moi; vraiment, je ne savais pas que tu avais besoin de cela; autrement je serais de moi-même venu te l'offrir; ne me prends pas, je te prie, pour un ingrat; j'ai gardé le souvenir de ce que tu as fait pour moi. » De pareils hommes, pourquoi hésiterais-je à les rendre meilleurs pour eux-mêmes et pour moi? 2 Quand je pourrai préserver l'un d'eux d'une faute, je n'y manquerai pas, mais surtout un ami, — je dis : de toute faute et d'une faute contre moi en particulier. C'est un second bienfait qu'il reçoit de moi, si je ne lui permets pas d'être ingrat. Et je ne prendrai pas un ton rude pour lui reprocher ce que j'ai fait pour lui, mais je procéderai le plus délicatement possible. Afin de lui permettre de s'acquitter, je lui rafraîchirai la mémoire et lui « demanderai » un service : de lui-même il comprendra que je « redemande ». 3 Parfois j'emploierai un langage un peu dur, si j'ai l'espoir qu'il puisse s'amender; car si son cas est désespéré, ce sera une raison de plus pour moi de ne pas le persécuter, que le danger d'en faire, d'un ingrat, un ennemi personnel. 4 Que si nous épargnons aux ingrats jusqu'à la meurtrissure d'un avertissement, nous ne ferons qu'augmenter leur paresse à rendre les bienfaits. Et certaines âmes qui sont guérissables, et qui peuvent devenir bonnes si elles sentent quelque remords, les laisserons-nous se perdre faute de l'avertissement qui a parfois servi au père à corriger son fils, à l'épouse à ramener auprès d'elle

sed commonefaciam et ad officium aliud agent*e*s *r*educam. Qui statim mihi sic respondebunt : "Ignosce; non mehercules sci*i* hoc te desiderare, alioqui ultro obtulissem; rogo, ne me ingratum existimes; memini, quid mihi praest*it*eris"; ho*s* ego quare dubitem et sibi meliores et mihi facere? **2** Qu*em*cumque potuero, peccare prohibebo; multo magis amicum, et ne peccet et ne in me potissimum peccet. Alterum illi beneficium do, si illum ingratum esse non patior; nec dure illi e*x*probrabo, quod praestiti, sed quam potuero mollissime. Vt potestatem referendae gratiae faciam, reno*u*abo memoriam eius et petam beneficium; ipse || me intelleget repetere. **3** Aliquando utar uerbis durioribus, si emendari illum posse spe*r*auero; nam deploratum propter hoc quoque non exagitabo, ne ex ingrato inimicum faciam. **4** Quod si admonitionis quoque sugillationem ingratis remittimus, segniores ad reddenda beneficia faciemus; quosdam uero sanabiles et qui fieri boni possi*n*t, si qu*i*d illos momorderit, perire patiemur admo*ni*tione sublata, qua et pater filium aliquando correxit et uxor maritum aberrante*m* ad se reduxit et amicus languentem amici fidem erexit?

XXIII. **1** Quidam, ut expergiscantur, non *f*eriendi, sed commouendi sunt; eodem modo quorundam ad referendam gratiam fides non cessat, sed languet; hanc peruellamus. "Noli munus tuum *in* iniuriam uertere; iniuria est enim, si in hoc non repetis, ut ingratus sim. Quid, si ignoro, quid desideres? quid,

1 commonefaciam *habet N ex* commune- || agentes N^2 : -tis N^1 || reducam : educam *N* [*qui facile post* agentis r *litteram omittere potuit*] || scii *nos* [*cf. Planc. in Cic. ep.* 10, 4, 1; sciit *Sen. rh. contr.* 1, 1, 17 *contr. exc.* 6, 4, 1; nesciit *Sen. ep.* 86, 10] : scit *N* sciui *edd.* || praestiteris N^2 : praestete- N^1 || hos N^2 : hoc N^1.

2 Quemcumque G^2 :|quaecumque N^1 || exprobrabo *V* [exprobabo] : ea|probabo *N* || renouabo N^2 : renoba- N^1.

3, 4 sperauero N^2 : spea|uero N^1 || possint N^2 : possimt N^1 || quid N^2 : quod N^1 || admonitione N^2 : admoti- N^1 || aberrantem *dett.* : -te *N*.

XXIII. **1** feriendi N^2 : periendi N^1 || in iniuriam N^2 : iniuriam N^1.

l'époux qui s'égarait, à l'ami à ranimer chez l'ami la fidélité défaillante?

XXIII. 1 D'aucuns, pour s'éveiller, n'ont pas besoin qu'on les frappe, mais seulement qu'on les secoue; de même, chez quelques-uns, la fidélité à s'acquitter subit, je ne dis pas une éclipse, mais une défaillance : pinçons-la. « Que ton présent par ta faute ne tourne pas à mon préjudice : il y a préjudice en effet si ton but, lorsque tu t'abstiens de redemander, est de faire de moi un ingrat. Et si j'ignore tes besoins? et si, tiraillé par toutes sortes d'occupations et sollicité par d'autres soins, je n'ai pas su épier l'occasion? Révèle-moi ce que je puis, ce que tu veux. 2 Pourquoi désespérer avant d'essayer? Pourquoi te hâter de perdre et le bienfait et l'ami? D'où sais-tu si c'est de ma part mauvaise volonté ou ignorance, faute de courage ou de moyen? Fais l'expérience. » J'avertirai donc, mais sans âpreté, sans éclat, sans récrimination, de manière qu'il pense avoir retrouvé le souvenir sans nulle pression extérieure.

XXIV. 1 Au tribunal du Divin Jules se défendait un de ses vétérans, coupable de quelque excès de violence envers ses voisins; et il était en mauvaise posture. « Vous souvenez-vous, mon général, dit-il, d'une entorse que vous vous donnâtes en Espagne aux environs de Sucron (1)? » César dit qu'il se souvenait. « Vous souvenez-vous encore qu'au pied d'un arbre à l'ombre très clairsemée, vous voulûtes vous reposer par un soleil très ardent? L'endroit était hérissé d'aspérités et, parmi des roches aiguës, nul autre arbre n'avait réussi à percer : alors un de vos compagnons d'armes vous fit de son manteau un lit. » 2 « Evidemment, je me souviens, dit César; et même, étant mort de soif, comme mes jambes ne pouvaient me porter à la fontaine voisine, je voulais m'y traîner sur les mains, quand le bon compagnon d'armes, homme brave et intrépide,

(1) Ville placée à l'embouchure du fleuve du même nom dans l'Espagne Tarragonaise et qu'on identifie avec *Cullera*. Le fleuve, s'appelle aujourd'hui le *Xucar*.

si occupationibus districtus et in alia uocatus occ*a*sionem non obseruaui? Ostende mihi, quid possim, quid ue*l*is. **2** Quare desperes, antequam temptes? quare properas et beneficium et amicum perdere? unde scis, nolim a*n* ignorem, animus an facultas desit mihi? expe*ri*re." Admonebo ergo, non amare, non palam, sine conuicio, sic, ut se redisse in memoriam, non reduci putet.

XXIV. **1** Causam dicebat aput diuum *Iu*lium ex ueteranis quidam paulo uiolentior || aduersus uicinos suos et causa premebatur. "Meministi" inquit, "imperator, in *Hi*spania talum extorsisse te circa Sucronem?" Cum Caesar meminisse se dixisset: "Meministi quidem sub quadam arbore minimum umbrae spargent*e* cum uelles residere ***sidere*** feruentissimo et esset asper*r*imus locus, in quo ex rupibus acutis unica illa arbor eruperat, quendam ex commilitonibus paenulam suam substr*a*uisse?" **2** Cum dixisset Caesar: "Quidni meminerim? et quidem siti confectus, quia impeditus ire ad fontem proximum non poteram, repere manibus uolebam, *ni* bo*n*us *com*milito, homo fortis ac st*re*nuus, aquam mihi in galea sua attulisset", "Pote*s* ergo" inquit, « imperator, agnoscere illum hominem aut illam

1 occasionem : occans- *N* || uelis *N*2 : uel*is [l *eras.*] *N*1.
2 an *N*2 : am *N*1 || experire *dett.* : expe|re *N*.

XXIV. **1** Iulium *P* [*m. rec.*] : fil- *N* || Imperator : imp *uirgula supra posita N hic et infra* || Hispania *N*2 : span- *N*1 || spargente *N*2 : -r|gente* [m *eras.*] *N*1 || residere <sidere> feruentissimo *Gertz* : residere feruentissimo | *N*1 residere feruentissimo sole *N*2 *Erasme alii* || asperrimus *N*2 : asperi- *N*1 || substrauisse *N*2 : | substruisse *N*1.
2 uolebam ni bonus commilito *nos* : uolebam mani|bus milito *quod cum ex* uolebamni, *ubi* mni *litterae pro* mani- *syllabarum compendio* [*cf. rursus* 5, 14, 2 quamnus *pro* quam manus *uerbis scriptum*] *fortasse habitae erant, tum ex* bo(nu)s c(om)milito *uerbis per conpendium scriptis ortum esse in hoc uersus loco uerisimile est N* uolebam nisi commilito *Erasme alii* uolebam nisi pro militio *Pincianum exemplar Scholarum Salmaticensium P* [uolebam manibus pro milicio *P*] *unde* uolebam nisi P. Militio *Pincianus* uolebam nisi Militio *Rossbach* || strenuus [strennuus] *G* : sternuus *N* || Potes *N*2 : Potes* [t *ut uidetur eras.*] *N*1.

m'apporta de l'eau dans son casque. » — « Pourriez-vous donc, mon général, reconnaître l'homme et le casque? » César dit qu'il ne saurait pas reconnaître le casque, mais qu'il saurait fort bien reconnaître l'homme, et il ajouta, impatienté, je, pense, de s'être laissé distraire, au milieu de l'enquête, par une vieille histoire : « En tout cas, ce n'est pas toi! » — 3 « Tu as raison, César, dit l'autre, de ne pas me reconnaître; car, lorsque le fait eut lieu, j'avais tous mes membres; depuis, à Munda, j'ai perdu un œil dans la mêlée et l'on m'a trépané. Quant au casque, si tu le vois, tu ne le reconnaîtras pas davantage, car un coutelas espagnol l'a partagé. » Défense fut faite par César de lui créer des difficultés; quant aux lopins de terre, où un chemin vicinal avait occasionné la querelle et le procès, il en fit cadeau à son troupier.

XXV. 1 Eh quoi? cet homme ne devait-il pas demander le prix de son bienfait à un général dont la mémoire était brouillée par le grand nombre des souvenirs et à qui sa fortune prodigieuse, lorsqu'il mettait en ligne des armées entières, ne permettait pas de secourir individuellement ses soldats? Ce n'est pas là redemander un bienfait, mais le reprendre, après l'avoir mis en bonne place et à portée de la main : encore faut-il, pour le prendre, allonger le bras. Ainsi donc je redemanderai, par la raison qu'un impérieux besoin m'aura mis dans le cas de le faire, ou bien dans l'intérêt de celui à qui je redemanderai.

2 Tibère César, au début de son règne, s'entendit adresser ces mots : « Vous souvient-il?... » Sans laisser à l'interlocuteur le temps de citer plus de preuves de leur ancienne intimité : « Je ne me souviens pas, dit-il, de ce que j'ai été. » A un tel homme, il est évident qu'il ne fallait point redemander un bienfait. Il fallait souhaiter qu'il oubliât. Il repoussait toute accointance avec ses amis et avec les gens de son âge sans exception. Et, en dehors de l'illustre fortune qui était alors la sienne, il ne fallait, à son gré, n'avoir d'yeux pour rien, n'avoir rien d'autre dans l'esprit et

galeam?" Caesar ait se non posse galeam cognoscere, hominem pulchre posse, et adiecit, puto obiratus, quod se a *co*gnitione media ad ueterem fabulam abduceret: "Tu utique ille non es." **3** "Merito" inquit, "Caesar, me non agnoscis; nam cum hoc factum est integer eram; postea ad Mundam in acie ocul*u*s mihi effos*s*us est et in capite lecta ossa. Nec galeam illam, si uideris, agnosces; machaera enim Hispana diuisa est." Vetuit illi exhiberi negotium Caesar et agellos, in quibus uicinalis uia causa rixae ac litium fuerat, militi suo donauit.

XXV. **1** Quid ergo? non repeteret || beneficium ab imperatore, cuius memoriam multitudo rerum confuderat, quem fortuna ingens exercitus disponentem non patiebatur singulis militibus occurrere? Non est hoc repetere beneficium, sed resumere bono loco positum et paratum, ad quod tamen, ut sumatur, manus por*r*igenda est. Rep*e*tam itaque, quia hoc aut ex magna necessitate facturus ero aut illius causa, a quo repetam.

2 Ti. Caesa*r* inter initia dicent*i* cuidam: "Meministi —" antequam plures notas familiaritatis ueteris proferret: "Non memini" inquit, "quid fuerim." Ab hoc quidni non esset repetendum beneficium? O*p*tanda erat oblivio; auersabatur omnium amicorum et aequalium notitiam et illam solam praesentem fortunam suam aspici, illam solam cogitari ac narrari uolebat; inquisitorem habebat ueterem amicum.

2 a cognitione *N*[2] : agnitione | *N*[1].

XXV. **1** fortuna ingens *N Erasme* : fortuna ingentes ***Juste Lipse alii*** || porrigenda *N*[2] *ut uid.* : | pori- *N*[1] || Repetam itaque *N*[2] : Repe*tam itaque *N*[1].

2 Caesar *G* [Caes(ar)] : -ari *N* || dicenti *N*[2] : | dicentis *N*[1] || optanda : obt- *N*.

même rien d'autre à la bouche; c'était un espion à ses yeux qu'un ami d'autrefois.

3 Il faut plus d'à-propos pour redemander un bienfait que pour le demander. Il faut de la mesure dans les paroles, afin que ni l'ingrat ne puisse dissimuler ni l'homme reconnaissant s'offenser d'aucune réflexion. Le devoir eût été de nous taire et d'attendre, si nous eussions vécu entre sages; — n'empêche que, même à des sages, il eût mieux valu révéler les besoins de notre situation. **4** Aux dieux, de qui la connaissance embrasse toutes choses sans exception, nous adressons des demandes; et sur eux nos vœux opèrent non comme des prières, mais comme avertissements. Oui, même auprès des dieux, le prêtre d'Homère fait valoir les hommages à eux rendus et les marques reçues, par leurs autels, de sa dévotion. **5** Vouloir être averti et pouvoir, de plus, supporter l'avertissement est vertu de second plan, <mais vertu>[1]. Un cheval docile et obéissant n'a besoin, pour tourner à droite ou à gauche, que d'un léger mouvement des rênes. Quelques hommes seulement trouvent en leur âme leur meilleur conducteur; ensuite viennent ceux qu'un avertissement ramène dans le chemin : à ceux-ci, il ne faut point ôter leur guide. **6** Les yeux fermés possèdent la vue, mais sans pouvoir en user : et cette faculté, quand la lumière du jour pénètre en eux, est rendue à l'activité; l'outil chôme tant que l'artiste ne l'a pas appliqué à son ouvrage propre : il y a parfois dans les âmes de la bonne volonté, mais elle est engourdie, tantôt par les raffinements de la mollesse et par l'inertie, tantôt par l'ignorance du devoir; nous devons l'utiliser et ne point la laisser, par dépit, en état de faute, mais, comme le maître, souffrir avec patience chez de jeunes élèves les faux pas d'une mémoire trébuchante : celle-ci, souvent, si on lui souffle un mot ou deux, retrouve le texte de la leçon à répéter : ainsi le devoir de reconnaissance lui doit être rappelé au moyen d'un avertissement.

(1) Ce classement de nos mérites : 1° aviser tout seul et pour

3 Magis tempestiue repetendum est beneficium quam petendum. Adhibenda uerborum moderatio, ut nec ingratus dissimulare *possit nec gratus offendi ulla re.* Tacendum erat et expectandum, si inter sapientes uiueremus; et tamen sapientibus quoque indicare melius fuisset, quid rerum nostrarum status posceret. **4** Deos, quorum notitiam nulla res effugit, rogamus, et illos uota non exorant, sed admonent; dis quoque, inquam, Homericus ille sacerdos allegat officia et aras reli*gi*ose cultas. **5** Moneri uelle ac posse secunda uirtus est. || *E*quos obsequens facile et pare*ns* huc illuc frenis leuiter motis flectendus est. Paucis animus sui rector optimus; proximi sunt, qui admoniti in uiam redeunt : his non est dux detrahendus. **6** Opertis oculis ines*t* acies, sed sine us*u*, quam lumen di*e*i *ii*s immissum ad ministeria sua euocat; instrumenta cessant, nisi illa in opus suum artifex mouit. Inest interim animis uol*u*ntas bona, sed torpet modo deliciis ac situ, modo officii inscitia; hanc utilem facere debemus nec irati relinquere in uit*io*, sed ut magistri patienter ferre offensationes puerorum discentium memoriae labentis; quae quemadmodum saepe subiecto uno aut altero uerbo a*d* context*u*m reddendae orationis adducta est, sic ad *re*ferendam gratiam admonitio*ne* reuocanda est.

3 nec ingratus dissimulare <possit nec gratus offendi ulla re> *nos* : nec ingratus dissimu|lare *N* nec ingratus possit dissimulare *G* nec gratus possit offendi nec ingratus dissimulare *Haase haud satis, ut uid., ad N apte, quem prius* nec ingr- *ante oculos habuisse ueri simile est.*

4 religiose N^{2} *uel* N^{3} : reliose N^{1} || *cf. Hom. Il.*, 1, 39.

5 Equos *N Gerts in apparatu* [Equus *Rubenius*] : | quos *N* [*sic* quos *pro* equos *in ep.* 124, 16 *habet fol.* 131v *Bambergensis cod.*] || facile et parens *Rubenius* : facete parere *N*.

6 inest acies N^{2} : inest | tacies N^{1} || usu N^{2} : usu* [m *eras.*] N || diei iis *Gertz* : dii|s *N* || uoluntas N^{3} : uolon- N^{1} || in uitio *G* : in|uito *N* || ad N^{2} *uel* N^{3} : | aut N^{1} || contextum N^{2} *uel* N^{3} : -tom N^{1} || referendam *V* [reff-] : ferendam *N* || admonitione *Erasme* : -itio *N*.

LIVRE VI

Introduction à l'étude de quelques autres problèmes de casuistique.

I. Il y a des questions, Libéralis, homme bon entre tous, qu'on étudie uniquement pour exercer l'esprit, et qui toujours demeurent en dehors de la vie pratique; il y en a dont l'étude divertit et dont la solution profite. Je t'en offrirai de toutes à choisir : à toi de prescrire, comme tu l'entendras, ou l'exécution intégrale des exercices ou une simple présentation propre à détailler le programme du spectacle. Même en ce dernier cas, si tu ordonnes la sortie immédiate, le succès ne sera pas nul; car même avec les choses qu'il est oiseux d'étudier à fond, il est utile de faire connaissance. C'est donc sur ta physionomie que je me réglerai; selon ce qu'elle me dira, je ferai durer un peu plus certaines parties; quant aux autres numéros, j'en débarrasserai la scène et les culbuterai [1].

Un bienfait peut-il être retiré?

II. 1 Un bienfait peut-il être retiré? Question que l'on s'est posée. Les uns disent que c'est impossible, car un bienfait n'est pas une chose matérielle, mais un acte. Un présent et le fait même de donner sont deux choses différentes; de même, navigateur et traversée; et encore : un malade a beau être dans un cas de maladie, il n'y a pourtant pas identité entre

le mieux; 2° savoir suivre un bon conseil — est un lieu commun de la sagesse antique : cf. T. Liv. XXII, 29, 8 *audiui primum esse uirum qui ipse consulat quid in rem sit; secundum eum qui bene monenti oboediat;* Hes. *Op.* 293; Zen. ap. Diog. Laert. 7, 25 f. (l'aphorisme d'Hésiode, mais renversé); Cic. *Pro cluent.*, 31, 84.

(1) Cf. *capite agam* et Phaedr. *Fab.* 100, 39 et 95, 35 (ed. Havet) : *protrudere* et *trudere capite.* Mais Sénèque fait peut-être un jeu de mots : « je les traiterai (*agam*) en un seul chapitre (*capite*) ».

LIBER VI

I. Quaedam, Liberalis, uirorum optime, exercendi tantum ingen*i*i causa quaeruntur et semper extra uitam iacent; quaedam et dum quaeruntur oblectamento sunt et quaesita usui. Omnium tibi copiam faciam; tu illa, utcumque tibi uisum erit, au*t* peragi iubeto aut || ad explicandum ludorum ordinem induci. In his quoque abire protinus *si* iusseris, non nihil actum erit; nam etiam quae discere superuacuum est, prodest cognoscere. Ex uoltu igitur tuo pendebo; prout ille suaserit mihi, alia detinebo diutius, alia expellam et capite agam.

II. 1 An beneficium eripi posset, quaesitum est. Quidam negant posse; non enim res est, sed actio. Quomodo aliud est munus, aliud ipsa donatio, aliud qui nauigat, aliud navigatio, et, quamuis *in* morbo aeger sit, non tamen idem est aeger et morb*u*s, ita aliud est beneficium ipsum, aliud, quod ad unumquemque nostrum beneficio peruenit. 2 Illud incor-

subscriptio L. ANNEI SENECE DEBENEFICIIS LIBER V. EXPLICIT | INCIPIT LIBER VI FELICITER *alia, ut uidetur, manu atque antea N.*

I. ingenii *N*[2] : -genti *N*[1] || aut *N*[2] : au *N*[1] || abire protinus <si> iusseris *nos* : abire protinus iusseris *N*[1] si abire protinus iusseris *edd.* quae abire protinus iusseris *Madvig.*

II. 1 quamuis in *Madvig* : quamuis sine *N* || morbus *N*[2] : -bos *N*[1].

le malade et son mal; ainsi autre chose est le bienfait lui-même, autre chose ce qui vient, de ce fait, aux mains de chacun d'entre nous. 2 Il est immatériel, il ne saurait devenir nul; tandis que la matière du bienfait se déplace en toutes directions et change de maître. Aussi, lorsqu'on en ravit la matière, on n'en ôte point la réalité. La nature elle-même ne saurait retirer ce qu'elle a une fois donné! Elle interrompt ses bienfaits; elle ne les abolit point. Lorsque l'on meurt, on ne laisse pas d'avoir vécu; lorsqu'on a perdu les yeux, d'avoir vu. Lorsqu'il nous est échu quelque avantage, on peut faire qu'il ne soit plus; on ne peut faire qu'il n'ait pas été. Or une partie du bienfait, voire même la plus authentique, est dans le passé. 3 Parfois la faculté de jouir plus longtemps du bienfait nous est ôtée, mais le bienfait lui-même n'est pas effacé. Quand même la nature rassemblerait ses forces pour y parvenir, la marche en arrière lui est interdite. On peut me ravir ma maison, mon argent, mon esclave et toutes les choses où est attaché le nom de « bienfait »; le bienfait, lui, demeure, et il est immuable; nulle puissance ne fera que l'un n'ait point donné, que l'autre n'ait point reçu.

III. 1 Mot incomparable, à mon sens, que celui d'Antoine, en un vers du poète Rabirius : voyant la Fortune, qui avait été pour lui, changer de camp, et lui-même réduit pour toute ressource au seul droit de mourir, et encore à condition de faire vite et sans attendre une autre main, il s'écrie : « Je ne possède qu'un bien, et c'est le bien que j'ai fait[1]. »

Oh! que de bien il eût pu posséder, s'il eût voulu! Voilà la richesse authentique que toutes les vicissitudes inhérentes à la condition humaine ne mettra pas en d'autres mains; celle-là peut grossir; le nombre de ses envieux diminuera à proportion. Pourquoi

(1) Echo du mot de Sardanapale : *Haec habeo quae edi* (Cic. *Tusc.* V, 101). — Sur la bonté et la générosité d'Antoine, le témoignage de Cicéron est formel (*Phil.* II, 42 [cf. Plut. *Ant.* 24, 27]; *Phil.* I, 33). — Rabirius était un bon poète épique du temps de Virgile, *magni Rabirius oris*, dit Ovide (*Pont.* 4, 16, 5); Vellejus Paterculus le met à côté de Virgile. Le sujet de son poème devait être la campagne d'Actium et la mort de Cléopâtre (Plessis, *La poésie latine*, p. 472).

porale est, inritum non fit; materia uero eius huc et illuc iactatur et dominum mutat. Itaque cum *eripis materiam, non* eripis *ipsam rem.* Ipsa rerum natura revocare, quod dedit, non potest. Beneficia sua interrumpit, non rescindit : qui moritur, tamen uixit; qui amisit oculos, tamen uidit. Quae ad nos peruenerunt, ne sint, effici potest, ne fuerint, non potest; pars autem beneficii et quidem certissima est, quae fuit. **3** Non numquam usu beneficii longiore prohibemur, beneficium quidem ipsum non eraditur. Licet omnes in hoc uires suas natura aduocet, retro illi agere || se non licet. Potest eripi domus et pecunia et mancipium et quidquid est, in quo haesit beneficii nomen; ipsum u*e*ro stabile et inmotum est; nulla uis efficiet, ne hic dederit, ne ille acc*e*perit.

III. **1** Egregi*e* mihi uidetur M. Antonius aput Ra*b*irium poetam, cum fortunam suam transeuntem alio uideat et sibi nihil relictum praeter ius mortis, id quoque, *s*i cito occupauerit, exclamare : " Hoc habeo, quodcumque dedi. "

O quantum habere potuit, si uoluisset! Ha*e* sunt diuitiae certae in quacumque sortis humanae leuitate uno loco permansurae; quae cum maiores fuerint, hoc minorem habebunt inuidiam. Quid tamquam tuo parc*i*s? procurator es. **2** Omnia ista,

2 cum eripis— non eripis ipsam rem ipsa rerum *nos* : | cum eripis ipsa rerum *N Hosius* cum eripis alicui quod dedisti beneficii materiam, non ipsum beneficium ei eripis Ipsa rerum *Gertz* cum eripis rem, non beneficium eripis *Albertini p.* 161 *n.* 7 *s. f.*

3 uero : uiro *N* || efficiet : *habet N ex* -cit || acceperit *dett.* : acci- *N.*

III. **1** Egregie N^2 : -gi*e [a *eras.*] N^1 || M. : *habet N non autem illa antiqua et simplici scriptura sed addita supra uirgula* || Rabirium : rapi- *N* || si cito *V* : scito *N* || Hae N^2 : | Hae * [*eras.* c] N^1 || parcis N^2 : -es | N^1.

épargnes-tu comme si cela était à toi? Tu n'en es que l'intendant! 2 Tous ces biens qui vous enflent d'orgueil et vous soulèvent au-dessus de l'humanité vous faisant perdre de vue la fragilité de votre nature, que vous gardez sous des portes de fer, les armes à la main, que, dépouilles sanglantes d'autrui, vous défendez au prix de votre sang, pour lesquels vous mettez à l'eau des flottes qui vont ensanglanter les mers, pour lesquels vous battez les villes de vos béliers (sans soupçonner tous les traits que la fortune amasse contre vous par derrière), pour lesquels on a vu, — après la rupture, que de fois consommée, des liens entre familles alliées, entre amis, entre collègues, — une lutte de rivaux, où l'univers était broyé, — ils ne sont pas à vous! Ils ne sont qu'un dépôt, et ils attendent, d'un moment à l'autre, un nouveau maître : ou un ennemi ou un héritier, qui a d'un ennemi tous les sentiments, mettra la main sur eux. 3 Tu veux savoir comment te les approprier? En les donnant tout simplement[1]. Fais donc de bons placements et sache t'assurer la possession de tes biens, la garantir contre tout assaut : ainsi ils te feront plus d'honneur tout en courant moins de risques. 4 Cette fortune qui fait ton admiration, qui te rend riche et puissant à tes yeux, tant qu'elle est en ta possession, demeure, — sous un nom abject, — une chose méprisable : « maison », « esclave », « sesterces »; quand tu l'as donnée, c'est un « bienfait ».

IV. 1 « Tu déclares, dit-on, que parfois nous ne sommes pas redevables à qui nous a obligés : c'est donc que le bienfait nous a été pris. » Bien des causes mettent fin à notre dette pour un bienfait reçu : ce n'est pas qu'on nous l'ait ravi, c'est qu'on l'a gâté. Quelqu'un m'a défendu en justice, mais il a outrageusement violé ma femme; il ne m'a point ravi le bien qu'il m'avait fait,

(1) Mart. *Ep.* V, 43 *s. f. Extra fortunam est quidquid donatur amicis.* | *Quas dederis solas semper habebis opes.* — « Que sert, avait dit Aristote, la prospérité, sans la bienfaisance? » (*Eth.* 1155 a, cf. *Introd.* p. XXVIII, n. 7). Maxime qui fut mise en pratique par Ptolémée Soter (Ael. *Var. h.* XIII, 12) — Elle est ailleurs encore dans Sénèque (*Ep.* 6, 4 *nullius boni sine socio iucunda possessio est*).

quae uos tumidos et supra humana elatos obliuisci cogunt uestrae fragilitis, quae ferreis claustris custoditis armati, quae ex alieno sanguine rapta uestro defenditis, propter quae classes cruentaturas maria deducitis, propter quae quassatis urbes *i*gnari, quantum telorum in auersos fortuna comparet, propter quae ruptis totiens adfinitatis, amicitiae, conlegi*i* foederibus inter contendentes duos terrarum orbis elisus est, non sunt uestra; in depositi causa sunt iam iamque ad alium dominum spectantia; aut hostis illa aut hosti*li*s animi successor inuadet. **3** Quaeris, quomodo illa tua facias? dona dando. || Consule igitur rebus tuis et certam tibi earum a*t*que inexpugnabilem possessionem para honestiores illas, non solum tutiores facturus. **4** Istud, quod sus*pic*is, quo te d*i*uitem ac potentem putas, quam diu possides, sub nomine sordido iacet : domus est, seruus est, nummi sunt; cum donasti, beneficium est.

IV. **1** " Fateris " inqui*t* " nos aliquando beneficium non debere e*i*, a quo accepimus; ergo ereptum est. " Multa sunt, propter quae beneficium debere desinimus, non quia ablatum sed quia corruptum est. Aliquis reum me defendit, sed uxorem meam per uim stupro uiolauit : non abstulit beneficium, sed opponendo illi parem iniuriam soluit me debito, et, si plus laesit, quam ante profuerat, non tantum gratia extinguitur, sed ulciscendi querendique libertas fit, ubi in conparatione beneficii praeponderauit

2 cogunt : *habet N in uersus fine ex* cogun || custoditis N^2 *uel* N^1 *se ipse corrigens* : | custud- N^1 || ignari N^2 : sign- N^1 || conlegii : -git *N* || hostilis *Erasme* : -stis N.

3 atque N^2 : adq- N^1.

4 suspicis N^2 *uel* N^3 : suscipis N^1 || diuitem N^2 : deui- N^1.

IV. **1** inquit N^2 : -id N^1 || ei N^2 : et N^1.

mais, en mettant dans la balance une injustice tout aussi grande, il m'a libéré de ma dette; et si la gravité du dommage dépasse l'importance du service antérieur, non seulement la reconnaissance est éteinte, mais vengeance et poursuite me deviennent permises, quand l'injure mise en présence du bienfait a pesé davantage; de la sorte le bienfait n'est point ôté, mais supplanté. 2 Hé quoi! n'est-il pas des pères si durs, si criminels, que les lois divines et humaines autorisent à n'en plus vouloir et à les renier[1]? Est-ce donc qu'ils nous ont ôté ce qu'ils nous avaient donné? Point; mais, par les sentiments dénaturés qu'ils ont montrés dans la suite, tout le prix de leurs services antérieurs se trouve annulé. Ce n'est pas le bienfait qui est annulé, mais ce qui le faisait bien venir; et il en résulte non pas qu'il n'existe plus pour moi, mais que je ne le dois plus. De même, quelqu'un m'a prêté de l'argent, mais il a incendié ma maison : il y a compensation entre le prêt et le dommage; je ne lui ai pas payé mon dû et pourtant ma dette n'existe plus. 3 Pareillement, celui-là aussi qui m'a donné des marques de sa bonté ou de sa générosité, mais témoigné ensuite, par des actes multiples, de la hauteur dédaigneuse, de l'insolence, de la brutalité, m'a mis sur le pied d'être quitte envers lui, exactement comme si je n'avais rien reçu; il a tué ses propres bienfaits. 4 Le fermier n'est plus lié, quoique le bail subsiste, envers un homme qui a renversé sous ses pieds la moisson, coupé au ras les arbres remplis de vignes : non parce qu'a eu lieu le recouvrement de la rente stipulée, mais parce que l'impossibilité du recouvrement résulte de ces actes. Souvent, de même, le créancier est condamné au profit de son débiteur lorsqu'il lui a pris, à quelque autre titre, plus que la somme réclamée à titre de créance. 5 Ce n'est pas seulement entre créancier et débiteur qu'un juge siège pour dire : « Tu as prêté de l'argent. Mais quoi! tu as emmené le troupeau de cet homme, tué son esclave; son argenterie, que tu n'avais point achetée, est en ta possession; évaluation faite, te

(1) Plut. *Solon*, c. 22; Aeschin. *in Timarch.*, p. 40.

iniuria; ita non aufertur beneficium, sed uincitur. **2** Quid? non tam duri quidam et tam scelerati patres sunt, ut illos auersari et eiurare ius fasque sit? Numquid ergo illi abstulerunt, quae dederant? M*i*nime, sed impietas sequentium temporum commendationem omnis prioris officii sustulit. Non beneficium tollitur, sed beneficii gratia, et efficitur, non ne || habeam, sed ne debeam. Tamquam pecuniam aliquis mihi credidit, sed domum meam incendit : pensatum est creditum damno; nec red*d*idi illi, nec tamen debeo. **3** Eodem modo et hic, qu*i* aliquid benigne aduersus me fecit, aliquid liberaliter, sed postea multa superbe, contumeliose, crudeliter, eo me loco posuit, ut proinde liber aduersus eum essem, ac si ni*h*il accepissem; uim beneficiis suis adtulit. **4** Colonum suum non tenet quamuis tabellis manentibus, qui segetem eius proculcauit, qui succidit arbusta, non quia recep*i*t, quod pepigerat, sed quia, n*e* reciperet, effecit. Sic debitori suo creditor saepe damnatur, ubi plus ex alia causa abstulit, quam ex crediti petit. **5** Non tantum inter creditorem et debitorem iudex sedet, qui dicat : " Pecuniam credidisti. Quid ergo est? pecus abegisti, seruum eius occidisti, argentum, quod non emeras, possides; aestimatione facta debitor discede, qui creditor ueneras; inter beneficia quoque et iniurias ratio confertur. **6** Saepe, inquam, beneficium manet nec debetur; si secuta est dantem p*a*enitenti*a*, si miserum se dixit, quod dedisset, si, cum daret, suspirauit, uultum adduxit, perdere se credidit, non donare, si sua causa aut

2 minime N^2 : meni- | N^1 || nec reddidi N^2 *ut uidetur* : ne credidi N^1.

3 qui aliquid *G* [quia liquid] : quia aliquid *N* || nihil : nich- *N*.

4 recepit N^2 : -pet N^1 || ne reciperet N^2 : nec rec- N^1.

6 paenitentia [pen-] N^2 : penitentiam N^1.

voilà débiteur au sortir d'ici, toi qui étais venu en créancier » ; entre les bienfaits et les injures, la balance se fait aussi. 6 Souvent, dis-je, le bienfait subsiste sans être dû; si l'acte a été suivi de regret, si l'auteur s'est dit malheureux de l'avoir fait, si, en le faisant, il a eu un soupir, un froncement de sourcils, la pensée qu'il perdait au lieu de donner, si c'est pour lui qu'il l'a fait, ou du moins si ce n'était pas pour moi, s'il n'a cessé d'avoir une joie insolente, un ton glorieux, de vanter partout et de me rendre amer son présent, le bienfait subsiste, quoiqu'il ne soit pas dû; de même, telles sommes d'argent, si la justice ne se prononce pas en faveur du créancier, restent dues sans être exigibles. V. 1 Tu as fait du bien, tu as par la suite fait injure : le bienfait méritait reconnaissance, l'injure, réparation : « Je ne lui dois pas plus reconnaissance qu'il ne me doit réparation. » : l'un est absous par l'autre. 2 Dire : « Le bien qu'il m'a fait, je lui ai rendu », c'est dire non pas qu'ayant reçu une chose nous avons rendu la même, mais que nous avons donné autre chose en échange. Rendre, c'est en effet donner une chose en échange d'une autre. Evidemment, puisque tout paiement consiste à donner non la même chose, mais l'équivalent exact. En effet, des fonds aussi sont dits « rendus » lors même qu'on a remboursé un versement en argent par un versement en or, ou lors même que, sans nulle remise directe en numéraire, une délégation en bons termes a parfait l'acquittement.

3 Il me semble t'entendre : « Tu perds ta peine; que sert en effet de m'avoir appris si ce que l'on ne doit plus subsiste encore ? Pointilleries pédantesques de jurisconsultes, qui affirment que l'héritage ne donne pas lieu à « usu capion » [1] — mais bien les objets compris dans l'héritage, comme si l'héritage était autre chose que les objets compris dans l'héritage! 4 Elucide-moi plutôt le problème suivant, qui pourrait n'être pas oiseux : quand le même homme m'a fait du bien et m'a

(1) « Usucapion », manière d'acquérir par une longue possession ou par prescription.

certe non mea dedit, si non desit insultare, glo||riari, ubique iactare et acerbum munus suum facere, manet beneficium, quamuis non debeatur; sicuti quaedam pecuniae, de quibus ius creditori non dicitur, debentur, sed non exiguntur. V. 1 Dedisti beneficium, iniuriam postea fecisti; et beneficio gratia debebatur et iniuriae ultio : nec ego illi gratiam debeo nec ille mihi poenam : alter ab altero absoluitur. 2 Cum dicimus : "Beneficium illi reddi*di*", non hoc dicimus illud nos, quod acceperamus, reddi*d*isse, sed aliud pro illo. Reddere est enim rem pro re dare; quidni? cum omnis solutio non idem reddat, sed tantumdem. Nam et pecuniam dicimur reddidisse, quamuis numerauerimus pro argenteis aureos, quamuis non interuenerint nummi, sed delegatione *et* uerbis perfecta solutio sit.

3 Videris mihi dicere : "Perdis operam; quorsus enim pertinet scire me, an maneat, quod non debetur? Iuris consultorum istae acutae in*e*ptiae sunt, qui hereditatem negant usu capi posse sed ea, qua*e* in hereditate sunt, tamquam quicquam aliud sit hereditas quam ea, quae in hereditate sunt. 4 Illud potius mihi distingu*e*, quod potest ad rem pertinere, cum idem homo beneficium mihi dedit et postea fecit iniuriam, || utrum et beneficium ill*i* reddere debeam et me ab illo ni*h*ilo minus uindicare ac ueluti duobus nominibus sep*a*rat*i*m respon*de*re an alterum alteri contribuere et ni*h*il negotii habere,

6 desit N^1 *nos* : desiit N^2 *edd.*

V. 2 reddidi N^2 *uel* [*ex* reddi|] N^1 *se ipse corrigens* || reddidisse : |reddisse *N* || et uerbis N^2 : uerbis N^1.

3 ineptiae : inaep- *N* || tamquam aliud — in hereditate sunt *bis habet N*.

4 distingue : -guae *N* || illi N^2 : illi et N^1 || nihilo minus N^2 : nichilo minus N^1 || separatim N^2 [seper-] : seperatam N^1 || respondere N^2 *uel* N^3 : respon|re N^1 || nihil N^2 : nich- N^1.

par la suite fait injure, dois-je lui rendre son bienfait sans laisser pour cela de tirer vengeance de lui, et faire honneur, en quelque sorte, séparément à deux créances distinctes; ou bien dois-je les fondre ensemble, sans plus m'embarrasser, bienfait et injure étant l'un par l'autre annulés? En fait, c'est la première méthode que je vois appliquer dans nos tribunaux (quant à la jurisprudence reçue dans vos écoles, c'est à vous de la connaître). **5** On sépare les actions; et l'objet de notre poursuite et celui de l'action dirigée contre nous rentrent dans des formules qui ne fusionnent pas : si quelqu'un a placé un dépôt chez moi et qu'ensuite il me vole, moi je le poursuivrai pour vol; lui m'actionnera comme dépositaire[1]. »

VI. **1** Les cas que tu as cités, mon cher Libéralis, sont définis par des lois précises qu'il faut suivre nécessairement. On ne mêle point une loi avec une autre; à chacune sa procédure; le dépôt comporte une action spéciale tout, par Hercule, comme le vol. Le bienfait n'est soumis à aucune loi, il n'a que moi pour arbitre. J'ai le droit de mettre en balance, toutes les fois, la grandeur du service qu'on m'a rendu et celle du dommage que l'on m'a causé, puis de prononcer s'il m'est dû plus que je ne dois ou si je dois davantage. **2** Dans les premiers cas, rien ne dépend de nous, il faut suivre la voie par où l'on est mené; en matière de bienfait, l'autorité m'appartient entièrement; le juge, c'est moi. Aussi je ne sépare point ici et ne disjoins pas les choses; mais injures et bienfaits, je renvoie tout au même juge; autrement tu veux que dans le même temps j'aime et je haïsse, formule ma plainte et mon remerciement, ce que la nature n'admet pas. Plutôt, ayant pesé le bienfait et l'injure, je verrai si l'on me redoit, en sus, quelque chose. **3** Si quelqu'un, par-dessus mes écrits, trace d'autres lignes, il ne supprime pas les premiers caractères, mais il les cache; ainsi le bienfait, si une injure vient par-dessus, devient invisible.

(1) Sur la « compensation » avant Marc Aurèle, V. Gaius 4, 63 s.; cf. Quint. 3, 10; *Dig.* 17, 1, 38 *pr.*; *Inst. Iust.* 4, 6, 30 (A. Giffard).

ut beneficium iniuria tollatur, beneficio iniuria. Illud enim uideo in hoc foro fieri; qui*d* in uestra s*ch*ola iuris sit, uos sciatis. **5** Separantur actiones, de eo, quod agimus, et de qu*o* nobiscum agitur; *non* confunditur formula : si quis aput me pecuniam deposuerit, idem postea furtum mihi fecerit, et ego *c*um illo furti agam et ille mecum depositi. "

VI. **1** Quae proposuisti mihi, Liberalis, exempla *c*ertis legibus continentur, quas nec*esse* est sequi. Lex legi non miscetur, utraque sua uia it; depositum habet actionem propriam tam mehercules quam furtum. Beneficium nulli legi subiectum est, me arbitro utitur; licet mihi inter se comparare, quantum profuerit mihi quisque aut quantum nocuerit, tum pronuntiare, utrum plus debeatur mihi an debeam. **2** In illis ni*h*il est nostrae potestatis, eund*u*m est, qua ducimur; in beneficio tota potestas mea est, ego iudico. Itaque non separo illa nec d*i*duco, sed iniurias et beneficia ad eundem iudicem mitto; alioqui iubes me eodem tempore et amare et odisse et qu*e*ri et gratias agere, quod natura non recipit. Potius comparatione facta || inter se beneficii et iniuriae uidebo, an mihi etiam ultro debeatur. **3** Quomodo, si quis scriptis nostris alios superne inprimit uersus, priores litteras non tollit, sed abscondit, sic beneficium superuenie*n*s iniuria adparere non patitur.

4 quid in *V* : qui in *N* || schola N^2 *uel* N^3 : scola N^1.

5 et de eo — non confunditur *P. Favre* : et deo — con|funditur *N* nec de eo — confunditur *Hosius* || de quo *Madvig* : de eo *N* [*fort. ex* de co] de eo quod *Gertz* || agitur : *habet N ex* agatur *ut uidetur* || cum N^2 : sum N^1.

VI. **1** Liberalis *V* : -rasti *N* || necesse est *GP* : | nec est *N*.

2 nihil : nichil *N* || eundum N^2 : -dem N^1 || diduco N^2 : ded- N^1 || queri : quaeri *N*.

3 superueniens N^2 uel N^3 : -nies N^1.

Les bienfaits involontaires n'obligent point.

VII. 1 Ton visage, que j'ai pris pour guide, se plisse et se rembrunit[1] comme si je sortais un peu trop du sujet; tu sembles me dire :

« Pourquoi tant t'écarter vers la droite? Dirige ta course de ce côté-ci; serre de près le rivage. »

Je ne puis le faire davantage!... Donc, si ce point te paraît suffisamment traité, passons à cet autre : Doit-on quelque chose à une personne qui nous a servi malgré elle? J'aurais pu formuler le problème avec plus de précision; mais l'énoncé devait rester un peu vague, afin qu'une distinction suivît tout aussitôt, montrant qu'il y a deux problèmes : Sommes-nous redevables à celui qui nous a servis sans le vouloir? à celui qui l'a fait sans le savoir?

(2 Quant au bien que l'on nous fait par contrainte, il n'entraîne pas l'obligation; c'est trop évident pour qu'il faille se mettre en frais d'explications à ce sujet.)

Cette question sera aisée à élucider, comme toute question de ce genre qu'on pourrait soulever, si chaque fois nous tournons notre pensée vers ce principe: qu'il n'y a point de bienfait hors celui que nous adresse une intention d'abord, ensuite une intention amie et généreuse. 3 C'est pourquoi ni les fleuves ne reçoivent nos remerciments pour autant qu'ils portent les grands navires et que, pour le charroi des vivres de toutes sortes, ils coulent en un vaste et intarissable lit, ou que, poissonneux et riants, ils promènent leurs eaux parmi les grasses terres de labour; ni personne ne pense avoir envers le Nil une dette de reconnaissance s'il déborde, ou une dette de haine s'il a dépassé la norme en sa crue ou tardé à se retirer; ni le vent n'est notre bienfaiteur, quand même son souffle serait doux et propice; ni un aliment, fût-il profitable et salutaire. Car pour être mon bienfaiteur, il faut non seulement me rendre service, mais le vouloir. C'est pourquoi on n'est pas non plus redevable aux bêtes brutes : et pourtant, que

(1) On trouve de telles réflexions chez le père de Sénèque: *Contr.* X, *praef.* 9 *licet Mela meus contrahat frontem.*

VII. 1 Voltus tuus, quoi regendum me tradidi, colligi*t* rugas et trahit frontem, quasi longius exeam; uideris mihi dicere :

" Quo tantum mihi dext*e*r abis? huc dirige cursum,
Litus ama. "

Non possum magis. Itaque, si huic satis factum existimas, illo transeamus, an ei debeatur aliquid, qu*i* nobis inuitus profuit. Hoc apertius potui dicere, nisi propositio deberet esse confusior, ut distinctio statim subsecuta ostenderet utrumque quaeri, e*t* an e*i* deberemus, qui nobis, dum non uult, profuit, et an ei, qui, dum nescit.

(2 Nam si quis coactus aliquid boni fecit, quin nos non obliget, manifestius est, quam ut ulla in hoc uerba impendenda sint.)

Et haec quaestio facile expedietur et si qua similis huic moueri potest, si totiens illo cogitationem nostram conuester*i*mus beneficium nullum esse, nisi quod ad nos primum aliqua cogitatio defert, deinde amica et benigna. 3 Itaque nec fluminibus gratias agimus, quamuis aut magna nauigia patiantur et ad subuehendas || copias lar*g*o ac perenni al*u*eo currant aut piscosa et amoena pinguibus aruis interfluant; nec quisquam Nilo beneficium debere *si inundauit* se iudicat, non magis quam odium, si inmodicus superfluxit tardeque decessit; nec uentus beneficium dat, licet lenis et secundus adspiret, nec utilis et salubris cibus. Nam qui beneficium mihi daturus est, debet non tantum prodesse, sed uelle. Ideo nec mutis animalibus quic-

VII. 1 colligit N^2 : -gi N^1 || Quo—litus ama *Verg. Aen.* 5, 162 || dexter abis N^2 : dextrabis N^1 || cursum *N* : gressum *Vergilius* || qui N^2 : quid N^1 || quaeri et an ei *Gertz* : quaeri ea an et *N* quaeri an ei N^2.

2 conuerterimus : -eremus *N*.

3 largo N^2 *uel* N^3 : -rco N^1 || alueo N^2 *uel* N^3 : -beo N^1 || <si inundauit> se iudicat *nos* : | se iudicat *N* se iudicat <si agros inundauit> *Hermes*.

d'hommes furent arrachés au danger par la vitesse d'un cheval! aux arbres non plus : et pourtant que d'hommes accablés par la chaleur ont trouvé sous l'épaisse ramée un abri! 4 Or, quelle différence y a-t-il entre un service qu'on m'a rendu sans le savoir et celui qui m'a été rendu par un être incapable de le savoir, puisque, dans l'un comme dans l'autre, le vouloir a manqué? Quelle différence y a-t-il entre exiger que je me sente redevable à un navire, à une voiture, à une lance — ou à une personne qui a eu tout aussi peu que ces objets l'intention de faire le bien et ne m'a servi que par l'effet du hasard? VIII. 1 En matière de bienfait, tel reçoit à son insu, mais nul ne donne sans le savoir.

Beaucoup de gens sont guéris par des accidents qui ne sont pas pour cela des remèdes. Tel, pour être tombé dans un cours d'eau par un grand froid a recouvré la santé; chez quelques-uns, la fouettée a dissipé la fièvre quarte, et une crainte subite, en changeant leurs préoccupations, a trompé les heures mauvaises; mais il ne s'ensuit pas qu'aucune de ces choses, même si elle a apporté le salut, soit salutaire : de même, certaines gens nous servent sans le vouloir ou plutôt parce qu'ils veulent le contraire; pourtant, il ne s'ensuit pas que nous leur devions le bien qu'ils nous ont fait, quand leurs desseins pernicieux ont tourné, sous l'impulsion du hasard, à notre avantage. 2 Est-ce que tu me crois le moins du monde redevable à celui dont les coups, dirigés contre moi, ont frappé mon ennemi, et qui m'eût fait du mal sans cette méprise? Souvent, un témoin, en commettant un parjure manifeste, discrédite même des témoins véridiques, et, d'un coupable, puisqu'il paraît traqué par un parti, il fait une touchante victime. 3 Certains trouvent précisément dans la cabale puissante qui les voulait écraser leur sauvegarde; et le jury, sur le point de sacrifier tel ou tel aux griefs de l'accusation, a refusé de le sacrifier à des influences[1]. Il n'est pas vrai toutefois que ces personnages soient les

(1) Souvenirs personnels de Sénèque (§ 2 et § 3) comme VI, 25-28; 30; 41-43; V, 22 s.; VII, 22, 23; 26; 28 (Albertini).

quam debetur : et quam multos *e* periculo uelocitas *e*qui rapuit ! nec arboribus : et quam multos aestu laborantes ramorum opacitas texit! **4** Quid autem interest, utrum mihi, qui nescit, profuerit, an qui scire non potuit, cum utrique uelle defuerit? Qui*d* interest, utrum me iubeas naui aut uehiculo aut lanceae debere beneficium an ei, qui aeque quam ista propositum bene faciendi nullum habuit, sed profuit casu? VIII. **1** Beneficium aliquis nesciens accipit, nemo a nesciente.

Quomodo multos fortuita sanant nec ideo remedia sunt et in flumen aliquo*i* cecidisse frigore magno causa sanitatis fuit, quomodo quorundam flagellis quartana discussa est et metus repentinus animum in aliam curam auertendo suspectas horas fefellit nec ideo quicquam horum, etiam si saluti fuit, salutare est; sic quidam nobis prosunt, dum nolunt, immo quia nolunt; non tamen ideo illis beneficium debemus, quod perniciosa illorum consilia fortuna deflexit in melius. **2** An existimas me debere ei quicquam, cuius manus, cum me peteret, percussit hos||tem meum, qui nocuisset, nisi errasset? Saepe *te*stis, dum aperte perierat, etiam ueris testibus abrogauit fidem et reum uelut factione circumuentum miserabilem reddidit. **3** Quosdam ipsa, quae premebat, potentia eripuit, et iudices, quem damnaturi erant causae, damnare gratiae noluerunt. Non tamen hi beneficium reo dederunt, quamuis profuerint, quia, quo missum sit

3 e periculo N^2 *uel* N^3 : te [*litteris t e conligatis*] periculo *N* || equi N^2 : e*qui [t *eras.*].

4 utrique : *habet N ex* utique *ut uid.* || quid N^2 *uel* N^3 : qui N^1 || lanceae : *habet N ex* lancae.

VIII. **1** aliquoi *Hosius* : -quo *N* || Sic : *habet N ex* Si.

2 testis *Agricola* : hostis *N* || perierat *N nos* : peierat *edd.*

3 eripuit N^2 : erup- N^1.

bienfaiteurs du prévenu, quelque service qu'ils lui aient rendu; car c'est le but que le trait a visé, et non le point touché, qui est en question, et le bienfait est différencié d'avec l'injure non par le résultat, mais par l'intention. **4** Mon adversaire, par ses discours contradictoires, une présomption offensante pour le juge et l'imprudence qu'il a eue de faire porter toute l'affaire sur un seul témoin, a relevé ma cause; je ne veux pas savoir si son erreur m'a été profitable; son intention m'était hostile.

IX. **1** Il est bien entendu que, pour être reconnaissant, je suis tenu d'avoir la même intention que l'autre était tenu d'avoir pour faire le bien. Y a-t-il rien de plus injuste qu'un homme haïssant celui qui l'a foulé dans la presse ou éclaboussé ou bousculé? Or, quelle raison soustrait celui-ci à toute réclamation — quoique l'acte soit injurieux — si ce n'est l'ignorance où il était de ce qu'il faisait? **2** La même raison fait qu'en un cas il n'y a pas bienfait, qu'en l'autre il n'y a point injure; l'amitié et l'inimitié sont affaires d'intention. Que de gens échappent au service militaire grâce à la maladie! Quelques-uns, qui s'en allaient recevoir leur maison sur la tête, doivent à l'assignation d'un ennemi personnel d'en avoir été empêchés. Si quelques-uns ne sont pas tombés aux mains des pirates [1], c'est qu'un naufrage leur a valu cette chance, et pourtant, à ces accidents nous ne devons point un bienfait, parce que le sentiment de rendre service est étranger au hasard; à notre ennemi non plus, dont les chicanes nous ont sauvés en nous causant tribulations et retard. **3** Le bienfait n'existe qu'autant qu'il part d'une bonne volonté, qu'il a l'aveu formel de l'auteur. Tel m'a servi sans s'en douter, je ne lui dois rien; il m'a servi sans le vouloir, je ne lui dois rien; il m'a servi en voulant me nuire : je réglerai ma conduite sur son intention même.

(1) Les pirates, les brigands et leurs méfaits occupaient une grande place dans la vie des anciens : le champ de la bienfaisance I, 5, 4; VII, 15, 1; Cic. *De Off.* II, 55 *captos a praedonibus redimunt*) se trouvait accru d'autant.

telum, non quo peruen*er*it, quaeritur, et beneficium ab iniuria distinguit non euentus sed animus. **4** Aduersarius meus, dum contraria dicit et iudicem superbia offendit et in unum testem *t*emere *rem* demittit, causam mea*m* erexit; non quaero, an pro me errauerit : contra me uoluit.

IX. **1** Nempe, ut gratus sim, uelle debeo idem facere, quod ille, ut beneficium daret, debuit. Num quid est iniquius homine, qui eum odit, a quo in turba calcatus aut respersus aut, quo nollet, inpulsus est? a*t*qui quid est aliud, quod illum querellae eximat, cum in re sit iniuria, quam nescisse, quid faceret? **2** Eadem res efficit, ne hic beneficium dederit, ne ille iniuriam fecerit; et amicum et inimicum uoluntas faci*t*. Quam multos militiae morbus eripuit! quosdam, ne ad ruinam domus suae occurrerent, inimicus uadimonio tenuit; ne in piratarum manus peruenirent, quidam naufragio consecut*i* sunt : nec his tamen beneficium debemus, quia extra sensum officii casus est, nec inimico, cuius nos lis seruauit, dum uexat ac detinet. **3** Non est beneficium, nisi a bona uoluntate proficiscitur, nisi illud adcognoscit, qui dedit. Profuit aliquis mihi, dum nescit : ni*h*il illi debeo; *profuit dum non uult : nihil illi debeo;* profuit cum uell*e*t nocere : i*m*itabor || ipsum.

3 peruenerit *edd.* : -uenit *N*.

4 temere rem *Madvig* : deme re *N* temere *GP* || meam *Erasme* : mea *N Buck* [*qui* temere demittit causam, mea *distinguit*].

IX. **1** idem : *habet N ex* ideo || daret *V* : -re *N* || atqui N^2 : adq- N^1.

2 facit N^2 : -ci N^1 || consecuti N^2 : | consecute N^1.

3 nisi N^1 *nos* : nisi quod N^2 *edd.* || nihil N^2 : nichil N^1 || <profuit dum non uult : nihil illi debeo> *nos* : *omisit prope in fine paginae* N^1 *addit sed aliis uerbis* dum non uult nec huic debeo *Gertz* || uellet N^2 : uellit N^1 || imitabor N^2 : immi- N^1.

X. 1 Revenons au premier. Pour m'acquitter, tu veux que je fasse quelque chose? Mais lui, pour m'obliger, il n'a rien fait. Passons au second : tu veux que je témoigne ma gratitude à cet homme et qu'après avoir reçu de lui un service sans sa volonté, j'aille l'en payer volontairement? Quant au troisième, que dire de lui, qui, d'une action malfaisante, a, par mégarde, abouti à un acte bienfaisant? 2 Pour que je doive un bienfait, ce n'est pas assez qu'on ait voulu me l'adresser; pour que je ne le doive pas, c'est assez qu'on n'ait pas voulu. Car le bienfait ne consiste pas dans l'intention toute nue; et comme il n'existerait pas si l'intention la meilleure et la plus parfaite n'eût été servie par un heureux hasard, pareillement, il n'existe pas si un heureux accident n'a été précédé par la volonté : ce n'est pas en effet un service pur et simple de toi à moi qui est requis, pour que je sois de ce fait ton obligé, mais un service répondant à ton intention formelle.

XI. 1 Cléanthe prend un exemple qui est à peu près le suivant : « Pour chercher Platon et le faire venir de l'Académie, j'ai envoyé deux esclaves; l'un a fouillé consciencieusement tout le Portique; et même dans les autres endroits, où il espérait pouvoir le trouver, il a tout suivi, au pas de course, et il est retourné à la maison sans forces — comme sans résultat; 2 l'autre s'est arrêté devant le premier charlatan venu, et, tandis qu'il allait comme un vagabond et un coureur, s'attroupant avec la valetaille et s'amusant, il a été croisé par Platon, le trouvant ainsi sans l'avoir cherché. L'esclave que nous louerons, dit Cléanthe, c'est le premier : il a exécuté, autant qu'il était en lui, l'ordre qu'il avait reçu; quant à l'autre, l'heureux fainéant, il recevra une correction. » 3 C'est un acte de volonté, chez nous, qui place les bons offices; et vois à quelle condition ils me créent une dette et un lien. C'est peu de vouloir, si l'on n'a rendu service en effet; c'est peu d'avoir rendu service, si l'on n'a voulu. Mettons que tel ait voulu me faire un don et ne l'ait point fait : l'intention sans doute

X. 1 Ad primum illu*m* reuertamur. Vt gratiam referam, aliquid facere me uis? ipse, ut beneficium mihi daret, ni*h*il fecit. Vt ad alterum transeamus, uis me huic gratiam referre, ut, quod a nolente accepi, uolens reddam? Nam quid de tertio loquar, qui ab iniuria in beneficium delapsus est? 2 Vt beneficium tibi debeam, parum est uoluisse te dare; ut non debeam, satis est noluisse. Beneficium enim uoluntas nuda non efficit, sed, quod beneficium non esset, si optimae ac plenissimae uoluntati fortuna defuisset, id aeque beneficium non est, nisi fortunam uoluntas antecessit; non enim profuisse te mihi oportet, ut ob hoc tibi obliger, sed ex destinato profuisse.

XI. 1 Cleanthes exemplo eiusmodi utitur : " Ad quaerendum " inqui*t* " et accersendum ex Academia Platonem duos pueros misi; alter totam porticum perscrutatus est, alia quoque loca, in quibus illum inueniri posse sperabat, percucurrit et domum non minus lassus quam inritus rediit; 2 alter aput proximum circulatorem resedit et, dum uagus a*t*que err*o* uernaculis congregatur et ludit, transeuntem Platonem, quem non quaesierat, inuenit. Illum, inquit, lauda*b*imus puerum, qui, quantum in se erat, quod iussus est, fecit; hunc feliciter in*e*rtem castiga*b*imus. 3 Voluntas est, quae aput nos ponit officium; cuius uide quae condicio sit, ut me debito obstringat. Parum est illi uelle, nisi profuit; parum est pro-

X. 1 illum *Pincianus « ex exemplari scholastico »* : illud *N* || nihil *N*² : nich- *N*¹.

XI. 1 inquit *N*² : -id *N*¹ || inueniri *N*² : | -re *N*¹.

2 atque *N*² : adq- *N*¹ || erro *Erasme coniecit, « mox in Basiliensi codice repperit »* : error *N* || laudabimus *N*² : -auimus *N*¹ || inertem *N*² : inher- *N*¹ || castigabimus *N*² : -auimus *N*¹.

m'est acquise, mais non le bienfait, qui n'est complet que par l'acte joint à l'intention. 4 On voulait bien me prêter de l'argent, mais on ne me l'a point remis, je ne dois rien : de même on a voulu me faire du bien, mais on n'a pas pu, l'amitié en moi existera, mais non l'obligation; et je voudrai faire quelque chose pour ces personnes (car elles aussi l'ont voulu pour moi); si, d'ailleurs, mieux servi par la chance, j'y parviens, ce sera un bienfait de ma part, et non un acte de gratitude. Ce sont elles qui seront en reste avec moi; c'est de mon côté que sera le premier geste; à partir de moi que l'on comptera.

Les services intéressés; dans quelle mesure ils sont des bienfaits.

XII. 1 Je devine à présent la question que tu veux me poser; il n'est pas besoin que tu la formules; ton visage en dit assez : « Si quelqu'un nous a été utile dans son propre intérêt, demandes-tu, lui est-il dû quelque chose? » Une plainte, en effet, que je t'entends faire souvent, c'est que certains services sont rendus, de par le monde, ... à leurs auteurs, — et portés au compte d'autrui.

Je vais répondre, mon cher Libéralis; mais d'abord je diviserai ce petit problème et distinguerai le cas où le partage est égal de celui où l'équilibre est rompu. 2 Il y a en effet beaucoup de différence entre nous faire du bien par intérêt et nous en faire sans oublier son intérêt. Celui dont les vues sont exclusivement personnelles et qui nous sert parce qu'il n'a pas d'autre moyen de se servir lui-même est pour moi dans le cas de celui qui ménage à son bétail du fourrage pour l'hiver et pour l'été; dans le cas de celui qui nourrit ses captifs pour qu'ils soient de meilleure vente et qui les engraisse et les frictionne soigneusement comme des bœufs de sacrifice; du laniste qui exerce et équipe ses gladiateurs consciencieusement. Il y a loin, comme dit Cléanthe, d'une affaire à un bienfait. XIII. 1 D'un autre côté, je ne suis pas injuste au point de n'être pas obligé à

fuisse, nisi uoluit. Puta enim aliquem || donare uoluisse nec donasse : animum quidem eius habeo, sed beneficium non habeo, quod consummat et res et animus. 4 Quemadmodum ei, qui uoluit mihi quidem pecuniam credere, sed non dedit, ni*h*il debeo, ita ei, qui uoluit mihi beneficium dare, sed non potuit, amicus quidem ero sed non obligatus; et uolam illi aliquid praestare (nam et ille uoluit mihi), c*e*terum, si benigniore usus fortuna praestitero, beneficium dedero, non gratiam rettulero. Ille mihi gratiam referre debebit; hinc initium fiet, a me nu*m*era*b*itur.

XII. 1 Intellego iam, quid uelis quaerere; non opus est te dicere; uoltus tuus loquitur. " Si quis sua nobis causa profui*t*, eine " i*n*quis " debetur aliquid? " Hoc enim saepe te conquerentem audio, quod quaedam homines sibi praestant, aliis inputant.

Dicam, mi Liberalis; sed prius istam quaestiunculam diuidam et rem aequam ab iniqua separabo. 2 Multum enim interest, utrum aliquis beneficium nobis det sua causa an et sua. Ille, qui totus ad se spectat et nobis prodest, quia aliter prodesse sibi non potest, eo mihi loco est quo qui pecori suo hibernum et aestiuum pa*b*ulum prospicit; eo loco est, quo qui captiuos suos, ut commodius ueneant, pascit et *ut* op*i*mos *bou*es saginat ac defricat, quo, lanista, qui familiam summa cura exercet a*t*que ornat. Multum, ut ait Cleant*h*es, a beneficio distat negotiato.

4 nihil N^2 : nich- N^1 || ceterum : caet- *N* || numerabitur *Gronov* : numeran | tur *N*.

XII. 1 profuit N^3 *uel N* : -fui N^1 || inquis N^2 : in*quis [i *eras.*] *N*.

2 pabulum N^2 : pauul- N^1 || et ut *Rossbach* : et *N* || opimos boues N^2 *uel* N^3 : optimo suobes N^1 || atque N^2 :adq- N^1 || Cleanthes *cuius dictum inuenies* apud *Arnim* I, 578.

l'homme qui, en me rendant service, s'en est rendu un aussi; je n'exige pas en effet qu'il pense à moi sans aucun retour sur lui-même; bien plus, je vais jusqu'à souhaiter qu'un bienfait à mon adresse ait profité, voire même profité surtout, à l'auteur, pourvu seulement que l'auteur ait eu l'un et l'autre en vue en agissant et m'ait fait une part comme à lui-même. 2 Quand même il lui en reviendrait la plus grosse, si seulement il m'a associé à lui, si, tous deux, nous étions dans sa pensée, il y a ingratitude et non seulement injustice de ma part à ne pas me réjouir qu'il ait trouvé son avantage là où j'ai trouvé le mien. C'est le comble du mauvais esprit de n'appeler bienfait que ce qui a causé à son auteur un certain préjudice. 3 Quant à l'autre qui me fait du bien dans son propre intérêt, je lui répondrai : « Puisque tu as tiré parti de moi, pourquoi parler d'un service de toi à moi et non pas plutôt du rapport inverse? »

— « Supposez, dit-on, que je ne puisse être nommé à une magistrature qu'en rachetant, sur un grand nombre de captifs, dix citoyens prisonniers : tu ne me devras rien, quand je t'aurai délivré de l'esclavage et des fers? et pourtant mon acte sera intéressé. » 4 A cette objection, je réplique : « Ton acte s'inspire en partie de ton intérêt, en partie du mien : du tien en ce que tu payes une rançon, du mien en ce que tu payes ma rançon; car il te suffit, au point de vue de ton intérêt, d'avoir racheté n'importe qui. Aussi te dois-je précisément non mon rachat, mais le choix dont je suis l'objet de ta part; car aussi bien tu aurais pu par la rançon d'un autre atteindre au même résultat que par la mienne. Le profit de l'opération, tu le partages avec moi : et tu m'admets au bénéfice d'une faveur à tous deux avantageuse. Tu me préfères à d'autres; cela, c'est pour moi exclusivement que tu le fais. 5 Si donc ta nomination à la préture devait résulter de dix rançons et que nous fussions dix captifs en tout, personne parmi nous ne te serait le moins du monde redevable, parce que tu n'aurais aucun service à faire valoir auprès de

XIII. 1 Rursus non sum tam iniquus, ut ei nihil debeam, qui, cum mihi utilis esset, fuit et sibi; non enim exigo, ut mihi sine respectu sui consulat, || immo etiam opto, ut beneficium mihi datum uel magis danti profuerit, dum modo id qui dabat duos intuens dederit et inter me seque diuiserit. 2 Licet id ipse ex maiore parte possideat, si modo me in consortium admisit, si duos cogitauit, ingratus sum, non solum iniustus, nisi gaudeo hoc illi profuisse, quod proderat mihi. Summae malignitatis est non uocare beneficium, nisi quod dantem aliquo incommodo adfecit. 3 Alteri illi, qui beneficium dat sua causa, respondebo : " Vsus me, quare potius te mihi profuisse dicas quam me tibi? "

" Puta " inquit " aliter fieri non posse me magistratum, quam si decem captos ciues ex magno captiuorum numero redemero : nihil debebis mihi, cum te seruitute ac uinculis liberauero? atqui mea id causa faciam. " 4 Aduersus hoc respondeo : " Aliquid istic tua causa facis, aliquid mea; tua, quod redimis, *mea, quod me redimis;* tibi enim ad utilitatem tuam satis *est* quoslibet redemisse. Itaque debeo, non quod redimis me, sed quod eligis; poteras enim et alterius redemptione idem consequi, quod mea. Vtilitatem rei partiris mecum et me in beneficium recipis duobus profuturum. Praefers me aliis; hoc totum mea causa facis. 5 Itaque, si praetorem te factura esset decem captiuorum redemptio, decem autem soli captiui essemus, nemo quicquam tibi

XIII. 1 sum tam N^2 *uel* N^3 : suetam N^1 || nihil N^2 : nich- N^1.

2 incommodo N^2 : incomo- N^1.

3 nihil N^2 : nich- N^1 || liberauero N^2 : -abero | N^1 || atqui N^2 : | adqui N^1.

4 redimis <mea quod me redimis> *Madvig* : redimis *N* redimis mea quod me eligis *S* || satis est N^2 : satis N^1.

personne, je dis : un service étranger à toute inspiration utilitaire. Il n'entre pas de jalousie dans la manière dont j'interprète le bienfait, et je n'exige pas qu'il s'adresse à moi seulement, mais qu'il s'adresse aussi à moi. XIV. 1 « Mais alors », dit-on, « si j'avais fait tirer au sort vos noms et que le tien fût sorti dans la liste des rançons, ta dette envers moi serait nulle? » 2 Non; mais elle serait très petite; de quoi s'agit-il exactement, je vais te le dire. Quelque chose dans ta démarche est pour moi : c'est que tu m'admets à courir la chance d'être racheté; si mon nom a été tiré, c'est au sort que je le dois; s'il a pu l'être, c'est à toi. Tu m'as donné accès au bien que tu faisais; et j'en dois la plus grande part à la fortune, à toi ce fait précisément, d'avoir pu être redevable envers elle.

3 Il est des gens que je laisserai de côté complètement : ceux dont les bienfaits sont mercenaires; en ce cas, on ne calcule pas à qui, mais pour quel prix on va faire le bien, et celui-ci a une orientation exclusivement égoïste. Un homme me vend du blé; je ne puis vivre sans en acheter, mais je ne suis point redevable de la vie, pour avoir fait cet achat. 4 Et ce n'est pas le degré de nécessité d'une ressource que je suppute, quand elle m'était indispensable pour vivre; mais le peu de gratitude qu'elle mérite, lorsque, pour l'avoir, il a fallu l'acheter : en l'important ici, le marchand s'est représenté, non pas combien il m'allait être secourable, mais quel gain il s'allait procurer. Ce que j'ai acheté, je ne le dois pas.

XV. 1 « A ce compte, dit-on, le médecin n'a droit à rien, de ta part, qu'à son pauvre salaire, si l'on t'écoute; et le précepteur à rien non plus, du moment que tu lui auras compté quelque argent; et pourtant tous les hommes de cette sorte sont chez nous grandement aimés, grandement estimés.» 2 A ceci l'on répond que certaines choses ont un prix supérieur à leur prix d'achat. Ce que tu achètes au médecin est une chose inestimable : la vie, la bonne santé; au précepteur d'arts libéraux

deberet ex nobis, quia ni*h*il || haberes, quod cuiquam i*m*putares, a tua utilitate seductum. Non sum *in*uidus beneficii interpres nec desidero illud mihi tantum dari, sed et mihi." XIV. 1 "Quid ergo?" inquit; "si in sortem nomina uestra coici iussissem et tuum nomen inter redimendos exisset, ni*h*il deberes mihi?" 2 Immo deberem, sed exiguum; quid sit hoc, dicam. Aliquid istic mea causa facis, quod me ad fortunam redemptionis admittis; quod nomen meum exit, sorti debeo, quod exire potuit, tibi. Aditum mihi ad beneficium tuum dedisti, cuius maiorem partem fortunae debeo, sed hoc ipsum tibi, quod fortunae debere potui.

3 Illos ex toto praeteribo, quorum mercennarium beneficium est, quod qui dat non conputat, quoi, sed quanti daturus sit, quod undique in se conuersum est. Vendit mihi aliquis frumentum; uiuere non possum, nisi emero; sed non debeo uitam, quia emi. 4 Nec quam necessarium fuerit, aestimo, sine quo uicturus non fui, sed quam ingratum, quod non habuissem, nisi emissem; in quo inuehendo mercator non cogitauit, quantum auxilii adlaturus esset mihi, sed quantum lucri sibi. Quod emi, non debeo.

XV. 1 "Isto modo" inqui*t* "nec medico quicquam debere te nisi merc*e*dulam dicis nec praeceptori, quia aliquid n*u*meraueris; a*t*qui omnium horum aput nos magna caritas, magna reuerentia est." 2 Aduersus hoc respondetur quaedam plur*i*s esse,

5 nihil N^2 : nich- N^1 || inuidus *Gruter* : uidus *N*.

XIV. 1 nihil N^2 : nich- N^1.
4 non habuissem : *habet N sed* non *ex* ha *fecit*.

XV. 1 inquit N^2 : -id N^1 || mercedulam N^2 : mercid- N^1 || numeraueris N^2 : nom- N^1 || atqui N^2 : adq- N^1.
2 pluris N^2 : -res | N^1.

tu achètes les belles-lettres et la culture de l'âme; aussi, à ces personnes, n'est-ce pas la chose que l'on paie, mais leur peine; c'est l'exercice de leur ministère, c'est le temps qu'ils prennent sur leurs affaires pour nous le donner; le salaire qu'ils emportent correspond non au service qui a été rendu, mais au temps employé par eux. 3 Une autre réponse toutefois est possible, et plus juste; je l'exposerai tout à l'heure, mais auparavant je montrerai comment on peut réfuter cette objection :

« Certaines choses, dit-on, ont un prix supérieur à leur prix de vente, et partant tu me dois pour elles un surplus, quoique tu les aies bel et bien achetées. »

4 D'abord, qu'importe leur valeur, puisque, sur le prix, acheteur et vendeur se sont mis d'accord? Ensuite je n'ai pas acheté telle marchandise à son prix, mais au tien. « Elle vaut plus, dis-tu, que son prix de vente »: mais elle n'aurait pu se vendre plus cher. Le prix des choses dépend toujours du moment; quand tu les auras beaucoup vantées, leur prix demeure celui au-dessus duquel elle ne sauraient être vendues; on ne doit aucun surplus au vendeur lorsqu'on a acheté à bon compte. 5 Ensuite, même si ces marchandises valent davantage, il n'y a dans cette affaire aucune générosité de ta part, si l'on admet que ce n'est pas l'utilité effective, mais l'usage et le cours du marché qui servent de base à l'estimation. 6 Quel prix proposes-tu pour celui qui franchit les mers et, au travers des flots, quand la terre a fui loin des regards, vous fraie une route certaine et sait prévoir les tempêtes qui surviendront, et, au milieu de la sécurité générale, commande soudain de carguer les voiles, de baisser les agrès, de se tenir prêts pour parer à la ruée de l'ouragan et à ses brusques assauts? Pareil service cependant est payé par le prix

(1) L'art du pilote émerveillait aussi Diogène : d'ailleurs, tout comme Sénèque (16, 5) il avait en vénération également le médecin (Diog. Laert. VI, 24). De celui-ci Homère (*Il.* XI, 514) disait déjà qu'il vaut plusieurs hommes! En lui, toutefois, Sénèque appréciait surtout — comme chez Annaeus Statius (Tac. *Ann.* XV, 64, 4) — l'ami. — Et par là il était capable de corriger la brutalité du jeu (15, 4 et 6) de l'offre et de la demande dans la rétribution du médecin — et du professeur.

quam emuntur. Emi*s* a medico rem inaestimabilem, uitam ac bonam ualetudinem, a bonarum artium praecept*o*re studia liberalia || et animi cultum; itaque his non rei pretium, sed operae soluitur, quod deseruiunt, quod a reb*u*s suis auocati nobis uacant; mercedem non meriti, sed occupationi*s* suae ferunt. 3 Aliud tamen dici potest uerius, quod statim ponam, si *p*rius, quomodo istud refelli possit, ostendero.

" Quaedam " inqui*t* " pluri*s* sunt, quam uen*i*er*u*nt, et ob hoc aliquid mihi extra pro illis, quamuis e*m*pta sunt, debes. "

4 Primum quid interest, quanti sint, cum de pretio inter ementem uendentemque conuenerit? Deinde non emi illud suo pretio, sed tuo. " Pluris est " inquis " quam uenit "; sed pluris uenire non potuit. Pretium autem rei cuiusque pro tempore est; cum bene ista laudaueris, tanti sunt, quanto plur*i*s uenire non possunt; pr*a*eterea ni*h*il uenditori debet, qui bene emit. 5 Deinde, etiam si pluris ista sunt, non tamen ullum istic tuum munus est, ut non ex usu effectuue, sed ex consu*e*tudine et annona aestimetur. 6 Quod tu pretium ponis traicienti maria et per medios fluctus, cum terra e conspectu reces*s*it, certam secanti uiam et prospicienti futuras *temp*estates et securis omnibus subito iubenti uela substringi, armamenta demitti, paratos ad incursum procellae

2 emis a N^{2} : emissa N^{1} || praeceptore N^{2} : -ture N^{1} || rebus suis: rebuis suis | *N* || occupationis suae N^{2} : occupationi suae N^{1}.

3 si prius N^{2} : sibrius N^{1} || inquit N^{2} : -id N^{1} || pluris sunt N^{2} : pluri sunt N^{1} || uenierunt : -neront N^{1} -nerunt N^{2} || empta sunt : epta sunt N^{1} empta siut N^{2}.

4 pluris N^{2} : -res N^{1} || praeterea *N* [pret- *N*] *edd. ante Gertzium et recte quidem* [*id est « extra »*] : propt- *Gertz* || nihil N^{2} : nich- N^{1}.

5 consuetudine N^{2} : consuit- N^{1}.

6 recessit N^{2} : re esit N^{1} || tempestates N^{2} *uel* N^{3} *in margine*: potestates [*ex* -tis] N^{1}.

du passage intégralement. **7** A combien estimes-tu l'hospitalité dans un désert, un abri en temps de pluie, un bain ou du feu en temps de froidure? Je sais pourtant le prix où j'aurai tout cela quand j'entre à l'auberge. Quel service ne nous rend pas celui qui, à notre logis prêt à choir, vient mettre un étai, et, lorsque toute une maison de rapport est lézardée depuis le bas, sait, par les secrets merveilleux de son art, la maintenir en l'air? Pourtant, il est fixe et bien petit, le tarif qui correspond à des travaux de soutènement. **8** Le rempart nous protège contre l'ennemi, contre les incursions subites des brigands; on sait pourtant ce que ces tours, qui, pour garantir la sécurité publique, comprendront tout un système de défense, rapportent à l'ouvrier capable de les bâtir, comme salaire journalier. **XVI. 1** Je n'en finirai pas si je vais chercher dans une sphère plus étendue les faits illustrant le bon marché des grands services.

Mais alors, pourquoi au médecin comme au précepteur suis-je redevable d'un surplus, au lieu d'être quitte envers eux pour un simple salaire? Parce que de médecin ou de précepteur ils sont transformés en amis, et que nous devenons leurs obligés, non pour les ressources de leur art, qu'ils nous vendent, mais pour la bonté et le caractère affectueux des sentiments qu'ils nous témoignent. **2** C'est pourquoi, avec le médecin, s'il ne fait que tâter mon pouls, et s'il me compte parmi ceux qu'il voit dans sa tournée hâtive, sans éprouver le moindre sentiment lorsqu'il me prescrit ce qu'il faut faire ou éviter, je ne suis point en reste, parce qu'il me voit non comme un ami, mais comme un client.

3 Le précepteur non plus n'a point de titre à ma vénération s'il m'a tenu pour une unité dans sa classe, s'il ne m'a pas jugé digne de son attention spéciale et particulière, si jamais il ne m'a adressé une pensée; et puisqu'il répandait sa science pour tous indistinctement, je ne l'ai pas apprise, mais recueillie au passage. **4** Quelle est-donc la raison pour laquelle nous devons beaucoup à ces hommes? Ce n'est pas que la valeur de ce qu'ils

et repentinum impetum stare? huic tamen tantae rei praemium uectura persoluit. **7** Quanti aestimas in sol*i*tudine hospitium, in imbre tectum, in frigore balneum aut ignem? scio tamen, quanti ista consecutu||rus deuersorium subeam. Quantum nobis praestat, qui labentem domum suscipit et agentem ex imo rimas insulam incredibili arte suspendit! certo tamen et leui pretio fu*l*tura conducitur. **8** Murus nos ab hostibus tutos et a subitis latronum incursionibus praestat; notum est tamen, illas turres pro securitate puplica propugnacula habituras excitaturus faber quid in diem mereat. XVI. **1** Infinitum erit, si latius exempla conquiram, quibus appareat paruo magn*a* constare.

Quid ergo? quare et medico et praeceptori plus quiddam debeo nec aduersus illos merc*e*de defungor? Quia ex medico praeceptore in amic*u*m transeunt et nos non arte, quam uendunt, obligant, *s*ed benigna et familiari uoluntate. **2** Itaque medico, s*i* nihil amplius quam manum tangit et me inter eos, quos peramb*u*lat, ponit sine ullo adfectu facienda aut uitan*d*a praecipiens, ni*h*il amplius debeo, quia me non tamquam amicum uidet, sed tamquam *e*mp*t*orem. **3** Ne praeceptorem quidem habeo cur uenerer, si me in grege discipulorum habuit, si non putauit dignum propria et peculiari cura, si numquam in me derexit animum, et, cum in medium effunderet, quae sciebat, non d*i*dici, sed excepi. **4** Quid

7 solitudine *N*[2] : soltud- *N*[1] || fultura *N*[2] : fut- *N*[1].

XVI. **1** magna *dett.* : magno *N* || mercede *N*[2] : mercide *N*[1] || amicum *N*[2] : -com *N*[1].

2 perambulat *N*[2] : -olat *N*[1] || uitanda *N*[2] *uel* *N*[3] : -nta *N*[1] || nihil *N*[2] : nich- *N*[1] || emptorem *Pincianus cf.* § 4 « *emimus* », 15, 2 « *emis* », *ep.* 27, 8 « (*bonae mentis*) *emptorem* », *Aug. Conf.* 1, 13, 22 « *grammaticae emptores* » : inperatorem [*fort. ex aliquo uerbi* emptorem *conpendio*] *N retinent J. Lipse Hosius* inuocatorem [*cf.* § 5 inuocantium] *Pincianus* interpellatorem *Madvig* pariatorem *Hosius olim*,

3 didici *N*[2] : ded- *N*[1].

nous ont vendu dépasse le prix auquel nous l'avons acheté, mais ils ont fait quelque chose pour nous personnellement. Tel a connu l'espoir et l'inquiétude plus qu'il n'est besoin à un médecin; c'est pour moi, non pour sa réputation professionnelle qu'il tremblait; il ne s'est pas borné à m'indiquer les remèdes : il les appliquait aussi de sa main; au nombre des personnes anxieuses il était assis à mon chevet; aux heures critiques il ne manquait pas d'être là; aucune corvée ne lui pesait, aucune ne le rebutait; 5 il n'entendait pas mes gémissements sans émotion; dans la foule nombreuse des clients qui l'appelaient à eux j'étais l'objet préféré de ses soins; il n'avait de temps pour les autres qu'autant que l'état de ma santé lui en laissait : celui-là, ce n'est pas comme médecin, mais comme ami qu'il m'a fait son obligé. 6 L'autre, à force de répéter les mêmes choses, a enduré la fatigue et l'ennui; outre la leçon du maître qui s'adresse à tous, il a fait pénétrer en moi certaines notions goutte à goutte et me les a transmises; par ses exhortations il a relevé mes bonnes dispositions morales; et tantôt ses louanges me donnaient du cœur, tantôt ses remontrances dissipaient ma paresse; 7 puis mes facultés naturelles ignorées et engourdies, il a su, en quelque sorte, les prendre pour les tirer au grand jour; et ce qu'il savait il ne me l'a pas dispensé chichement pour être plus longtemps indispensable, mais il était impatient de me le verser, si c'eût été possible, tout en une fois. Je ne suis qu'un ingrat si cet homme, entre mes plus chères affections, n'occupe pas une place de choix.

XVII. 1 Il n'est pas jusqu'aux préposés des plus humbles industries qui ne reçoivent de nous, en sus du prix fixé, un supplément, si leurs services nous ont paru témoigner d'un effort particulier; même au pilote, même au plus vil artisan, même au journalier on jette une gratification. Si, par contre, lorsqu'il s'agit des arts les plus nobles, qui conservent ou civilisent la vie, on pense ne devoir rien de plus que ce qu'on a sti-

ergo est, quare istis multum debeamus? non quia plur*i*s est, quod uendiderunt, quam emimus sed quia nobis ipsis aliquid praestiterunt. Ille magis pependit, quam medico necesse est; pro me, non pro fama artis extimuit; non fuit contentus remedia || monstrare : et admouit; inter sollicit*o*s adsedit, ad suspect*a* tempora occurrit; nullum ministerium illi oneri, nullum fastidio fuit; **5** gemitus me*o*s non secur*u*s audivit; in turba multorum inuocantium ego illi potissima curatio fui; tantum aliis uacauit, quantum mea ualetudo permiserat : huic ego non tamquam medico sed tamquam amico obligatus sum. **6** Alter rursus docendo *eadem* laborem et taedium tulit; praeter illa, quae a praecipientibus in commune dicuntur, aliqua instillauit ac tradidit, hortando bonam indolem erexit et modo laudibus fecit animum, modo admoni*tioni*bus discussit desidiam; tum ingenium latens et pigrum iniecta, ut ita dicam, manu extraxit; nec, quae sciebat, mal*i*gne dispensauit, quo d*i*utius esset necessarius, sed cupit, si poss*e*t, uniuersa transfundere : ingratus sum, nisi illum inter gratissimas necessitudines diligo.

XVII. **1** Sordidissimorum quoque artificiorum insti*t*oribus supra constitutum aliquid adiecimus, si nobis illorum opera enixior uisa est; et gu*b*ernatori et opifici uilissimae mercis et in diem locanti manus suas corollarium aspersimus. In optimis uero arti-

4 pluris N^2 : -res N^1 || sollicitos *Gruter* : -tus *N* || suspecta N^2 : -tam N^1.

5 meos N^2 : meus N^1 || securus N^2 : -ros N^1.

6 docendo eadem nos : docen|do e ad *N* docendo et N^2 *G edd.* || admonitionibus N^2 [admonicio-] : admonibus | N^1.

7 maligne N^2 : malegne N^1 || quo diutius N^2 : quod utius N^1 || posset N^2 : -it N^1.

XVII. **1** institoribus *Agricola* : -stitutoribus *N* || gubernatori N^2 : guuern- N^1.

pulé, on n'est qu'un ingrat. Ajoute que la communication des connaissances de cette sorte opère l'union des cœurs; après un tel résultat, le médecin comme le maître reçoit bien le prix de sa peine, mais le prix de son cœur reste dû.

Des bienfaits collectifs : dans quelle mesure ils obligent qui les reçoit.

XVIII. 1 Platon avait traversé un fleuve en bateau et le passeur ne lui avait rien fait payer. Voyant dans cette faveur un hommage à sa personne, il lui dit qu'il s'était acquis des titres à la reconnaissance de Platon; puis, peu après, comme plusieurs autres, coup sur coup, étaient transbordés gratis avec le même empressement, il lui déclara qu'il n'avait plus de titres à la reconnaissance de Platon. 2 En effet, pour que je te doive quelque chose en retour de ce que tu fais pour moi, il faut non seulement que tu le fasses pour moi, mais en considération de ma personne; tu n'as d'action contre personne pour des services que tu répands dans la masse du public. Mais alors, pour toi, il ne sera rien dû en retour de ce service? Rien, de la part de personne en particulier; c'est avec tous que j'acquitterai une dette qui m'est commune avec tous.

XIX. 1 « Tu affirmes, dit-on, que je ne reçois aucun bienfait de celui qui me prenant à bord pour rien m'a fait traverser le Pô? » Oui. C'est une action utile, non un bienfait. Car le mobile est son propre intérêt ou, en tout cas, est étranger à mon intérêt. Tout compte fait, l'auteur lui-même n'estime pas qu'il m'accorde un bienfait, mais il sert bel et bien ou l'Etat, ou le voisinage ou son ambition personnelle; et en échange il escompte un bien autre avantage que le salaire individuel qu'il pourra percevoir sur les passagers. 2 « Mais alors, dit-on, si l'empereur accorde le droit de cité à tous les Gaulois [1], l'exemption d'impôt à tous

(1) *Ciuitatis romanae beneficium,* avait dit Claude lui-même (*Or. lugd., col.* 2, *l.* 17 s.). — En réalité il accordait aux habitants de la Gaule Chevelue, depuis longtemps en possession de traités et du

bus, quae uitam aut conseruant aut excolunt, qui ni*h*il se plus existimat debere, quam pepigit, ingratus est. **2** Adice, quod talium studiorum || traditio miscet anim*o*s; hoc cum factum est, tam medico quam praeceptori pretium operae soluitur, animi debetur.

XVIII. **1** Platon cum flumen naue transisset nec ab illo quicquam portitor exegisset, [et] honori hoc suo datum credens dixit positum illi esse aput Platonem officium; deinde paulo post, cum alium atque alium gratis eadem sed*u*litate transueheret, negauit illi *i*am aput Platonem positum officium. **2** Nam ut tibi debeam aliquid pro eo, quod praestas, debes non tantum mihi praestare, sed tamquam mihi; non potes ob id quemquam a*p*pellare, quod spargis in populum. Quid ergo? ni*h*il tibi debebitur pro hoc? Tamquam ab uno nihil; cum omnibus soluam, quod cum omnibus debeo.

XIX. **1** "Negas" inqui*t* "*u*llum dare beneficium eum, qui me gratuita naue per flumen *P*adum tulit?" Nego. Aliquid boni facit, beneficium non dat; facit enim aut sua causa aut utique non me*a*; ad summam ne ipse quidem se mihi beneficium iudicat dare, sed aut rei p. aut uiciniae aut ambitioni suae praestat et pro hoc aliud quoddam commodum expectat, quam quod a singulis recepturus est. **2** "Quid ergo?" inqui*t* "si princeps ciuitatem dederit omni-

1 nihil *N*² : nich- *N*¹.
2 animos *N*² : -mus *N*¹.

XVIII. **1** exegisset *N*² : exegisset et *N*¹ || sedulitate *N*² : sed utilitatem *N*¹ || iam *N*² : tam *N*¹.
2 appellare : | apell- *N*¹ || nihil *bis* N² : nichil *bis* N¹.

XIX. **1** inquit *N*² : -id *N*¹ || ullum *V* : null- *N* || Padum *N*² radum | *N*¹ || mea ad *N*² : me ad *N*¹.
2 inquit *N*² : -id *N*¹.

les Espagnols, ils n'auront de ce chef aucune dette individuelle? » Evidemment ils en auront une; mais ce sera non pour un bienfait personnel, mais pour leur participation à un bienfait public. **3** « Il n'a, dit-on, nullement songé à moi au moment où il servait la collectivité; il n'a pas eu l'intention de m'attribuer à moi personnellement le droit de cité et ce n'est pas moi que visait sa pensée; ainsi, pourquoi lui serais-je redevable, alors qu'il n'a pas envisagé mon cas individuel au moment où il allait faire ce qu'il a fait? » **4** D'abord, lorsqu'il s'est proposé d'être utile à tous les Gaulois, il s'est proposé mon utilité en même temps; car j'étais Gaulois, et j'ai été, quoique sans rubrique spéciale, compris par lui, néanmoins, sous la rubrique collective. Ensuite moi, de mon côté, je serai censé non pas lui devoir une faveur personnelle, mais partager la dette commune pour la faveur octroyée : membre de la nation ce n'est pas en mon nom que je m'acquitterai, mais au nom de mon pays, par contribution. **5** Si quelqu'un prête de l'argent à mon pays, je ne me dirai pas son débiteur et je ne reconnaîtrai publiquement cette dette ni en période électorale, ni devant la justice; toutefois pour en liquider le paiement, je donnerai ma quote-part. Ainsi pour cette faveur octroyée à tout un peuple, j'affirme que je ne suis pas débiteur, car si elle m'a été bel et bien octroyée, ce n'était pas pour l'amour de moi; si elle m'a été octroyée, c'était en toute ignorance de cette destination éventuelle; néanmoins je me saurai tenu de faire quelque sacrifice en paiement, car moi aussi, par un long détour, elle m'atteint.

C'est pour moi qu'un acte doit être accompli, pour m'obliger. XX. **1** « A ce compte, dit-on, tu ne dois rien ni à la lune ni au soleil; car ce n'est pas pour toi qu'ils accomplissent leurs mouvements. » Mais puisque ces mouvements ont pour but la conservation de l'univers, c'est pour moi aussi qu'ils s'accomplissent; car je suis

titre de citoyens (*sine suffragio*), le droit d'obtenir les honneurs à Rome (*a.* 48, Tac. XI, 24). — D'après Sénèque (*Lud. in mort. Cl.* 3, 3), ce n'étaient pas seulement les Gaulois, mais les Grecs, les Espa-

bus Gallis, si inmunitatem Hispanis, nihil hoc nomine || singuli debebunt?" Quidni debeant? debebunt autem non tamquam proprium beneficium, sed tamquam publici partem. **3** "Nullam" inqu*it* "habuit cogitationem illo tempore mei, quo uniuersis proderat; noluit mihi ciuitatem propri*e* dare nec in me direxit animum; ita quare ei debeam, qui me sibi non substituit, cum facturus esset, quod fecit?" **4** Primum, cum cogitauit Gallis omnibus prodesse, et mihi cogitauit prodesse; eram enim Gallus et me etiam si non mea, publica tamen nota conprendit. Deinde ego quoque illi non tamquam proprium debebo, sed tamquam commune munus; *unus* ex populo non tamquam pro me soluam, sed tamquam pro patri*a* conferam. **5** Si q*u*is [pro] patria*e* meae pecuniam credat, non dicam me illius debitorem nec hoc aes alienum profitebor aut candidatus aut reus; ad exsoluendum tamen hoc dabo portionem meam. Sic istius muneris, quod uniuersis datur, debitorem me nego, quia mihi quidem dedit, sed non propter me, et mihi quidem, sed nesciens, an mihi daret; ni*h*ilo minus aliquid mihi dependendum sciam, quia ad me quoque circumitu longo peruenit.

Propter me debet factum esse, quod me obliget. XX. **1** "Isto" inqui*t* "modo nec lunae nec soli quicquam debes; non enim prop||ter *te* mouentur."

3 inquit N^2 : -id N^1.

4 commune munus <unus> ex *Fickert* : commune munus ex | *N* commune, unus ex *Erasme* || patria conferam N^2 *uel* N^3 : patriam conferam N^2.

5 Si quis N^2 : Si qis N^1 || patriae meae N^2 : p(ro) patria mea N^1 [pro *quidem in margine paulo postea scriptum, deinde erasum*] || nihilominus N^2 : nichil ominus N^1.

XX. **1** inquit N^2 : -id N^1 || propter te N^2 : prop|ter N^1.

une partie de l'univers. 2 Ajoute maintenant que pour ces astres et pour nous la situation n'est pas la même; car un homme qui me sert afin de servir, à travers moi, ses intérêts, n'est pas mon bienfaiteur, parce que je n'ai été en fait que l'instrument de son utilité; tandis que le soleil et la lune, même s'ils nous servent pour eux-mêmes, n'ont pas pour but cependant, lorsqu'ils nous servent, de nous faire servir à leur utilité; en effet, quel avantage leur saurions-nous procurer?

XXI. 1 Je connaîtrai, dit-on, que le soleil et la lune ont l'intention de nous servir, s'ils sont libres de ne l'avoir pas; or il leur est impossible de ne pas se mouvoir; après tout, qu'ils s'arrêtent et qu'ils suspendent leur activité! » 2 Vois en combien de manières ceci peut être réfuté.

Ce n'est point une raison pour qu'on ne veuille pas, que d'être dans l'impossibilité de ne pas vouloir. Par Hercule, c'est la meilleure preuve d'une volonté idéalement ferme, que l'impossibilité de changer. A l'homme de bien il est impossible de ne point faire ce qu'il fait; car il ne sera plus l'homme de bien, s'il ne le fait; dès lors l'homme de bien non plus n'oblige pas, puisqu'il fait ce qu'il doit et qu'il ne saurait, d'autre part, ne pas faire ce qu'il doit! 3 Au surplus il y a une grande différence entre dire : « Il ne saurait ne pas le faire » (vu qu'il y est forcé) et : « il ne peut pas ne pas vouloir ». Car s'il y a pour lui nécessité de faire cela, je ne dois pas le bienfait à lui, mais à celui qui le force; mais s'il y a pour lui nécessité de vouloir, par la raison qu'il n'a rien de mieux où appliquer sa volonté, il ne subit de contrainte que la sienne; ainsi ce que je ne lui devrais pas s'il était censé subir une contrainte, je le lui dois s'il est censé l'exercer.

4 « Qu'ils cessent donc de vouloir! » dit-on. Ici tu peux te dire: « Qui est assez fou pour ne point reconnaître une volonté authentique en celle qui ne court

gnols, les Bretons même (soumis à peine en 43!), que l'empereur voulait « voir en toge ». Tout le monde venait, dit Dion Cassius (60, 17, 5 s.), lui demander le droit de cité ou l'acheter de Messaline.

Sed cum in hoc moueantur, ut uniuersa conseruent, et pro me mouentur; uniuersorum enim pars sum. **2** Adice nunc, quod nostra et horum condicio dissimilis est; nam qui mihi prodest, ut per me pro*s*it sibi, non dedit beneficium, quia me instrumentum utilitatis suae fecit; sol autem et luna, etiam si nobis prosunt sua causa, non in hoc tamen prosunt, ut per nos prosint sibi; quid enim nos conferre illis possumus?

XXI. **1** " Sciam " inquit " solem ac lunam nobis uelle prodesse, si nolle potuerint; illis autem non licet non moueri. Ad summam consistant et opus suum intermittant. " **2** Hoc uide quo*t* modis refellatur.

Non ideo minus uult, qui non potest nolle; *h*erc*u*le maximum argumentum est fi*rmae ad nor*mam vol*u*ntatis ne mutari quidem posse. Vir bonus non potest non facere, quod fac*i*t; non enim erit bonus, nisi fecerit; ergo nec bonus uir beneficium dat, quia facit, quod debet, non potest autem non facere, quod debet. **3** Praeterea multum interest, utrum dicas : "Non *ei licet* hoc non facere", quia cogitur, an : "Non potest nolle. " Nam si necesse est illi facere, non debeo ipsi beneficium, sed cogent*i*; si necesse est

2 prosit *N*[2] : pos sit *N*[1].

XXI. **2** quot modis *N*[2] quot modis *N*[1] || nolle hercule *nos* [*cf.* hercules *pro* mehercules *apud philosophos ut Diog. ap. Diog. Laert.* 6, 41 *s. f.* « hercule » *graece Cic. De leg.* 2, 34 *etc. Sen. ad Helu.* 12, 6 *n. q.* 1, 16, 4 *uel ut Sen. Rhet. contr.* VII, 5, 10] : Nolle ergo | *N cf.* ergo *pro « ercole » = hercle* [*in nonnullis Plautinianis codicibus*] *Cas.* 979 *Poen.* 1249 *ap. Gonzales Lodge plaut. lexic. s. u. « hercle »* immo *Muret edd. parum ad N apte* || fi <rmae ad no> rmam *nos* : firmam | *N* firmae *G edd.* || uoluntatis *N*[2] : uolont- *N*[1] || facit *N*[2] : | -et *N*[1].

3 Non ei licet *nos* : non di | cas *N* non potest *N*[2] *edd. parum ad N apte* || cogenti *N*[2] : | -te *N*[1].

le risque ni de cesser d'être ni de se tourner vers l'objet opposé; quand tout au contraire on ne devrait tenir aucune volonté au monde pour aussi authentique que celle qui — tant elle est assurée — est éternelle. S'il est vrai qu'on veut réellement, lors même qu'on peut l'instant d'après ne pas vouloir, — est-ce que par hasard ce ne sera plus « vouloir » que d'être soustrait par sa nature à toute chance de ne vouloir plus?

XXII. « Eh bien donc qu'ils s'arrêtent, dit-on, s'ils peuvent. » Autant dire : « Que tous ces corps, séparés par d'immenses intervalles et placés de distance en distance en sentinelles de l'univers, désertent leurs postes; qu'un soudain bouleversement des choses jette les astres les uns contre les autres et que, l'harmonie des éléments étant rompue, le monde céleste tombe en ruine; et que cet appareil savant d'une vitesse extrême laisse là, à mi-chemin, les révolutions promises pour tant de siècles; et que les astres, qui vont et viennent alternativement pour assurer, par d'heureux contrepoids, un juste équilibre dans le monde, soient dévorés par un brusque incendie; et qu'au sortir d'une si riche diversité, l'univers s'en aille par dissolution former une masse unique; que le feu soit maître de toutes choses pour être ensuite envahi lui-même par la nuit inerte; et qu'un abîme sans fond engloutisse tous ces dieux. » Est-ce la peine que, pour te réfuter, ces astres s'écroulent à la fois? Ils te servent, même malgré toi, ces astres, et c'est pour toi qu'ils cheminent, même s'ils ont quelque autre motif qui dépasse et prime celui-là.

XXIII. 1 Ajoute maintenant que ce n'est pas une contrainte extérieure qui agit sur les dieux; mais que leur éternelle volonté leur tient lieu de loi : ils ont fondé un ordre pour n'y rien changer; aussi ne peut-on les croire capables de rien faire contre leur volonté; car toute action qu'ils ne peuvent cesser, ils ont voulu la continuer, et jamais ils ne reviennent sur leur première décision. 2 Il est hors de doute que s'arrêter et

illi uelle ob hoc, quia || ni*h*il habet melius, quod uelit, ipse se cogit; ita, quod tamquam coacto non deberem, tamquam cogenti debeo.

4 "Desinant" inquit "uelle". Hoc loco tibi illud occurrat : Quis tam demens est, ut eam neget uol*u*ntatem esse, cui non est periculum desinendi uertendique se in contrarium, cum ex diuerso nemo aeque uideri debeat uelle, quam cuius uoluntas usque eo cer*ta* est, ut aeterna sit? An si is quoque uult, qui potest statim nolle, is non uidebitur uelle, in cuius naturam non cadit nolle?

XXII. "Agedum" inqui*t*, "si possunt, resistant." Hoc dicis : "Omnia ista ingentibus interuallis d*i*ducta et in custodiam uniuersi disposita stationes suas deserant; subita confusione rerum sidera sideribus incurrant, et rupta rerum concordia in ruinam diuina labantur, contextusque uelocitatis citatissimae in tot saecula promissas uices in medio itinere destituat, et quae nunc alternis eunt redeuntque op*p*ortunis libramentis mundum ex aequo temperantia, repentino concrementur incendio et ex tanta uarietate soluantur a*t*que eant in unum om||nia; ignis cuncta possideat, quem deinde pigra nox occupet, et profunda uorago tot deos sorbeat" : est tanti, ut tu coarg*u*aris, ista concidere? P*ro*sunt tibi etiam inuito euntque ista tua causa, etiam si maior illis alia ac prior causa est.

XXIII. 1 Adice nunc, quod non externa cogunt deos, sed sua illis in legem aeterna uoluntas est.

Nihil *N*[2] : nich- *N*[1].

4 uoluntatem *N*[2] : uolont- *N*[1] || certa : certata *N*.

XXII. Inquit *N*[2] : -id *N*[1] || diducta *N*[2] : ded- *N*[1] || opportunis : oport- *N* || atque *N*[2] : adq- *N*[1] || coarguaris *N*[2] : -rgueris *N*[1] || prosunt *Gruter* : possunt N.

abandonner un parti pour le parti contraire leur est impossible, mais uniquement parce que leur propre effort les maintient fermes en leur dessein, et ce n'est point par faiblesse qu'ils y persistent, mais parce qu'il ne leur plaît point de quitter d'un pas la voie la meilleure et qu'une telle marche est conforme à leur arrêt souverain. 3 Or, dans l'organisation primitive, lorsqu'ils aménageaient toutes choses, ils ont prévu jusqu'à notre destinée et tenu compte de l'être humain : aussi ne peut-on attribuer à un but exclusivement égoïste la course qu'ils poursuivent et le développement qu'ils assurent à leur ouvrage, puisque nous faisons nous-mêmes partie de cet ouvrage. Nous sommes donc redevables et au soleil et à la lune et à tous les autres corps célestes d'un bienfait; car, même s'ils ont des motifs plus importants de se lever, ils ne laissent pas, pour aller ensuite à un but supérieur, de nous assister. 4 Ajoute qu'ils nous assistent de propos délibéré; aussi leur sommes-nous obligés parce que nous n'avons pas à faire à des bienfaiteurs inconscients et de rencontre et que les dons que nous recevons ils savaient que nous les recevrions; et bien qu'ils aient un plan plus vaste et que leur activité ait un fruit plus élevé que la conservation de créatures mortelles, cependant entre autres intérêts c'est aussi le nôtre que dès l'origine des choses visait par avance leur esprit, et l'ordre particulier qu'ils ont mis dans l'univers manifeste que le soin de notre espèce ne fut pas entre les derniers de leurs soucis. 5 Nous avons envers nos parents un devoir de reconnaissance; et pourtant beaucoup n'avaient pas eu d'intention de procréer, en s'unissant; mais les dieux, on ne saurait penser qu'ils ignoraient quelle œuvre allait sortir de leurs mains, puisqu'à nous tous ils assurèrent la nourriture immédiatement, et le reste ensuite; et un être ne fut pas produit par eux sans réflexion, si pour lui ils produisaient alors tant de choses. Nous fûmes dans les projets de la nature avant d'être son œuvre, et l'ouvrage que nous sommes n'est pas si peu de chose qu'il ait pu tomber par hasard

Statuerunt, quae non mutarent; itaque non possunt uideri facturi aliquid, quamuis nolint, quia, quidquid desinere non possunt, perseuerare uoluerunt, nec umquam primi consilii deos paenitet. **2** Sine dubio stare illis et desciscere in contrarium non licet, sed non ob aliud, quam quia uis sua illos in proposito tenet; nec in*b*ecillitate permanent, sed quia non libet ab optimis aberrare et sic ire decretum est. **3** In prima autem illa constitutione, cum universa disponerent, etiam nostra uiderunt rationemqu*e* hominis habuerunt; itaque non possunt uideri sua tantum causa decurrere et explicare opus suum, quia pars operis et nos sumus. Debemus ergo et soli et lunae et c*e*teris caelestibus beneficium, quia, etiam si potiora illis sunt, in quae oriuntur, nos tamen in maiora ituri iuuant. Adice, quod ex destinato iuuant, ideoque || obligati sumus, qui*a* non in beneficium ignorantium incidimus, sed haec, quae accip*i*mus, acce*p*turos scierunt; et quamquam maius illis propositum sit maiorque actus sui fructus, quam *s*eruare mortalia, tamen in nostras quoque utilitatis *a* principio rerum praemissa mens est et *i*s ordo mundo datus, ut appareat curam nostri non inter ultim*a* habitam. **5** Debemus parentibus nostris pietatem, et multi non, ut gignerent, coierant; dii non possunt uideri nescisse, quid effecturi essent, cum omnibus alimenta protinus et ex*in* *a*lia prouiderint, nec eos per neglegentiam gen*era*uer*e*, quibus tam

XXIII. **1** umquam : *habet N qui prius* um *scripsit, deinde* quam *supra scripsit.*

2 in contrarium N^2 : in con | tra in contrarium N^1 || inbecillitate N^2 : inuec- N^1.

3 rationemque N^2 : -qui N^1 || caeteris N^2 : cit- N^1.

4 quia non *G* : qui non *N* || accipimus : accipe | mus *N* || accepturos N^2 : accepituros N^1 || seruare N^2 : rer- N^1 || utilitatis N^1 *nos* : -tes N^1 || a principio : ac pr- N^1 || is N^2 : his N^1 || ultima N^2 : -imam N^1.

5 et exin alia *nos* : *N* et exilia (pro|) *N* auxilia *Juste Lipse alii.*

de sa main. 6 Vois quel vaste champ elle nous a ouvert et combien peu les limites du genre humain conditionnent en fait l'empire de l'homme; vois à quelle distance nos corps peuvent s'aventurer; et elle ne les a même pas confinés dans la zone des terres; mais en toutes les parties de son espace elle leur a donné l'essor; vois quelle n'est pas l'audace de notre intelligence et comme seule elle parvient — ou cherche — à connaître les dieux et, lançant son génie dans les régions sublimes, suit tous les mouvements des êtres divins : tu connaîtras que l'être humain n'est pas une œuvre d'improvisation et d'irréflexion. 7 Parmi ses plus grandes créations la nature n'en a point dont elle tire plus de gloire ou pour qui, du moins, elle étale sa gloire davantage : quelle folie de contester aux dieux la faveur qu'ils nous font! Comment sera-t-on reconnaissant envers ceux à qui on ne peut marquer de reconnaissance sans se mettre en frais, si l'on nie avoir reçu de ceux dont on vient précisément de recevoir et qui sont destinés à donner toujours comme à ne recevoir jamais de retour? 8 Et quelle monstrueuse attitude de n'être pas redevable à quelqu'un, précisément parce qu'il témoigne sa générosité à celui-là même qui la nie, et, jusque dans la suite ininterrompue et l'enchaînement des grâces, de voir la preuve que le don en est « nécessaire »! « Je n'en veux pas! qu'il garde cela pour lui! qui le lui demande? » Ajoute pour comble toutes les autres réflexions que fait une âme indélicate : on ne laisse pas d'être ton bienfaiteur si la générosité que l'on exerce, à l'instant même où tu la nies, se fait sentir de toi et si du bien que l'on te fait la marque la plus haute est précisément l'intention de t'en faire encore même si tu te plains!

XXIV. 1 Ne vois-tu pas comme à l'âge tendre les enfants sont soumis de force par les parents à de salutaires épreuves? Tandis qu'ils pleurent et se débattent, leurs corps sont méticuleusement tenus au chaud et de peur que leurs membres, par l'effet d'une liberté prématurée, ne se déforment, on ménage la rectitude

multa generabant. Cogitauit nos ante natura, quam fecit, nec tam leue opus sumus, ut illi potuerimus excidere. **6** Vide, quantum nobis permiserit, quam non intra homines, humani inperii condicio sit; uide, in quantum corporibus uagari liceat, quae *ne* coercuit *quidem*, fin*e* terrarum, sed in omnem partem sui misit; uide, animi quantum audeant, quemadmodum soli aut nouerint deos aut quaerant et mente in altum data diuina comitentur : scies non esse hominem tumultuarium et incogitatum opus. **7** Inter maxima rerum suarum natura ni*h*il habet, quo magis glorietur, aut certe, cui glorietur; || quantus iste furor est controuersiam dis muneris sui facere! quomodo aduersus eos hic erit gratus, quibus gratia referri sine inpendio non potest, qui negat se ab iis accepisse, a quibus cum maxime accepit, qui et semper daturi sunt et numquam recepturi? **8** quanta autem peruersitas ob hoc alicui non debere, quia etiam infitianti benignus est, et continuationem ipsam seriemque beneficiorum argumentum uocare necessario dantis! "Nolo! sibi habeat! quis illum rogat?" et omnes alias inpudent*is* animi uoces his adstrue : non ideo de te min*u*s meretur is, cuius liberalitas ad te etiam, dum negas, peruenit, cuiusque beneficiorum uel hoc maximum est, quod etiam qu*e*renti daturus est.

5 generauere ***nos, ut uerba (cf.*** **generabant)** ***hic melius inter se respondeant*** : genuerae | ***superposita ultimae litterae uirgula [fort. ex*** **generau(er)e** ***per conpendium scripto,*** **u** ***deinde a scriba praepostere exarato]*** N^1 ***genuere*** N^2 ***edd. parum et ad N et ad loci concinnitatem apte.***

6 <ne> coercuit <quidem> *nos [cf. nostr. praef. ad op. de cl.* **p. XXVI] : coer | cuit** *N* **non coercuit** *V Pincianus « ex uetere lectione »* || fine terrarum N^2 : finem terrarum N^1 || data *N Erasme* : elata *Haupt haud recte ratus* dare in altum ***uerba parum inter se congruere.***

7 nihil N^2 : nich- N^1.

8 inpudentis N^2 : | -tes N^1 || minus N^2 *uel* N^3 : -nos N^1 || querenti N^2 : quae | renti N^1.

de leur développement en les tenant serrés, et puis les belles-lettres leur sont inculquées, au besoin par l'intimidation s'ils résistent; finalement, l'entreprenante jeunesse est pliée à la frugalité, à la pudeur, à la moralité, en cas de docilité insuffisante par la force. 2 Sont-ils des jeunes gens et déjà maîtres de leurs actes, même alors, s'ils repoussent les remèdes par crainte ou par indiscipline, on use avec eux de violence et de rigueur. Et voilà comment entre tous les bienfaits de nos parents les plus grands sont ceux que nous en reçûmes sans le savoir ou sans le vouloir.

Il ne faut pas souhaiter du mal à son bienfaiteur pour avoir l'occasion de se montrer reconnaissant.

XXV. 1 Cette ingratitude, cette répudiation des bienfaits, qui revient non pas à ne pas vouloir, au fond, de la chose, mais à craindre une dette, rappelle par contraste l'excès de reconnaissance; il consiste habituellement à souhaiter quelque disgrâce à la personne qui nous a obligés [1], afin de lui prouver à cette occasion qu'on garde au cœur le souvenir du bienfait reçu. 2 Cette conduite est-elle légitime, s'inspire-t-elle de bons sentiments? Problème.

De telles dispositions ressemblent fort à la flamme d'un amour dépravé, lorsqu'à une maîtresse on souhaite l'exil pour partager son abandon et sa fuite, on souhaite la pénurie pour répondre par des dons à ses besoins accrus; on souhaite la maladie pour être assis à son chevet; et tout ce qu'un ennemi souhaiterait, les amants le mettent en leurs vœux [2]. Aussi généralement la haine et l'amour insensé aboutissent au même résultat. 3 Le cas est à peu près le même lorsque l'on

(1) Déjà, II, 13, 2, Sénèque a recommandé de ne pas choisir, pour nous assister, le moment de notre détresse (cf. I, 11, 3 *f*).

(2) « Oui, dit Alceste (Molière, *Mis.* 1424 ss.), je voudrais qu'aucun ne vous trouvât aimable; Que vous fussiez réduite en un sort misérable, etc. » — « C'est me vouloir du bien d'une étrange manière » (Thamin, *Un probl. moral,* p. 124, n. 2).

XXIV. 1 Non uides, quemadmodum teneram liberorum infantiam parentes ad salubrium rerum patientiam cogant? Flentium corpora ac repugnantium diligenti cura fouent et, ne membra libertas inmatura detorqueat, in rectum exitura constringunt et mox liberalia studia inculcant adhibito timore nolentibus; ad ultimum audacem iuuentam frugalitati, || pudori, moribus bonis, si parum sequitur, coactam adplicant. 2 Adul*e*scentibus quoque ac *ia*m potentibus sui, si remedia metu aut intemperantia reiciunt, uis adhibetur ac s*e*u*e*rit*a*s. Itaque beneficiorum maxima sunt, quae a parentibus accepimus, dum aut nescimus aut nol*u*mus.

XXV. 1 His ingratis et repudiantibus beneficia, non quia nolunt, sed ne debeant, similes sunt ex diuerso nimis grati, qui aliquid incommodi precari solent iis, quibus obligati sunt, aliquid aduersi, in quo adfectum memorem accepti beneficii adprobent.

2 An hoc recte faciant et pia uoluntate, quaeritur; quorum animus simill*im*us est prauo amore flagrantibus, qui amicae suae optant exilium, ut desertam fugientemque comitentur, optant inopiam, magis desideran*t*i ***ut*** donent, optant morbum, ut adsideant, et, quidquid inimicus optaret, amantes uouent. Fere

XXIV. 2 Adulescentibus *N^2* : adulisc- *N^1* || ac iam *N^2* : | aciem *N^1* || seueritas *Koch* : seruitus *N* || nolumus *N^2 uel N^3* : nolomus | *N^1*.

XXV. 2 simillimus *N^2 uel N^1 se ipse corrigens* || magis desideranti <ut> donent *nos* : magis desiderandi | donent *N* <ut> magis desideranti donent *N^2 edd. parum ad N apte*.

souhaite à ses amis quelque embarras pour les en tirer et que l'on n'arrive à faire le bien qu'en faisant tort, alors qu'il vaudrait mieux, même ne rien faire que de prendre la voie du crime pour trouver l'occasion de rendre service. 4 Et si le pilote demandait aux dieux le temps le plus atroce et l'ouragan pour qu'augmente le crédit de son art au fort du danger? Et si le général priait les dieux que les ennemis, en grand nombre, cernent comme un flot le camp, emplissant par un brusque assaut les fossés, arrachent la palissade pendant l'affolement de son armée et plantent aux portes mêmes leurs enseignes menaçantes, pour n'avoir que plus de gloire à venir vite rétablir une situation compromise et désespérée? 5 Tous ces gens-là font prendre à leurs bienfaits une voie détestable, qui implorent l'aide divine contre ceux à qui ils ont l'intention de prêter eux-mêmes assistance et veulent qu'il soient relevés, mais abattus d'abord; c'est un trait instinctif et barbare du sentiment perverti de reconnaissance que de former des vœux contre une personne qu'on ne saurait honnêtement ne point assister.

XXVI. 1 « Il n'est pas lésé, dit-on, par mon vœu puisque je souhaite le remède en même temps que le danger. » Tu veux dire que tu es en faute, mais moins que si le remède au danger n'était pas compris dans ton souhait. C'est méchanceté que de jeter quelqu'un à l'eau pour l'en tirer, de le renverser pour le relever, et, pour le relâcher, de le mettre en prison; ce n'est pas faire le bien que s'arrêter dans l'injure; et avoir détourné un mal n'est jamais méritoire quand celui qui l'a détourné en est l'auteur. 2 Ne me blesse pas: j'aime mieux cela que de guérir par tes soins. Tu peux t'attirer ma reconnaissance si à la suite d'une blessure qu'on m'a faite tu me soignes avec succès; mais non si tu m'en fais une pour avoir à me soigner. Jamais une cicatrice, si ce n'est par comparaison avec la blessure, ne plaît; et si, en se fermant, celle-ci nous cause de la joie, nous eussions préféré qu'elle n'existât pas.

idem itaque exitus est odii et amoris insani. **3** Tale quiddam et his accidit, qui amicis incommoda optant, quae detrahant, et a*d* beneficium iniuria ueniunt, cum satius sit uel cessare, quam per scelus officio l*o*cum quaerere. **4** Quid, si gu*b*ernator a dis tempestatis infestissimas et procellas petat, ut gratior || ars sua *summo* periculo fiat? quid, si imperator deos oret, ut magna uis hostium circumfusa castris fossas subito inpetu conpleat et uallum trepidante exercitu *u*ellat et in ipsis portis infesta signa constituat, quo maiore cum gloria rebus lassis profligatisque succurr*at*? **5** Omnes isti beneficia sua detestabili uia ducunt, qui deos contra eum aduocant, cui ipsi adfuturi sunt, et ante illos sterni quam erigi uolunt; inhumana ista peruers*e* grati animi natura est contra eum optare, cui honeste deesse non possis.

XXVI. **1** "Non nocet" inqui*t* "illi uotum meum, quia simul opto et periculum et remedium." Hoc dicis non nihil te peccare sed minus, quam *si* sine remedio periculum optares. Nequitia est ut extrahas mergere, euertere ut suscites, ut emittas includere; non est beneficium iniuriae finis, nec umquam id detraxisse meritum est, quod ipse, qui detraxit, intulerat. **2** Non uulneres me malo quam sanes. Potes inire gratiam, si, qu*i*a uulneratus sum, sanas, non, si uulneras, ut san*a*ndus sim; numquam cicatrix

3 ad beneficium N^2 : abenef- N^1 || locum quaerere N^2 : loco cumquaerere.

4 gubernator N^2 : guuer- N^1 || tempestatis N^1 *nos* : -tes N^2 *edd.* || ars sua summo *nos* : | ars suo *N* ars sua *V* ars summo *Hostius in apparatu* || uellat N^2 : | bellat N^1 || succurrat N^2 : -rrant N^1.

5 peruerse : -sae *N*.

XXVI. **1** inquit N^2 : -id N^1 || quam <si> sine remedio *G P* : quam | sine remedio.

2 si quia N^2 : si qua N^1 || sanandus [na *post* sa *addito sed deinde prope eraso*] N^2 : sandus N^1.

Si l'on souhaitait pareille chose à un homme de qui l'on ne tiendrait aucun bienfait, ce serait un vœu barbare; combien n'est-il pas plus barbare de la souhaiter à l'homme à qui l'on doit un bienfait!

XXVII. 1 « Au même moment, dit-on, je demande la grâce de pouvoir lui porter secours. » D'abord, supposons que je vienne te surprendre à la moitié de ton souhait, tu es déjà un ingrat; je n'entends pas encore énoncer le bien que tu veux lui faire, et je sais le mal que tu lui veux. Tourment d'esprit pour lui, crainte et pis encore, telle est ton imprécation. Tu souhaites qu'il ait besoin de secours : voilà qui est contre lui; tu souhaites qu'il ait besoin du tien : voici qui est pour toi. L'assister n'est pas ton but, mais t'acquitter; un homme si pressé veut être quitte, non s'acquitter. 2 Ainsi le seul sentiment qui dans ton vœu aurait pu sembler honorable est déjà vilenie et ingratitude : l'envie de n'être point redevable. Tu souhaites effectivement non la faculté, pour toi, de témoigner ta reconnaissance, mais la nécessité, pour lui, de l'implorer. Tu te donnes l'avantage sur lui et par un acte sacrilège tu mets ton bienfaiteur à tes pieds. Comme il vaut mieux rester débiteur avec des sentiments honorables, que de payer par un procédé malhonnête. 3 Si tu niais après avoir reçu, tu ferais une moindre faute, car rien, excepté ce qu'il t'avait donné, ne serait perdu pour lui; en réalité tu veux le voir humilié devant toi, ravalé par la ruine et le changement de situation au point que sa personne ne soit plus au niveau du bien qu'il a fait. Et je croirai à ta gratitude? C'est en présence de l'homme que tu veux servir que ton souhait doit s'énoncer. « Un vœu », tu appelles ainsi ce sentiment que la reconnaissance et la haine peuvent se partager, où tu verrais sans hésiter le fait d'un adversaire ou d'un ennemi, si la fin de la formule était omise? 4 L'ennemi aussi a parfois souhaité prendre certaines villes pour les sauver et remporter certaines victoires pour faire grâce. Et des vœux ne laissent pas d'être

nisi conlata uulneri placuit, quod ita coisse gaudemus ut non fuisse mallemus. Si hoc ei optares, cuius nullum beneficium haberes, inhumanum erat || uotum; quanto inhumanius ei optas, cui beneficium debes!

XXVII. **1** "Simul" inqui*t*, "ut possi*m* ferre illi opem, precor". Primum, ut te in media parte uoti tu*i* occupem, iam ingratus es; nondum audio, quid illi uelis praestare, scio, quid illum uelis pati. Sol*l*icitudinem illi et metum et maius aliquod inprecaris malum. Optas, ut op*e* indigeat : hoc contra illum est; optas, ut ope tua indigeat : hoc pro te est. Non succurrere uis illi, sed soluere : qui sic properat, solui uult, non soluere. **2** Ita, quod unum in uoto tuo honestum uideri poterat, ipsum turpe et ingratum est, nolle debere. Optas enim, non ut tu facultatem habeas referendae gratiae, sed ut ille necessitatem inplorandae. Superiorem te facis et, quod nefas est, *b*ene meritum ad pedes tuos mittis. Quant*o* satius est honesta uol*u*ntate debere quam ratione*m* per malam soluere! **3** Si infitiareris, quod acceperas, minus peccares; ni*h*il enim, nisi quod dederat, amitter*e*t; nunc uis illum subici tibi, iactura rerum suarum et status mutatione in id deuocar*i*, ut infra beneficia sua iaceat. Gratum te putabo? coram eo, cui prodesse uis, opta. Votum tu istud uocas, quod inter gratum et inimicum potest diuidi, quod non dubit*e*s || aduersarium et hostem fecisse, si extrema taceantur? **4** Hostes

XXVII. **1** inquit *N²* : -id *N¹* || possim *G* : -em | *N* || tui occupem *N² uel N¹ se ipse corrigens* : tuoccupem *N¹* || Sollicitudinem *N²* : solicit- *N¹* || ope *N²* : opem *N¹* || illi : *habet N uersus initio, sed post 5 aut 6 litteras erasas* [*fort. eadem quas in uersus prioris fine exarauerat ?*].

2 bene meritum : uene meritum || Quanto *N²* : quantu *N¹* || uoluntate *N² uel N³* : uolon- *N¹* || ratione *dett.* : -nem *N*.

3 nihil *N²* : Nich- *N¹* || amitteret *N²* : -rit *N* || deuocari *Erasme* : -re *N* || dubites *N²* : -tis *N¹*.

hostiles quand le sentiment le plus doux y intervient après celui de cruauté. Enfin de quelle sorte penses-tu que soient des vœux dont nul ne désirera moins la réalisation que celui pour qui on les forme? Tu traites bien mal la personne à qui tu désires préjudice de la part des dieux, secours de ta part; tu traites injustement les dieux eux-mêmes, car tu les charges du rôle le plus inhumain et prends pour toi celui de la bonté; pour te permettre de rendre service les dieux feront le mal. 6 Si sournoisement tu suscitais un accusateur pour l'écarter ensuite, si tu engageais la personne en quelque procès pour étouffer l'affaire bientôt après, nul ne douterait de ta scélératesse; qu'importe que pareille tentative consiste en des pratiques frauduleuses ou en simple vœu? tu vas seulement chercher contre la personne de plus puissants adversaires. 7 Tu n'as point sujet de dire : « Quel tort lui fais-je en réalité? » Ton vœu est inutile ou dommageable, ou plutôt il est dommageable, même s'il n'est pas ratifié. Tout ce que tu ne parviens pas à réaliser est faveur de la divinité; dommage par contre, tout ce que tu souhaites. Tu souhaites, il suffit : nous devons t'en vouloir comme si tu avais abouti à quelque chose.

XXVIII. 1 « Si les vœux, dit-on, eussent été efficaces, ils l'eussent été aussi pour te tirer de danger. » D'abord c'est un péril certain que tu me souhaites sous réserve d'une assistance qui n'est point certaine. Ensuite mettons que l'un et l'autre soient certains : le facteur préjudiciable est antérieur. 2 En outre tu savais, toi, la condition mise à ton vœu : moi j'ai été surpris par la tempête avant d'être assuré d'un port et d'une protection. Quel tourment n'était-ce pas, dis-moi, même s'ils me sont accordés, d'en avoir besoin? Même si l'on me sauve, de connaître l'affolement? Même si l'on m'acquitte, de plaider ma cause? Il n'est pas d'appréhension dont la fin ait tant de charme qu'on n'en trouve davantage à une ferme et inébranlable sécurité. 3 Souhaite de pouvoir me rendre, en cas de besoin, le

quoque optauerunt capere quasdam urbes, ut seruarent, et uincere quosdam, ut ignoscerent, nec ideo non hostilia uota, in quibus, quod mitissimum est, po*st* crudelitatem uenit. **5** Denique qualia esse iudicas uota, quae nemo minus tibi uolet quam is, pro qu*o* fiunt, succedere? Pessime cum eo agis, cui *u*is a dis noceri, a te succurri, inique cum ipsis diis; illis enim durissimas partes inponis, tibi humanas; ut tu prosis, di nocebunt. **6** Si accusatorem su*m*mitteres, quem deinde remoueres, si aliqua illum lite implicares, quam subinde discuteres, nemo de tuo scelere dubitaret; quid interest, utrum istuc fraude temptetur an uoto, nisi quod potentiores illi aduersarios quaeris? **7** Non est, quod dicas : " Quam enim illi iniuriam facio? " uotum tuum aut superuacuum est aut iniuriosum, immo iniuriosum, etiam si inritum. Quidquid non efficis, dei munus est; iniuri*a* uero, quidquid optas. *Optas,* sat est; tibi non aliter debemus irasci, quam si profe*ce*ris.

XXVIII. **1** " Si uota " inquit " ualuissent, et in hoc ualuissent, ut tutus esses. " Primum certum mihi optas periculum sub incerto auxilio. Deinde utrumque certum puta : quod nocet, prius est. **2** Praeterea tu condicionem uoti tui nosti, me tempestas occupauit portus ac praesidii dubium. Quantum tormentum existi*m*as, || etiam si accepero, eguisse? etiam si seruatus fuero, trepidasse? etiam si absolutus fuero, causam dixisse? Null*i*us metus tam gratus est

4 est post *N*²: est potest *N*¹.

5 agis cui uis *N*²: agis cui | suis *N*¹.

6 summitteres *N*²: | suum mitteres *N*¹.

7 Iniuria *N*² : -ria* [m *eras.*] *N*¹ || optas. <Optas> *nos* : optas | *N* <id ipsum quod> optas *Haase* || profeceris *N*² *uel N*¹ *se corrigens* : -feris *N*¹.

XXVIII. **2** Nullius *N*² : -llus *N*¹.

bien que je t'ai fait, mais ne souhaite pas que le besoin se présente. S'il n'eût tenu qu'à toi, le mal que tu me souhaites, tu me l'eusses fait toi-même!

XXIX. 1 Combien ce vœu est plus honnête : « Je souhaite qu'il soit en état de toujours répandre sur les uns et sur les autres ses bienfaits, et de n'avoir jamais besoin de la pareille; qu'il aille, partout suivi des moyens matériels (qu'il utilise si généreusement) de donner et de secourir; que jamais il ne connaisse l'impuissance de faire le bien ni le regret de celui qu'il aura fait; que sa nature, portée d'elle-même à la compassion, à la bonté, à la clémence, soit encore stimulée, mise au défi par la multitude des âmes reconnaissantes, qu'ayant le bonheur de les avoir rencontrées, il ne soit pas forcé de les mettre à l'épreuve; pitoyable tout le premier à chacun, qu'à son tour il n'ait jamais à apitoyer personne; que ces faveurs qui lui viennent régulièrement de la complaisance de la fortune, lui soient continuées de même, au point que nul ne lui puisse marquer autrement sa gratitude que par le sentiment intérieur. »

2 Combien ces vœux sont plus légitimes, qui, au lieu de t'ajourner à quelque occasion, te font à l'instant même reconnaissant! Qu'est-ce qui empêche, en effet, de témoigner sa gratitude à la prospérité [1]? Que de moyens par lesquels toutes nos dettes peuvent être acquittées même envers les heureux! Loyauté des avis, — assiduité, — aménité et charme (sans flatterie) des propos, — une oreille, pour les consultations éventuelles, minutieusement attentive, sûre aux confidences, — intimité des relations. Nul n'est si haut placé par la faveur du sort qu'il ne sente le manque d'un ami d'autant plus que rien ne lui manque.

XXX. 1 Tu désirais là une occasion funeste et que tu dois éloigner de tous tes vœux et même repousser bien

(1) Comme la bienfaisance, la reconnaissance souhaitera, pour s'exercer, non pas notre détresse (I, 11, 3 *f. timor;* II, 13, 2 *f. necessitas*), mais l' « occasion » (II, 13, 2 *f.*), qui peut être le moment de notre prospérité (Cic. *Ad Fam.* [*à Crassus*], V, 8, 2 *florentissimis tuis rebus*).

finis, ut non gratior sit solida et inconcussa securitas. **3** Opta, ut reddere mihi beneficium possis, cum opus erit, non, ut opus sit. Si esset in tua po*tes*tate, quod optas, ipse fecisses.

XXIX. **1** Quanto hoc honestius uotum est : " Opto, in eo statu sit, quo semper beneficia distribuat, num*quam* desideret; sequatur illum materia, qua tam benigne utitur, largiendi iuuandique; numquam illi sit dandorum beneficiorum inopia, datorum paenitentia; naturam per se pronam ad misericordiam, humanitatem, clementiam inritet ac prouocet turba gratorum, quos illi et habere contingat nec experiri necesse sit; ips*e* nulli inpl*a*cabilis sit, ipsi nemo placandus; tam aequali in eum fortuna indulgentia perseuer*e*t, ut nemo in illum possit esse nisi conscientia gratus. " **2** Quanto haec iustiora uota sunt, quae te in nullam occ*a*sionem differunt, sed gratum statim faciunt! Quid [quid] enim prohibet referre gratiam prosperis rebus? Quam multa sunt, || per quae, quidquid debemus, reddere etiam felicibus possumus! fidele consilium, adsidua conuersatio, sermo comis et sine adulatione iucundus, *au*res, si deliberari uelit, diligentes, tutae, si credere, conuictus familiaritas. Neminem tam alte secunda posuerunt, ut non illi eo magis amicus desit, quia nihil absit.

XXX. **1** Ista tristis et omni uot*o* summouenda occasio ac procul repell*e*nda; ut gratus esse possis,

3 potestate : habet [*ex* potate] *ipse* *N* ut uidetur.

XXIX. **1** numquam N^2 *uel* N^3 : num [*cf.* 23, 1 um *pro* umquam *prius scriptum*] *N* || ipse nulli inplacabilis N^2 : ipsi nulli in | plicabilis N^1 || perseueret N^2 : -rit N^1.
2 occasionem : occans- *N* || Quid *S V* : quid | Quid *N* || iucundus aures *Erasme* : iucun | dus autres *N* || deliberari *N* : -rare *V* [*cf. postea* « *credere* »].

XXX.**1** uoto N^2 *uel* N^1 *se ipse corrigens* : uotu N^1 || repellenda : -llanda *N*.

loin. Pour te permettre la reconnaissance, il faut la colère des dieux? Même ce fait ne te donne pas la notion de ta faute, que tu te trouves favoriser celui à qui tu ne sais point de gré? Représente-toi la prison, les fers, la tenue de deuil, l'esclavage, la guerre, le dénûment : voilà les occasions qui répondent à ton souhait; si l'on a eu affaire à toi, c'est à ce prix que l'on est quitte. 2 Pourquoi ne pas désirer plutôt la puissance de celui à qui tu as les plus grandes obligations, et sa prospérité? En effet, qu'est-ce qui t'interdit, je le répète, de t'acquitter même envers ceux qui ont en partage la plénitude du bonheur? Pour ce, la matière s'offrira à toi, riche à souhait, et variée. Quoi? tu ignores qu'on paie sa dette même au riche? 3 Et je ne fatiguerai pas ton attention par de multiples exemples; j'admets que toutes les voies nous soient fermées par un cas d'opulente félicité. Je t'indiquerai quelle sorte de dénûment afflige la grandeur souveraine, quelle chose manque à ceux qui possèdent toutes choses : c'est apparemment quelqu'un qui dise la vérité et qui, — lorsque cet être humain est tout étourdi des mensonges de son entourage et qu'il est, par l'habitude même d'entendre ce qui flatte au lieu de ce qui est juste, arrivé à ce point de ne plus connaître la vérité, — le délivre de la conspiration et du concert des imposteurs! 4 Ne vois-tu pas comme ces gens-là sont acculés au précipice par la mort de toute franchise et par l'abaissement de toute loyauté jusqu'à la complaisance servile? 5 Nul n'écoute sa conscience pour conseiller ou déconseiller, mais c'est un assaut de flatterie et il n'y a pour tous les amis qu'un devoir, un sujet de rivalité, c'est à qui mettra le plus de douceur dans le mensonge : cependant ils ignorent leurs forces véritables et, pensant être aussi grands qu'ils l'entendent dire, ils attirent sur eux des guerres inutiles et qui vont tout compromettre; ils rompent l'entente qui était, elle, profitable et nécessaire, en cédant à un mouvement de colère que nul n'essayait d'enrayer. Ils épuisent le sang de la masse pour finir par le leur. 6 Ils punissent des faits non véri-

iratis diis opus est? Ne ex hoc quidem peccare te intellegis, quod melius cum eo agitur, cui ingratus es? Propone animo tuo carcerem, uincula, sordes, seruitutem, bellum, egestatem; haec sunt occasiones uoti tui; si quis tecum contraxit, per ista dimittitur. **2** Quin potius eum potentem esse uis, cui plurimum debes, beatum*que*? quid enim, ut dixi, uetat te refer*r*e etiam summa felicitate praeditis gratiam? cuius plena tibi occurret et uari*a* materi*a*. Quid? tu nescis debitum etiam locupletibus solui? **3** Nec te in mu*lta* d*i*stringam; omnia sane excluserit opulenta felicitas, monstrabo tibi, cuius rei inopia laborent magna fastigia, quid omnia possidentibus || desit : scilicet ille, qui uerum dicat et hominem inter mentientes stupentem ips*a*que consuetudin*e* pro rectis blanda audiendi ad ignorantiam ueri perductum uindicet a consensu concentuque falsorum. **4** Non uides, quemadmodum illos in praeceps agat extincta libertas et fides in obsequium seruile summissa? **5** Dum nemo ex animi sui sententia suadet dissuadetque, sed adulandi certamen est et unum amicorum omnium officium, una contentio, quis blandissime fallat, ignorauer*e* uires suas, et, [dum] dum se tam magnos, quam audiunt, credunt, adtraxere superuacua et in discrimen rerum omnium peruentura bella, utile*m* et necessariam, *r*upere concordiam, secuti iram, quam nemo reuocabat, multorum sanguinem hauserunt fusuri nouissime suum; **6** dum uindicant inexplorata

2 beatum<que> Quid *Gertz* : beatum quid | *N* et beatum Quid *V edd.* || referre N^2 : -fere || summa felicitate N^2 : | summam felicitatem N^1 || uaria materia N^2 : uariam | materiam N^1.

3 in multa *Madvig* [*cf.* « *distringere in pauciora* », « *in multa* » *ap. Sen. ad Helu.*, 12, 1 *de breu. uit.*, 10, 6] : inuita (des|) *N litterae a uirgula superposita* inuitum *V Erasme alii* || distringam : des | tringam *N* || ipsaque consuetudine N^2 : | ipsamque consuetudinem N^1 || falsorum : *habet N ex* falsu-.

5 ignorauere N^2 : -ueres N^1 || dum : dum|dum *N* || utilem *dett.* : | -le *N* || rupere N^2 : upere N^1.

fiés comme s'ils étaient authentiques, ils estiment aussi honteux de se laisser fléchir que de se laisser battre et ils s'imaginent éternel un pouvoir qui parvenu à son comble est plus vacillant que jamais; pendant ce temps ils font craquer, sur leur tête, sur la tête des leurs, les empires démesurés et ils ne comprennent pas, sur cette scène étincelante de féeries bientôt écroulées, que le moment de s'attendre désormais à tous les malheurs était celui où ils devinrent incapables d'entendre aucune vérité.

XXXI. 1 Au temps où Xerxès déclarait la guerre à tous les Grecs, cette âme gonflée et oublieuse de la fragilité des appuis où elle mettait sa confiance, ne trouva que des encouragements. L'un affirmait qu'ils ne tiendraient pas contre l'annonce de l'expédition et qu'au premier bruit de son approche ils tourneraient le dos. 2 Un autre, que, sans le moindre doute, pareille masse était capable non seulement de vaincre tous les Grecs, mais de les écraser; que le danger était plutôt de ne trouver que villes désertes et abandonnées et de n'avoir plus, l'ennemi ayant fui et laissé derrière lui de vastes solitudes, nulle occasion de mettre en œuvre des forces si considérables. 3 Un autre, que c'était à peine si la nature entière était à sa mesure, que pour ses flottes les mers étaient étroites, pour ses troupes les lieux de campements, pour le déploiement de sa cavalerie les plaines; qu'à peine les espaces du ciel étaient suffisants pour les traits lancés par tous les bras. 4 C'était le ton des réflexions multiples que de tous côtés l'on faisait avec affectation, pour surexciter un homme déjà fou d'outrecuidance, quand le seul Damaratos, de Lacédémone, lui dit que précisément cette multitude, qui lui causait une intime satisfaction, était, par son défaut d'organisation et sa pesanteur, inquiétante pour son chef (car elle n'était pas une force, mais un poids); que les masses démesurées sont ingouvernables et qu'une longue durée est interdite à toute chose ingouvernable. 5 « Dès la première montagne, dit-il, des gens de Laconie placés sur ton chemin te montreront ce qu'ils sont. A

pro certis flectique non minus existimant turpe quam uinci et perpetua credunt, quae in su*m*mum perducta maxime nutant, ingentia super se ac suos regna fregerunt; nec intellexerunt in illa scaena uanis et cito diffluentibus bonis refulgente ex eo tempore ipsos n*i*hil non aduersi expectare d*e*buisse, ex quo nihil ueri audire potuerunt. ||

XXXI. 1 Cum bellum Graeciae indiceret Xerxes, animum tumentem oblitumque, quam caducis confideret, nemo non inpulit. Alius aiebat non laturos nuntium belli et ad primam aduentus famam terga uersuros; 2 alius nihil esse dubii, quin illa mole non uinci solum Graecia, sed obrui poss*e*t; magis uerendum, ne uacuas desertasque urbes inuenirent et profugis hostibus uastae solitudine*s* relinquerentur non habitur*i*s, ubi tantas uires exercere possent; 3 alius uix illi rerum naturam sufficere, angusta esse classibus maria, militi castra, explicandis equestribus copiis campestria, uix patere caelum satis ad emittenda omni manu t*e*la. 4 Cum in hunc modum multa undique iactarentur, quae hominem nimia aestimatione sui furentem concitarent, Demaratus Lacedaemonius solus dixit ipsam illam, qua sibi placeret, multitudinem indigestam et grauem metuendam esse ducenti; non enim uires habere, sed pondus; inmodica *n*umquam regi posse, nec diu durare, quidquid regi non potest. 5 " In primo " inqui*t* " statim monte Lacones *o*biecti dabunt sui experimentum. Tot ista

6 summum N^2 *uel* N^3 : sumum N^1 || nihil N^2 : nich- N^1 || potuerunt : *habet N ex* -uerumt | *ut uidetur.*

XXXI. 2 posset N^2 : -it N^1 || habituris N^3 *uel* N^1 *se ipse corrigens* : -urus N^1.

3 tela N^2 : taela N^1.

4 numquam N^2 : umq- N^1.

5 inquit N^2 : -id N^1 || Lacones obiecti : laconesubiec|ti || paucissimi sistent *Gronov* : paucissimis stent *N*.

tous ces milliers de nations trois cents hommes feront obstacle; fixés ils resteront, rivés là; et le défilé confié à leur garde, ils le défendront de leurs armes, le barricaderont de leurs corps. L'Asie tout entière ne les fera point bouger; tout cet appareil guerrier et menaçant, cette avalanche du genre humain presque tout entier, une poignée d'hommes l'arrêtera. **6** Quand la nature par le bouleversement de ses lois t'aura laissé passer sur l'autre rivage, une sente t'immobilisera; et tu évalueras tes pertes futures quand tu auras calculé ce que le pas des Thermopyles a coûté; tu connaîtras qu'on peut te mettre en fuite, quand tu auras connu que l'on peut te retenir. **7** Ils céderont en vérité devant toi sur plusieurs points, comme emportés par l'élan d'un torrent, dont la première fougue sème en dévalant une grande épouvante; puis de différents côtés ils se lèveront en même temps et t'écraseront sous tes propres forces. **8** On dit vrai lorsqu'on prétend que cet appareil guerrier est trop vaste pour pouvoir être logé dans ces parages dont tu projettes l'assaut. Mais cette circonstance est contre nous; la raison pour laquelle la Grèce te vaincra, c'est précisément qu'elle ne peut te contenir : l'utilisation de tous tes moyens te devient impossible. **9** En outre, — ce qui serait la seule chance de sauver la situation, — il ne te sera pas possible de parer rapidement aux premiers chocs de la réalité et d'amener du renfort sur les points qui auront cédé, non plus que d'étayer et de consolider les parties qui fléchissent; tu seras vaincu bien avant de t'apercevoir de ta défaite. **10** D'ailleurs ce n'est pas une raison pour croire ton armée irrésistible, parce que le chiffre en est inconnu même du chef; il n'est point de chose tellement grande que sa grandeur la soustraie à la destruction; car une cause de ruine lui naît (à supposer que les autres soient inopérantes) de sa grandeur même. » **11** L'événement vérifia les pronostics de Damaratos; celui qui renversait les lois divines et humaines et les bouleversait à chaque obstacle, trois cents hommes lui commandèrent halte, et devant ses propres épaves qui jonchaient toute la Grèce, le Perse mesura la diffé-

gentium milia trecenti morabuntur; haerebunt || in uestigio fixi et commissas sibi angustias armis tuebuntur, corporibus obstruent; tota illos Asia non mouebit loco; tantas minas belli et paene totius generis humani ruentis impetum paucissimi s*i*stent." 6 Cum te mutatis legibus suis natura transmiserit, in semita haerebis et aestimabis futura damna, cum computaueris, quanti Thermop*y*larum angusta constiterint; scies te fugari posse, cum scieris posse retineri. 7 Cedent quidem tibi pluribus locis uelut torrentis motu ablati, cuius cum magno terrore prima *u*is defluit; deinde hinc a*t*que illinc coorientur et tuis te uiribus prement. 8 Ver*u*m est, quo*d* dicitur, maiorem belli a*p*paratum esse, quam qui recipi ab his regionibus possit, quas obpugnare constituis, sed haec res contra nos est; ob hoc ipsum te Graecia uincet, quia non capit : uti toto te non potes. 9 Praeterea, quae una rebus salus est, occurrere ad primos rerum inpetus et inclinatis opem ferre non poteris nec fulcire ac firmare la*b*entia; multo ante uinceris, quam uictum esse te sentias. 10 Ceterum non est, quod exercitum tuum ob hoc sustineri non putes posse, quia || numerus eius duci quoque ignotus est; nihil tam magnum est, quod perire non poss*i*t; cui nascitur in perniciem, ut alia quiescant, ex ipsa magnitudine sua causa." 11 Acc*i*derunt, quae Dem*ar*atus praedixerat; diuina *at*que humana inpellentem et mutantem, quidquid obs*ti*terat, trecenti

6 Thermopylarum : -pilarum *N*.

7 motu *nos* : modo *N* [*cf. in N* d *pro* t *et* o *pro* u *passim*] *edd.* || prima uis N^2 : pri|mabis N^1 || atque N^2 : adq- N^1.

8 Verum N^2 : uerbum | N^1 || quod N^2 : quo N^1 || apparatum N^2 : apara|tum N^1 || uti toto te : *habet N ex* | uti tote.

9 labentia N^2 : lauentia N^1.

10 possit N^2 : -et N^1.

11 Acciderunt N^2 | Acced- N^1 || Demaratus : Dematus N^1 demarathus N^2 || atque N^2 : adq- N^1 || obstiterat N^2 : obsisterat | N^1.

rence qui sépare, d'une armée, une cohue. Aussi Xerxès[1], plus piteux pour sa honte que pour ses pertes, remercia-t-il Damaratos de lui avoir seul dit la vérité, et il lui permit de demander ce qu'il voudrait. 12 Il demanda de faire dans Sardes, capitale de l'Asie, son entrée monté sur un char, coiffé de la tiare droite : honneur réservé aux rois. Il avait mérité la récompense avant de la demander; mais combien était à plaindre la nation où il ne se trouva personne pour dire la vérité au roi, excepté celui qui ne savait pas se la dire à lui-même!

XXXII. 1 Le Divin Auguste, quand sa fille eut renchéri par son impudicité sur le sens ignominieux de ce mot, la frappa de relégation et livra les scandales de la maison impériale à la publicité : entrée permise en masse aux amants, vagabondage de bandes avinées, la nuit, à travers la ville; le forum lui-même et les rostres, d'où le père avait fait passer la loi sur les adultères, choisis par la fille pour théâtre de ses débauches; chaque jour « au Marsyas », rassemblement au pas de course, tandis que, de femme infidèle devenue prostituée, elle affirmait, sous les baisers d'un inconnu, son droit à tout essayer. 2 Ces crimes qui exigeaient le silence du prince autant que ses sanctions (car il est de certaines hontes qui rejaillissent jusqu'à celui qui les châtie), trop peu maître de son courroux, il les avait rendus publics. Puis comme au bout de quelques jours la colère avait fait place à la honte, il gémissait de n'avoir pas su taire et refouler en lui ce qu'il avait ignoré jusqu'au moment où parler entraînait déshonneur; alors souvent il s'écria : « De ces malheurs aucun ne me serait arrivé, si Agrippa ou Mécène avaient vécu! » Tant un homme qui a des milliers et des milliers de sujets a de mal à

(1) Le développement sur Xerxès (§ 1 ss.), même si c'était un exercice d'école (Albertini, p. 224 s.; Julian. *Or. passim*), pourrait être une leçon adressée aux puissants du jour. Néron fut bien comparé quelquefois à Alexandre par les philosophes (V. notre *Introd.*, p. XII, n. 11); il fut aussi rapproché de Xerxès par Apollonius de Tyane (Philostr. *Apoll.* V, 7). N'essaya-t-il pas un jour de percer l'isthme de Corinthe? Son oncle Gaius se vantait d'avoir surpassé Xerxès en domptant la mer (Cass. Dio 59, 17, 11). L'expédition du

stare iusserunt, stratusque passim per totam Graeciam Perses intellexit, quantum ab exercitu turba distaret. Itaque Xerxes pudore quam damno miserior Dem*ar*ato gratias egit, quod solus sibi uer*um* dixisset, et permisit petere, quod uell*et*. **12** Petit ille, ut Sardis, maximam Asiae ciuitatem, curru uectus intraret rectam capite tiaram gerens; id solis datum regibus. Dignus fuerat praemio ante quam peteret; sed quam miserabilis gens, in qu*a* nemo fuit, qui uerum diceret regi, nisi qui non dicebat sibi!

XXXII. **1** Diuus Augustus filiam ultra inpu*d*icitiae maledictum inpudicam relegauit et flagitia principalis domus in publicum emisit : admissos gregatim adulteros, pererratam nocturnis comissationibus ciuitatem, forum ipsum ac rostra, ex quibus pater legem de adulteriis tulerat, filiae || in stupra placuisse, [ad] cottidianum ad Mars*y*am concursum, cum ex adultera in quaestuariam uersa ius omnis licentiae sub ignoto adultero peteret. **2** Haec tam uindicanda principi quam tacenda, quia quarumdam rerum turpitudo etiam ad uindicantem redit, parum potens irae publicauerat. Deinde, cum interposito tempore in locum irae subisset uerecundia, *in*gemens, quod non illa silentio *p*ressisset, quae tam diu nescierat, donec loqui turpe esset, saepe exclamauit : “ Horum mihi ni*h*il *a*ccidisset, si aut Agrippa aut Mae*c*enas uixissent! ” Adeo tot habenti

11 Demarato : demato N^1 demaratho N^2 || uerum N^2 : uer*um [b *eras.*] N^1 || uellet N^2 : -it N^1.

12 regibus : *habet N ex* et reg- || in qua N^2 : | inqua* N^1 [*eras.* m].

XXXII. **1** inpudicitiae N^2 : inputici|tiae N^1 || cottidianum ad *Erasme* [quotid-] : ad cottidianum ad | *N* || Marsyam : Marsiam *N*.

2 uerecundia ingemens *nos* : uerecumdiam ge|mens *N* uerecundia gemens N^2 *edd.* || silentio pressisset N^2 : silentio ressisset | N^1 || nihil N^2 : nich- N^1 || Maecenas N^2 : maeg- N^1.

en remplacer deux! 3 On vit des massacres de légions suivis immédiatement de levées, une flotte brisée et, en moins de quelques jours, une flotte neuve sur l'eau; une fureur incendiaire s'exercer sur les édifices publics et d'autres édifices sortir des cendres, plus beaux que les précédents; mais toute sa vie la place d'Agrippa et de Mécène demeura vide. Qu'en faut-il penser? Qu'il ne trouva pas les pareils pour les appeler auprès de lui ou que ce fut sa faute, en ce qu'il aima mieux gémir que s'enquérir? 4 Nous n'avons pas sujet de croire qu'Agrippa et Mécène eussent coutume de lui dire la vérité; s'ils avaient vécu ils auraient été parmi ceux qui la cachent. C'est une habitude des souverains de faire affront à ce qui est en louant ce qui n'est plus et de prêter le mérite de la franchise à ceux dont ils n'ont plus à craindre le franc parler.

XXXIII. 1 Mais pour ramener ma pensée au sujet, tu vois combien il est aisé de témoigner sa gratitude aux heureux, même placés au sommet de la puissance humaine. Tiens-leur non le langage qu'ils veulent entendre, mais celui qu'ils voudront avoir toujours entendu; que leur oreille où se pressent les adulations s'ouvre enfin à une parole sincère; conseille-les pour leur bien. 2 Tu demandes ce que tu peux faire pour un heureux? Fais qu'il n'ait pas foi en son bonheur, qu'il sache qu'il faut beaucoup de bras, et des bras sûrs, pour le retenir. Sera-ce de ta part un trop petit service si tu dissipes une bonne fois la sotte illusion où il est que sa puissance durera toujours et si tu lui apprends le caractère changeant des dons du hasard, et leur rapidité plus grande lorsqu'ils s'en vont que lorsqu'ils viennent, et la différence entre les étapes qui l'ont mené au faîte et celles de la marche inverse et l'écart souvent nul entre le plus haut et le dernier degré de la fortune?

Persan hanta peut-être Néron à son tour, car il fit représenter au théâtre le combat naval entre Perses et Athéniens (Cass. Dio 61, 9, 5)... — Sénèque revient ailleurs sur le sujet des Thermopyles et de Léonidas (*Ep.* 82, 20 s.) et il s'explique plus d'une fois sur les

milia hominum duos reparare di*f*ficile est. **3** Caesae sunt legiones et protinus scriptae; f*r*acta classis et intra [et intra] paucos dies n*a*tauit noua; saeuitum est in opera publica ignibus, surrexerunt meliora consumptis : tota uit*a* Agrippae et Maec*e*natis uacavit locus. Quid putem? defuisse similes, qui adsumerentur, an ipsius uitium fuisse, quia maluit qu*e*ri quam quaerere? **4** Non est, quod existimemus Agrippam et Maec*e*natem solitos illi uera dicere; qui si uixissent, inter dissimulantes fu*i*ssent. Regalis inge||nii mos est in praesentium contumeliam amissa laudare et his uirtutem dare uera dicendi, a quibus iam audiendi periculum non est.

XXXIII. **1** Sed ut me ad propositum reducam, uides, quam facile sit gratiam referre felicibus et in summo humanarum opum positis. Dic illis, non quod uolunt audire, sed quod audisse semper uolent; plenas aures adulationibus aliquando uera uox intret; da consilium utile. Quaeris, quid felici praestare possis? **2** Effice, ne felicitati suae credat, ut sciat illam multis et fidis manibus continendam. Parum in illum contuleris, si illi stultam fiduciam permansurae semper potentiae excusseris docuerisque mobilia esse, quae dedit casus, et maiore cursu fugere, quam ueniunt, nec iis portionibus, quibus ad summa peruentum est, retro iri, sed saepe inter maximam fortunam et ultimam ni*h*il interesse?

2 difficile *N*² : difi- *N*¹.

3 fracta *G* : facta *N* || et intra : et intra | et intra *N* || natauit *G* *Erasme* : not- *N* || tota uita Agrippae *N*² *uel N*¹ *se ipse corrigens* : totauit agrippae *N*¹ || Maecenatis *N*² : maegen- *N*¹ || Quid putem? defuisse *Erasme* : Quid? putem defuisse *Hosius* || quaeri *N*² : queri *N*¹.

4 Maecenatem *N*² : maeg- *N*¹ || fuissent : fuessent *N*.

XXXIII. **2** nihil *N*² : nich- *N*¹ || amicitiae *N*² : amiciti *N*¹ *ut uid.* || <singulis> sed saeculis *nos* : sed saeculis *N edd.* sed insulis *Lejay R. crit.* 1901, 2 p. 129, *sed uide « saecula » ap. Cic. Lael.* 15 *f.* || creditur abundare *N*² : creditu|ra abundare *N*¹.

3 Tu ne sais pas tout le prix de l'amitié si tu ne comprends pas que tu donneras beaucoup en donnant un ami, — chose rare non seulement dans des familles isolées, mais dans des générations entières, et qui nulle part n'existe moins qu'aux endroits où elle semble abonder. 4 Quoi? Ces livres qu'embrasse à peine la mémoire ou la main des nomenclateurs, tu les prends pour des listes d'amis? Ce ne sont pas des amis, ces gens qui en longue file frappent à la porte, qui sont répartis en premières et secondes entrées. XXXIV. 1 C'est un vieil usage chez les rois et ceux qui veulent le paraître de diviser en classes tout un peuple « d'amis »; et un trait propre à l'orgueil, de mettre à haut prix le droit de franchir ou même de toucher son seuil et, à titre d'honneur, de vous autoriser à faire sentinelle plus près de l'entrée, à poser le pied avant d'autres à l'intérieur de la maison, où vient ensuite une série de portes, pour fermer l'accès même aux admis. 2 Chez nous G. Gracchus, puis Livius Drusus, les premiers de tous, établirent l'usage de séparer par groupes leur monde et de recevoir les uns en audience privée, d'autres en petit comité, d'autres en masse. Ils eurent donc, ces gens-là, des amis de première classe, ils eurent des amis de seconde classe, — jamais de vrais amis! 3 « Ami » c'est bien le nom que tu donnes à qui prend son numéro pour te saluer? Ou bien se peut-il que celui-là t'ouvre loyalement son cœur quand deux battants à peine écartés le laissent — pénétrer? non — se glisser céans? Se peut-il que l'on parvienne à arborer son franc parler, lorsque pour un mot quelconque et banal, pour un « bonjour » jeté indifféremment à des inconnus, on n'ouvre la bouche qu'à son tour? 4 Aussi, viens chez l'un quelconque de ces hom-

guerres de conquête (cf. vol. I, p. 136, n., VII, 2, 5 Alexandre; notre *Introd.* ibid. et p. XXXV). — « Le Marsyas » (32, 1) : statue du Satyre écorché, qui était sur le Forum, aux rostres. Les amants s'y donnaient rendez-vous. Sur Julie, voir encore Sen., *De Cl. nostr. ed.* III, 8, 3 *f.* = *Vulg.* I, 10, 3; *De Br. uit.* 4, 6. Auguste la relégua dans l'îlot de Pandataria comme coupable de sacrilège et de lèse-majesté (Tac. *Ann.* III, 24, 4); et il interdit que ses restes fussent

3 Nescis, quantum sit pretium amiciti*ae*, si non intellegis multum te ei daturum, cui dederis amicum, rem non domibus tantum *singulis*, sed saeculis raram, quae non aliubi magis deest, quam ubi creditur *a*bundare. **4**. Quid? istos tu libros, quos uix nomenclatorum conplectitur || aut memoria aut manus, amicorum existimas esse? Non sunt isti amici, qui agmine magno ianuam pulsant, qu*i* in primas et secundas admissiones digeruntur. **XXXIV. 1** Consuetudo ista uetus est regibus regesque simulantibus populum amicorum discribere, et proprium superbiae magno aestimare introitum ac tactum sui liminis et pro honore dare, ut *o*stio suo prop*i*us adsideas, ut gradum prior intra domum ponas, in qua deinceps multa sunt ostia, quae receptos quoque excludant. **2** Aput nos primi omnium *G.* Gracchus et mox Liuius Drusus instituerunt segregare turbam suam et alios in secretum recipere, alios cum pluribus, alios uniuersos. Habuerunt itaque isti amicos primos, habuerunt secundos, numquam ueros. **3** Amicum uocas, cuius disponitur salutatio? aut potest huius tibi fides patere, qui per fores maligne apertas non intrat, sed inlabitur? huic peruenire usque ad libertatem destringendam licet, cuius uulgare et publicum uerbum et promiscuum ignot*i*s " ha*u*e! " non nisi suo ordine emittitur? **4** Ad quemcumque itaque istorum || ueneris, quorum salutatio urbem concutit, scito, etiam si animaduerteris obsessos ingenti frequentia uicos et commeantium in utramque partem cateruis itinera conpressa, tamen uenire te in locum hominibus plenum, amicis uacuum. **5** In pectore amic*u*s, non in atrio quae-

4 qui in N^2 : quia in N^1.

XXXIV. **1** ostio N^2 : hostio | N^1 || propius N^2 : proprius N^1.
2 G. *Muret* [C.] : *om.* *N* [*ante* | Gracchus].
3 ignotis haue *Erasme* [—aue] : ignotus habe *N*.
5 amicus N^2 : -cos N^1 : recipiendus N^2 : -dos N^1.

mes, dont la salutation ébranle la ville entière. Sache-le : même si tu remarques un véritable investissement des quartiers par la foule immense et, pendant les allées et venues des clients rangés en bataillons, les chemins devenus trop étroits, — malgré tout, le lieu où tu viens est rempli d'êtres humains, et vide d'amis. **5** C'est dans un cœur, non dans un atrium qu'on va chercher l'ami; c'est là qu'il faut l'accueillir, là qu'il faut le retenir; c'est dans nos pensées qu'il doit trouver un secret asile.

Apprends-leur cela : tu es reconnaissant.

XXXV. **1** Tu te fais tort, si tu penses ne pouvoir servir qu'une victime du sort et être un objet de luxe dans la bonne fortune. Toi-même dans les conjonctures critiques, comme dans l'adversité, comme dans le bonheur, tu sais te conduire avec sagesse, appliquant aux conjonctures critiques ta prudence, à l'adversité ton courage, au bonheur ta modération; ainsi en toute éventualité tu peux te rendre utile à l'ami. Quant à l'adversité ne l'y laisse pas, ne la lui souhaite pas : il s'offrira néanmoins, sans que tu le souhaites, dans la diversité si grande des possibilités, nombre de cas qui fourniront matière à ton dévouement. **2** Lorsqu'on souhaite la richesse à quelqu'un afin d'en recevoir soi-même sa part, on a beau avoir l'air de la souhaiter pour lui, on a des visées égoïstes; de même lorsqu'on souhaite à l'ami quelque pressant besoin afin d'employer ses secours et son dévouement à l'en tirer, on fait preuve d'ingratitude en se préférant à lui et en croyant qu'il vaut la peine de le voir malheureux pour lui être soi-même reconnaissant, — en quoi l'on est précisément le contraire; on veut en effet se décharger et se délivrer d'un fardeau qui pèse. **3** Il y a loin entre hâter les marques de sa reconnaissance pour rendre un

portés dans « le Mausolée » du champ de Mars (Suet. *Aug.* 101, 3). Elle avait été la femme de Marcellus, puis d'Agrippa, enfin de Tibère. — Sur la réflexion qui termine le chap. 32, V. notre introd. p. IV, n. 12. — L'usage des *admissiones* (34, 2) était si bien établi que le mot s'employait, en différentes expressions, au propre ou au figuré (*De*

ritur; illo recipiend*us*, illic retinendus est et in sensus recondendus. Hoc doce : gratus es.

XXXV. **1** Male de te existimas, si inutilis es nisi adflicto, si rebus bonis superuacuum e*s*. Quemadmodum te et in dubiis et in aduersis et in laetis sapienter geris, ut dubia prudenter tractes, aduersa fortiter, laeta moderate, ita in omn*i*a utilem te exhibere amico potes. Aduersa eius nec deserueris nec optaueris; multa ni*h*ilo minus, ut non optes, in tanta uarietate, quae tibi materiam exercendae fidei praebeant, incident. **2** Quemadmodum, qui optat diuitias alicui in hoc, ut illarum ipse partem ferat, quamuis pro illo uideatur optare, sibi prospicit, sic, qui optat amico aliquam necessitatem, quam adiutorio suo fideque discutiat, quod est ingrati, se illi praefert et tanti existimat illum miserum esse, ut ipse gratus sit, ob hoc ipsum ingratus; exonerare enim se uult et graui sarcina || liberare. **3** Multum interest, utrum properes referre gratiam, ut reddas beneficium, an ne debeas. Qui reddere uult, illius se commodo apta*b*it et idoneum illi uenire tempus uolet; qui nihil aliud quam ipse liberari uult, quo modo cumque ad hoc cupiet peruenire, quod est pessimae uoluntatis. **4** " Ista " inqui*t* " festinatio nimi*a* ingrati est? " Id apertius exprimere non possum, quam si repetiuero, quod dixi : Non uis reddere acceptum beneficium, sed effugere. Hoc dicere uideris : " Quando isto carebo? quocumque modo mihi laborandum est, ne isti obligatus sim. " Si optares, ut illi de suo solueres, multum abesse uidereris *a* grato;

XXXV. **1** superuacuum es *nos* [*i.e.* « *res superuacua* »] : | superuacuum est *N* superuacuus es *V edd. haud satis, ut uid., ad N apte* || omnia *N*[2] : om|na *N*[1] || nihilo minus *N*[2] : nichilo minus *N*[1].

3 aptabit *V Pincianus* « ex quibusdam exemplaribus » : aptauit *N*.

4 inquit *N*[2] : -id *N*[1] || nimia *N*[2] : -miam *N*[1] nimium (ingrati) *Madvig* nimia non (grati est?) *Hosius* || solueres *N*[2] : -ris *N*[1].

bienfait ou les hâter pour ne plus le devoir. Si l'on veut le rendre on s'adaptera à l'intérêt d'autrui et l'on souhaitera qu'il vienne une occasion qui soit bonne pour lui; si l'on veut uniquement se libérer on sera impatient d'arriver à ses fins par quelque moyen que ce soit, ce qui est l'indice des pires dispositions. **4** « Cette impatience excessive, dit-on, est-ce ingratitude? » Je ne saurais mieux mettre ma pensée en lumière qu'en répétant ce que j'ai dit : Tu ne veux pas rendre le bienfait reçu, mais t'y soustraire. Tu sembles dire : « Quand serai-je débarrassé de cet homme? Par tous les moyens je dois m'évertuer, pour n'être plus son obligé ». Si tu souhaitais t'acquitter envers lui à ses frais, tu semblerais fort éloigné d'être reconnaissant; le souhait que tu formes est plus inique encore; tu le maudis en effet et cette tête sacrée tu la voues à la mort par une prière sinistre. **5** Nul, je pense, ne douterait de la barbarie de ton cœur, si ouvertement tu lui souhaitais soit la pauvreté, soit la captivité, soit la faim et l'angoisse de la peur. Or, qu'importe que ce soit là la formule expresse ou la portée de ton vœu? Car c'est réellement un de ces malheurs que tu as souhaité. Va, regarde à présent comme marque de gratitude ce que ne ferait point même l'ingrat, qui irait, lui, presque jusqu'à la haine, mais n'aboutirait qu'à nier le bienfait!

XXXVI. **1** Qui donnera à Enée le titre de « pieux » s'il désire la prise de sa patrie pour dérober son père à la captivité? Qui proposera en exemple à ses enfants les jeunes Siciliens, s'ils souhaitent que l'Etna flambant plus que de coutume et en proie à l'incendie fasse rouler en bas une masse énorme de feu afin de leur fournir à eux-mêmes l'occasion de déployer leur piété filiale en arrachant leurs parents du milieu de l'incendie? **2** Rome ne doit rien à Scipion si pour finir la guerre punique il l'a alimentée; rien aux Decius pour avoir par leur mort sauvé la patrie, si auparavant

Cl. Vulg. I, 10, 1 = *nostr. ed.* III, 8, 1; *De Ben.* I, 14, 3 *propius admissus*), et que de grands personnages comme Livie (Cass. Dio 57,

hoc, quod optas, iniquius est : exe*c*raris enim illu*m* et caput sanctum dira precatione d*e*fl*g*is. **5** Nemo, ut existimo, de immanitate animi tui dubitaret, si aperte illi paupertatem, si captiui*t*atem, si famem ac metum inprecareris : a*t*qui qui*d* interest, utrum uox ista sit uoti tu*i* an uis? aliquid enim horum optas*ti*. *I* nunc et hoc esse grati puta, quod ne ingratus quidem facer*et*, qui modo non usque in odium, sed tantum usque ad inf*i*tiationem beneficii perueniret!

XXXVI. **1** Quis pium dicet Aenean, si patriam capi uoluerit || ut capti*ui*tati patrem eripiat? Quis Siculos iuuenes ut bona liberis exempla monstra*b*it, si optauerint, ut Aetna inmensam ignium uim super solitum ardens et incensa pr*ae*ci*p*itet datur*a* ipsis occasionem exhibendae pietatis ex medio parentibus incendio raptis? **2** Ni*h*il debet Scipioni Roma, si Punicum bellum, ut finiret, al*uit;* ni*h*il Deciis, quod morte patriam seruauerunt, si prius optauerant, ut deuotioni fortissimae locum ultima rerum necessitas facer*et*. Grauissima infamia est medici opus quaerere; multi, quos auxerant morbos et in*rita*uerant, ut gloria maiore sanarent, non potuerunt discutere aut cum magna miserorum uexatione uicerunt.

4 execraris N^2 : exegr- N^1 || illum *Erasme* : illud | *N* || sanctum N^1 [scm *supra posita uirgula*] *nos* : sanctum tibi N^2 *edd.* || defigis *V* : dificis *N*.

5 animi N^2 : animi | animi tui N^2 || captiuitatem : -uitem *N* || atqui quid *Gertz* : aliquid quid N^1 aliquid N^2 at quid *Erasme alii* || tui an uis *Rubenius* : tuis anuis *N* || optasti *nos* : optasi *N* optas *Rubenius* || I nunc *Rubenius* : in nunc *N* || faceret N^2 : -rit N^1 || infitiationem N^2 : infini|tiationem N^1.

XXXVI. **1** captiuitati N^2 : (|ut) captitati N^1 || monstrabit *Gruter* : | trauit *N* || praecipitet *Gronov* : precepit et *N* || datura ipsis *Gronov* : daturi ipsi *N*.

2 Nihil N^2 : nich- N^1 || aluit *Gronov* : (|ret) aliud *N* || nihil N^2 : nich- N^1 || Deciis : *habet N ex* dicis *ut uidetur* || faceret N^2 : -rit N^1 || inritauerant [irrit-] *V Curio* : intrauerant *N*.

ils avaient souhaité qu'à leur héroïque dévouement la détresse extrême de l'Etat offrît une occasion. C'est pour un médecin le comble de l'infamie que de se tailler de la besogne; beaucoup, après avoir aggravé ou exaspéré le mal pour avoir plus d'honneur à le guérir, n'ont pu le faire cesser; ou c'est à force de torturer de pauvres êtres qu'ils l'ont vaincu.

XXXVII. 1 Callistrate, à ce qu'on dit (c'est du moins ce que rapporte Hécaton) partait pour l'exil, où beaucoup d'autres au même moment le suivaient, chassés par une république en état de révolution et d'effrénée liberté, lorsque quelqu'un émit le vœu qu'Athènes fût dans la nécessité de réintégrer les bannis : il repoussa avec horreur l'éventualité d'un pareil retour. 2 Notre Rutilius eut un mot plus fier encore : quelqu'un essayant de le réconforter et lui disant que la guerre civile était imminente, que sous peu l'on verrait tous les exilés revenir : « Quel mal, dit-il, t'ai-je fait pour me souhaiter un retour pire que mon départ? Comme j'aime mieux savoir la patrie honteuse de mon exil, que dans le chagrin par mon retour! » Ce n'est point exil qu'une mesure dont tout le monde a plus de honte que le condamné. 3 Si ceux-là furent fidèles à leur devoir de bons citoyens qui ne voulurent pas revoir leurs pénates au prix d'un commun désastre, parce que mieux valait un injuste mal infligé à deux individus, qu'à la collectivité un mal public; par contre, c'est manquer aux sentiments de la reconnaissance que de souhaiter à un bienfaiteur mille difficultés pour pouvoir les écarter soi-même; car fût-on bien intentionné, c'est un mal qu'on demande au ciel. Ce n'est pas même une excuse, à plus forte raison n'est-ce jamais à mes yeux un titre de gloire, d'avoir éteint un incendie lorsqu'on en est l'auteur.

XXXVIII. 1 En certains Etats, un vœu impie tenait lieu de crime. Du moins, à Athènes, Démade condamna

12), ou Agrippine (60, 33) firent insérer dans le *Journal Officiel* les noms de tous ceux qui avaient été admis le matin à l'honneur de les saluer. — Sur la rareté des vrais amis (33, 3; 34, 4), cf. *Ep.* 6, 3; Phaedr. *Fab.* 3, 9 (53, 1 ed. Havet).

XXXVII. 1 Callistratum aiunt (ita certe H*e*caton au*c*tor est), cum in exilium iret, in quod multos cum illo simul seditiosa ciuitas et intemperanter libera expulera*t*, optante quodam, ut Atheniensibus necessitas restituendi exules esset, abominatum talem reditum. 2 Rutilius noster animosius, cum quidam illum consolaretur et diceret instare arma ciuilia, breui futurum, || ut omnes exules reuerterentur : "Quid tibi" inqui*t* "mali feci, ut mihi p*e*iorem reditum quam exitum optares? Vt malo, patria exilio meo erubescat, quam reditu *m*aereat!" Non est istud exilium, cuius neminem non magis quam damnatum pu*d*et. 3 Quemadmodum illi seruauerunt bonorum ciuium officium, qui reddi sibi penates suos noluerunt clade communi, qu*i*a satius erat duos iniquo malo adfici quam omnes publico, ita non seruat grati hominis adfectum, qui bene de se merentem *distringi* difficultatibus uult, quas ipse summoueat, quia, etiam si bene cogitat, male precatur. Ne in patrocinium quidem, nedum in gloriam *c*ui dem incendium extinxisse, quod feceris.

XXXVIII. 1 In quibusdam ciuitatibus inpium uotum sceleris uicem tenuit. Demades certe Athenis eum, qui necessaria funeribus uenditabat, damnauit, cum probasset magnum lucrum optasse, quod contingere illi sine multorum mort*e* non pot*er*at. Quaeri

XXXVII. 1 Hecaton : haec aton *N* || auctor : |autor *N* || expulerat N^{2} : -ra N^{1}.

2 inquit N^{2} : -id N^{1} || peiorem N^{2} : paior- N^{1} || reditu maereat N^{2} : | reditum haereat N^{1} || pudet N^{2} *uel* N^{3} : put- N^{1}.

3 quia N^{2} : qua N^{1} || <distringi> difficultatibus *Gertz* [*cf. nostr. praef. ad op. de cl.* p. XXI s.] : | dificultatibus *N* || cui dem *nos* [*ut dicitur latine « uitio dare », « in praemium dare alicui »*] : quidem *N quod omittit P* cedet *Gertz* satis est *Madvig haud satis ad N apte.*

XXXVIII. 1 morte N^{2} : -tem N^{1} || poterat N^{2} : | peteat N^{1} [r *fortasse eadem manu supra addito*].

un homme qui faisait le commerce des objets nécessaires aux funérailles, l'ayant convaincu d'avoir souhaité de gros bénéfices : vœu irréalisable sans de multiples décès. Pourtant on se pose souvent la question : cette condamnation était-elle juste? Peut-être son vœu fut-il non d'avoir beaucoup de clients, mais de leur vendre cher, d'avoir à bon marché ce qu'il voulait revendre. **2** Etant donné que son trafic consiste en achat et en vente, pourquoi vouloir à toute force n'interpréter son vœu qu'en un sens, puisque le gain suppose les deux opérations? Au reste, ce sont tous les commerçants de cette spécialité que tu pourrais condamner; tous en effet veulent la même chose, c'est-à-dire font intérieurement même souhait. C'est la plupart des hommes que tu condamneras : car qui ne doit son profit au désavantage d'autrui? **3** Le soldat souhaite la guerre, s'il souhaite la gloire; l'agriculteur en temps de vie chère relève la tête; le prix de l'éloquence est singulièrement accru par le nombre des procès [1], une année d'épidémies profite aux médecins; les revendeurs d'objets de luxe s'enrichissent par la corruption des jeunes gens; que jamais le mauvais temps, jamais le feu n'attaquent les maisons : ce sera la mort de l'industrie du bâtiment. Le vœu surpris chez un seul ressemble au vœu de tout le monde. **4** Est-ce que par hasard Arruntius et Haterius et les autres professionnels de la captation des testaments ne font pas les mêmes souhaits que les ordonnateurs et les entrepreneurs de pompes funèbres? Encore ceux-ci ne savent-ils de qui ils souhaitent la mort : tandis que ceux-là, leurs plus intimes amis, les gens dont l'affection leur permet les plus belles espérances, sont ceux dont ils désirent passionnément la mort; les premiers ne sont pas en perte parce que tel vit toujours, mais faire attendre les seconds c'est les mettre à sec; aussi leur vœu est-il non seulement de recevoir le prix d'une honteuse servilité, mais aussi

(1) Sous Claude, le consul C. Silius avait dit réciproquement : « Si les plaidoiries sont gratuites, les procès seront moins nombreux » (Tac. *Ann.* XI, 6, 3). Sur les vœux des médecins, des gens de guerre V. Philem. (Stob. *serm.* CII, 5 = Aristoph. *Comoed.* I, éd. Didot : *Philem. fragm. incert. fab.* 46a) — Callistrate (37, 4) du

tamen solet, an merito damnatus sit. Fortasse optauit, non ut multis uenderet, sed ut care, ut || paruo sibi constarent, quae uenditurus esset. **2** Cum constet negotiatio eius ex e*mp*to et uendito, quare uotum eius in unam partem trahis, cum lucrum ex utraque sit? Praeterea omnes licet, qui in ista negotiatione sunt, damnes; omnes enim idem uolunt, id est, intra se optant. Magnam partem hominum damnabis; cui enim non ex alieno incommodo lucrum? **3** Miles bellum optat, si gloriam; agricolam annonae caritas erigit; eloquentiae pretium ex*ten*tat litium numerus; medicis grauis annus in quaest*u* est; institores delicatarum mercium iuuentus corrupta locupletat; nulla tempestate tecta, nullo igne lae*d*antur : iaceb*i*t opera fabrilis. Vnius uotum deprensum est, omnium simile est. **4** An tu Arruntium et Haterium et ceteros, qui captandorum testamentorum artem professi sunt, non putas eadem habere quae dissignatores et li*b*itinarios uota? illi tamen, quorum mortes optent, nesciunt, hi familiarissimum quemque, ex quo propter amicitiam *s*pei plurimum est, mori cupiunt; illorum damno nemo uiuit, hos, quisquis differt, exhaurit; optant ergo non tantum, ut accipiant, quod turpi seruitute meruerunt, || sed etiam, ut tributo graui liberentur. **5** Non est itaque dubium, quin hi magis, quod damnatum est in uno, optent, quibus, quisquis morte profuturus est, uita nocet; omnium tamen istorum tam nota sunt uota quam inpunita. Denique

2 exempto N^2 *uel* N^3 : | exepto N^1.

3 extentat *nos* [*cf. uerba « pretium extendere » ap Suet. Cal.* 38, 4 *Iust.* 11, 4, 8] : (|tium) exceptat [*fort. ex* exte(m)ptat *per compendium cf.* § 2 exepto *pro* exempto, 16, 3 epta *pro* empta, 7, 1, 7 contepsit *pro* contempsit, *ceterum* -mpt *pro* -nt *non solum in* « tentare » *uerbo ut* 7, 11, 2; 14, 3; 31, 5 *sed in aliis ut* 1, 1, 5 contemptus *pro* contentus] excitat *Wesenberg* disceptat *Madvig* || quaestu N^2 : quaestu* [*eras.* m] N^1 || laedantur N^2 *uel* N^3 : laet- N^1 || iacebit N^2 : -b*t [*eras.* a] N^1.

4 libitinarios : liuit- *N* || spei *Muret* : rei | *N* [*fort. ex* spei *scripto per conligatas* s *et* p *litteras*].

d'être soulagés d'un tribut onéreux. 5 Donc nul doute que le souhait qui fut condamné chez un individu ne soit plus caractérisé chez ceux qui, ayant intérêt à ce que tel meure, sont toujours lésés s'il ne meurt pas; et pourtant chez tous les gens de cette catégorie les vœux sont aussi peu punis qu'ignorés. Enfin chacun n'a qu'à s'interroger et à faire un retour sur les sentiments intimes de son cœur et à examiner les souhaits qu'à part lui il a formés : combien de vœux que l'on a honte d'avouer même à soi-même! combien peu que nous pourrions faire devant témoin!

XXXIX. 1 Mais il n'est pas vrai que tout acte blâmable soit légalement condamnable : ainsi le vœu amical, qui nous occupe, où l'on fait de la bonne volonté un emploi abusif et où l'on tombe dans la faute qu'on cherche à éviter; car l'impatience de montrer sa reconnaissance revient ici à l'ingratitude. 2 On dit en réalité : « Qu'il tombe finalement à ma merci; qu'il ait besoin de mon crédit; qu'en dehors de moi il n'y ait pour lui ni salut, ni considération, ni sûreté possibles; qu'en son malheur il trouve dans la moindre restitution l'équivalent d'un bienfait. » On dit encore, et les dieux l'entendent : « Qu'il soit environné de pièges dans sa maison, et que moi seul je les puisse écraser; qu'à sa poursuite il voie un ennemi puissant et redoutable, une foule hostile et bien armée, à ses trousses un créancier, et, qui plus est, un accusateur! » XL. 1 Vois comme tu es juste! De ces souhaits tu n'en formerais aucun, s'il ne t'eût point fait de bien.

Pour ne pas parler d'autres fautes, et plus graves, que tu commets en rendant le mal pour le bien et dans une aussi large proportion, tu as le tort, en tout cas, de ne pas attendre le moment qui convient spécialement pour chaque chose : or il y a faute égale à le laisser passer

dème d'Aphidna, orateur athénien, l'un des maîtres de Démosthène, fonda contre l'ambition dominatrice de Sparte la deuxième confédération maritime. Puis, afin d'être seul à la direction des affaires, il fit révoquer pour haute trahison le général Timothée qui l'avait aidé dans cette œuvre (373). Comme il essayait d'amoindrir la puissance des Thébains, que dirigeait Epaminondas, il triompha d'abord à Mantinée; mais quand l'escadre athénienne eut été surprise et battue

se quisque cons*u*lat et in secretum pectoris sui redeat et inspiciat, quid tacitus optauerit : quam multa sunt uota, quae etiam sibi fateri pudet! quam pauca, quae facere coram teste possimus!

XXXIX. 1 Sed non, quidquid reprehendendum, etiam damnandum est, sicut hoc uotum amici, quod in manibus est, male utentis bona voluntate et in id uitium incidentis, quod *d*euitat; nam dum gratum animum festinat ostendere, ingratus est. 2 Hoc ait : " In potestatem meam reccidat, gratiam meam desideret, sine me saluus, honestus, tutus esse non possit, tam miser sit, ut illi beneficii loco sit, quidquid redditur. " Haec diis audientibus : " Circumueniant illum domesticae insidiae, quas ego possim solus opprimere, instet potens inimicus et grauis, infesta turba nec inermis, creditor urgu*eat* et accusator. " XL. 1 Vide, quam sis aequus : horum optares nihil, s*i* tibi beneficium || non dedisset.

Vt alia taceam, quae grauiora committis pessima pro optimis referendo, hoc certe delinquis, quod non expectas suum cuiusque rei tempus, quod aeque peccat, qui non sequitur, quam qui antecedit. Quomodo beneficium non semper recipiendum est, sic non utique reddendum. 2 Si mihi non desideranti redderes, ingratus esses; quanto ingratior es, qui desiderare me cogis! Expecta! Quare sub*s*idere aput te munus meum non uis? quare obligatum moleste *te* fers? quare quasi cum acerbo feneratore signare

5 consulat N^2 : consol- N^1 || pectoris sui N^2 : pectorisui N^1.

XXXIX. 1 quod deuitat *Siesbye* : quodeuitat *N*.

2 reccidat *N Gertz cf.* reccidunt *de cl.* (*prooem.*) 1, 6 : recid- *edd.* || urgueat et *V nos* : | urguet N^1 urgueat N^2 *edd.*

XL. 1 si N^2 : sit N^1.

2 subsidere N^2 : | subdesidere N^1 || moleste <te>fers *Gruter* : moleste fers | *N Bourgery*.

ou à le devancer. De même qu'un bienfait ne doit pas toujours être accepté, il ne doit pas être rendu dans n'importe quel cas. 2 Me le rendre sans que je le désire serait ingratitude; à plus forte raison me forcer à le désirer! Attends : pourquoi ne veux-tu pas que mon présent séjourne chez toi? Pourquoi ton obligation te pèse-t-elle? Pourquoi, ainsi qu'avec un âpre usurier, te hâtes-tu de sceller le règlement du compte? Pourquoi te mettre en quête de difficultés pour moi? Pourquoi lancer les dieux contre moi? Comment procéderais-tu pour recouvrer, toi qui procèdes ainsi pour payer?

XLI. 1 Donc avant tout, Libéralis, apprenons à devoir sans inquiétude le bien qu'on nous a fait et à épier les occasions de le rendre sans les faire naître artificiellement. Jusque dans cette impatience de nous libérer au plus tôt il y a, souvenons-nous en, un trait d'ingratitude; nul en effet ne rend de bon gré ce qu'il doit contre son gré; et ce qu'il ne veut pas garder par devers lui est fardeau à ses yeux et non cadeau. 2 Comme il est plus honnête et plus juste de tenir les bienfaits de nos amis à leur disposition et de les leur offrir au lieu de les leur jeter à la tête, et de ne pas se croire chargé d'une dette, puisqu'un bienfait est un lien réciproque et attache deux êtres l'un à l'autre! Il faut dire : « Je ne mets nul empêchement à ce que ton bien te revienne; je souhaite que tu aies de la joie à le recevoir. Si le besoin menace l'un ou l'autre d'entre nous, si quelque destin a permis que nous fussions réduits, toi à reprendre ton bienfait ou moi à en demander un second, que celui-là donne plutôt, qui en a l'habitude. Pour moi je suis prêt : « Nul obstacle de la part de Turnus »; je ferai paraître mes sentiments, à la première occasion qui se présentera; en attendant les dieux me sont témoins. »

par le tyran de Phères, allié des Béotiens, il n'échappa à la colère de sa patrie humiliée qu'en s'exilant (361). — Démade (38, 1) : orateur athénien qui fut d'abord quartier-maître de la marine. La « paix de Démade » lui doit son nom. Agent de Philippe avant Chéronée, il s'interposa, en effet, après Chéronée entre lui et sa

rationem parem properas? quid mihi negotium quaeris? quid in me deos immittis? quomo*do* exigeres, qui sic reddis?

XLI. 1 Ante omnia ergo, Liberalis, hoc discamus, beneficia debere secure et occ*a*siones reddendorum obseruare, non manu facere. Ipsam hanc cupi*di*tatem primo quoque tempore liberandi se memine*ri*mus ingrati esse; nemo enim libenter reddit, quod inuitus debet, et, quod aput se esse non uult, onus iudicat esse, non munus. 2 Quanto melius ac iustius in promptu habere merita amicorum et offerre, non ingerere, nec *o*baeratum se iudicare, quoniam beneficium commune uinculum est et inter se duos || alligat! Dic : “ Nihil moror, quominus tuum reuertatur; opto, hilaris accipias. Si necessitas alterutri nostrum imminet fatoque quodam datum est, ut aut tu cogaris beneficium recipere aut ego *alterum* accipere, det potius, qui solet. Ego paratus sum : “ nulla mora in Turno est ”; ostendam hunc animum, cum primum tempus aduenerit; interim dii testes sunt. ”

XLII. 1 Soleo, m*i* Liberalis, notare hunc a*pu*d te adfectum et quasi manu prendere uerentis et aestuantis, ne in ullo officio sis tardior. Non decet gratum animum sol*l*icitudo, contra summa fiducia sui et ex conscientia ueri amoris d*i*missa omnis an*x*ietas. Tam conui*c*ium est : “ Recipe ” quam : “ Debes ”.

2 quomodo N^2 *uel* N^3 : quomo N^1.

XLI. 1 occasiones : -ansiones | *N* || cupiditatem N^2 *uel* N^3 : cupitatem N^1 || meminerimus : memine|remus *N*.

2 obaeratum N^2 *uel* N^3 : (|nec) abaer- *N* || aut ego <alterum> *Gertz* [*cf. nostram praef. ad op. de cl.* p. XXXIV] : aut ego *N*.

XLII. 1 mi N^2 : mihi N^1 || apud te *dett. Gertz in adnot ad l.* : adte | *N* [*fort. ex* apud te *per conpendium, ansam praebentibus ad deprauationem et proximis* adfe- *syllabis et uersus fine*] || sollicitudo N^2 : solie- N^1 || dimissa *V* : dem- | *N* || anxietas : ancxi- *N* || conuicium N^1 : -uitium N^3.

XLII. 1 Il est un sentiment, mon cher Libéralis, que j'ai coutume de remarquer chez toi et, pour ainsi dire, de toucher du doigt : c'est la fiévreuse appréhension d'être en arrière pour la moindre obligation. Il ne sied pas à une âme reconnaissante d'être en proie à l'anxiété, mais il lui sied au contraire d'avoir en soi toute confiance et, dans l'intime certitude d'aimer sincèrement, de bannir toute angoisse. « Prends ton dû » et « Tu me dois » : affront équivalent. Le premier des privilèges créés par la bienfaisance doit être de rentrer en ses avances au moment de son choix. 2 « Mais je crains que le public ne parle mal de moi. » C'est mal agir qu'avoir égard à l'opinion et non à sa conscience pour montrer sa gratitude. Tu as en l'espèce deux juges : le bienfaiteur, qui ne doit pas t'inspirer de crainte et toi, que tu ne saurais craindre. « Eh quoi! si l'occasion ne se présente jamais, je serai toujours débiteur? » Oui, mais tu sauras l'être ouvertement, mais tu sauras l'être de bon cœur, mais tu auras grand plaisir à voir le dépôt laissé entre tes mains. Tu regrettes le bien qu'on t'a fait, si tu es gêné pour ne l'avoir pas encore rendu; pourquoi celui qui te semble mériter de ta part un geste d'acceptation, ne te paraîtrait-il pas mériter que tu restes longtemps son débiteur?

XLIII. 1 C'est une grave illusion de regarder comme grandeur d'âme extraordinaire le fait de débourser, de faire des cadeaux, d'emplir la poche, voire même la maison de beaucoup de gens, alors que parfois ces pratiques sont l'effet non de la grandeur d'âme, mais d'une belle situation; c'est ignorer à quel point il est

patrie; plus tard il joua le même rôle entre elle et Alexandre. Il fit décréter par les Athéniens la mort de Démosthène, sous les successeurs du roi. Ceux-ci l'avaient acheté; mais Cassandre ayant eu la preuve de sa duplicité le fit mettre à mort. Homme d'argent et dépensier, esprit fécond en ressources, Démade ressemblait aux Athéniens dégénérés d'alors. — « Vœu impie » (38, 1 *init.*) et puni d'une amende, celui de Claudia, sous la république, *a.* 246 (Suet. *Tib.* 2, 3; Val. Max. VIII, 1 *damn.* 4; T. Liv. *Perioch, l.* XIX; Gell. 10, 6, 2.)

Hoc primum beneficii dati sit ius, ut recipiendi tempus eligat, qui dedit. 2 " At uereor, ne homines de me sequius loquantur. " Male agit, qui famae, non conscientiae gratus est. Duos istius rei iudices habes, illum, *quem non debes timere, et te,* quem non potes. " Quid ergo? si nulla interuenerit occasio, semper debebo? " Debebis; sed palam debebis, sed libenter debebis, sed cum magna uoluptate aput te depositum intueberis. Paenitet accepti beneficii, quem nondum redditi piget; quare, qui tibi dignus || uisus est, a quo acciperes, indignus uideatur, cui diu debeas?

XLIII. 1 In magnis erroribus sunt, qui ingentis animi credunt proferre, donare, plurium sinum ac domum inplere, cum ista interdum non magnus animus fac*i*at, sed magna fortuna; nesciunt, quanto interim maius ac difficilius sit capere quam fundere. Nam, ut nihil alteri detraham, quoniam utrumque, ubi uirtute fit, par est, non minoris est animi beneficium debere quam dare; eo quidem operosius hoc quam illud, quo maiore diligentia cust*o*diuntur accepta qu*am d*antur. 2 Itaque non est trepidandum, quam cito reponamus, nec procurrendum intempestiue, quia aeque delinquit, qui ad referendam gratiam suo tempore cessat, quam qui alieno properat. Positum est illi aput me; nec illius nomine nec meo timeo. Bene illi cautum est; non potest hoc beneficium perdere nisi mecum, immo ne mecum qui-

2 iudices : iud. *supra posita uirgula N* || <quem non debes timere et te> quem non potes *Gertz* [*cf. nostr. praef. ad op. de cl. p.* XXXIV] : | quem non potes *N* <(te) quem non potes fallere> illum quem potes *Erasme* <quem potes fallere et te> quem non potes *Haase* <quem potes effugere et te> quem— *Buck*.

XLIII. 1 custodiuntur N^2 *uel* N^3 : custudiun|tur N^1 || quam dantur N^2 *uel* N^3 : quantur N^1.

quelquefois plus méritoire et plus difficile de recevoir et tenir que de répandre. Car pour ne point sous-estimer l'un ou l'autre rôle, puisque l'un et l'autre, lorsqu'ils sont inspirés par la vertu, se valent, il n'y a pas moins de grandeur d'âme à rester débiteur d'un bienfait qu'à faire le bien, et s'il en coûte plus d'effort dans le premier cas que dans le second c'est qu'il faut un soin plus méticuleux pour conserver le don que pour le faire. 2 Aussi faut-il être sans alarme sur la promptitude de la restitution et ne point s'élancer au pas de course hors de propos, car la faute est égale à ne rien faire pour témoigner sa gratitude le moment venu, et à se hâter hors de saison. Tel a des fonds placés chez moi : ni pour lui ni pour moi je n'ai d'inquiétude. Il a bien pris ses dispositions: ce bienfait ne peut périr qu'avec moi ou plutôt il ne le peut même alors; car je lui ai exprimé mon remerciement, autant dire que je me suis acquitté. 3 Etre préoccupé de rendre un bienfait c'est supposer chez l'auteur la préoccupation d'en être payé. Prêtons-nous à l'une comme à l'autre alternative : s'il veut être payé de son bienfait, apportons-en, remettons-en le prix avec joie; préfère-t-il le laisser sous notre garde : pourquoi exhumer son trésor? pourquoi refuser d'en être les gardiens? Il mérite d'avoir le choix entre l'un et l'autre parti. Quant à l'opinion et à la renommée, qu'à nos yeux leur rôle soit non de nous guider, mais de nous suivre.

dem : egi illi gratias, id est rettuli. **3** Qui *ni*mis de reddendo beneficio cogitat, nimis cogitare alterum de recipiendo putat. Praestet se in utrumque facilem : si uult recipere beneficium, referamus reddamusque laeti; illud aput nos *cus*t*o*diri mauult? quid then||saurum eius eruimus? qui*d* *cu*stodiam recusamus? dignus est, quoi, utrum uolet, liceat. Opinionem quidem et famam eo loco habeamus, tamquam non ducere sed sequi debeat.

3 qui nimis *N^2 uel N^3* : quimis *N^1* || illud — mauult *N Erasme Muret Bourgery* : Si illud—mauult *S Juste Lipse* (*ed.* 4) *Gertz Hosius* || custodiri *N^2* : costud- *N^1* || quid custodiam *GS* : qui costod- *N.*

LIVRE VII

Introduction au livre des « glanures ». De la sagesse, opposée aux études stériles et aux ambitions des hommes.

I. 1 Bon courage, mon cher Libéralis.

« La terre est à notre portée[1]. Ce n'est point ici un interminable poème avec des détours et de longs préambules pour te retenir. »

Ce sont des restes que ce livre assemble et je vais cherchant des yeux autour de moi non ce que je dois dire, mais ce que je n'ai pas dit. Tu voudras bien agréer cependant tout ce qu'il y a là de superflu, puisque c'est à ton intention que ce superflu est demeuré. 2 Si je n'eusse voulu que flatter mon goût personnel, il eût fallu en cet ouvrage ménager une insensible progression et réserver pour la fin la partie dont tout lecteur même rassasié devait avoir envie. Mais tous les développements qui étaient les plus essentiels, je les ai entassés au commencement; et maintenant, de tout ce qui m'a échappé je fais en repassant la cueillette.

Et par Hercule, si tu me demandes mon avis, il n'est pas à mon sens d'une extrême importance, lorsque l'on a exposé les principes directeurs de la conduite, de procéder à l'examen des autres questions, imaginées non pour guérir l'âme, mais pour exercer l'esprit. 3 Car suivant la belle réflexion, familière à Démétrius le cynique, — grande figure à mon avis, même comparée aux plus grandes — il y a plus de profit à posséder un petit nombre de préceptes philosophiques, à condition de les avoir à sa portée et à son usage, qu'à en avoir reçu un grand nombre, si l'on ne les a sous la main.

(1) Sénèque emprunte volontiers ses transitions aux poètes (cf. *summa—fastigia rerum* [*Aen.* I, 342] in *Ep.* 89, 17). Les mots qui suivent rappellent le commencement du IXe livre des *Controverses* (*praef.* 1), que Sénèque le Rhéteur avait dédié à ses fils. On a

LIBER VII

I. 1 Bonum, m*i* Liberalis, habeas animum uolo :

In manibus terrae; non hic te carmine longo
A*t*que per ambages et longa exorsa tenebo.

Reliqua hic liber cogit, et exhausta materia circumspicio, non quid dicam, sed quid non dixerim; boni tamen consules, quidquid ibi superest, cum tibi superfuerit. 2 Si uoluissem lenocinari mihi, debuit paulatim opus crescere et ea pars in finem reseruari, quam quilibet etiam satiatus adpeteret. Sed quidquid maxime necessarium erat, in primum congessi; nunc, si quid effugit, recolli*g*o. Nec mehercules, si me interroges, nimis ad rem existimo pertinere, ubi dicta sunt, quae regunt mores, prosequi cetera non in remedium animi, sed in exercitationem ingenii inuenta. 3 Egregie enim hoc dicere Demetrius || Cynicus, uir meo iudicio magn*u*s, etiam si maximis comparetur : solet plus prodesse, si pauca praecepta

subscriptio LIB(er) ANNEI SENECAE AD AEBV|TIVM LIBERALEM DEBENE|FICIIS LIB(er) VI EXP(licit) | INC(I)P(it) LIBER VII FELICITER.

I. 1 mi *V* : mihi *N* || In manibus—tenebo *Verg. georg.* 2, 45 || longo *N* : ficto *Vergilius* || atque *N*² : adq- *N*¹.

2 recolligo *N*² : -ico | *N*¹.

3 cynicus : habet *N ex* cin- || magnus *N*² : -os *N*¹.

4 « Le grand lutteur n'est pas, dit-il, celui qui connaît à fond toutes les figures et toutes les prises, dont on n'use guère sur le terrain, mais celui qui s'est bien et consciencieusement entraîné à une ou deux d'entre elles et en guette l'emploi attentivement, car la quantité des choses qu'il sait n'est pas ce qui importe, s'il en sait assez pour vaincre; ainsi dans l'étude qui nous occupe, il y a quantité de notions amusantes, un petit nombre de décisives. 5 On a beau ignorer la cause qui déverse hors de son lit l'Océan et l'y ramène; la raison pour laquelle chaque septième année marque d'un signe notre développement; pour laquelle la largeur d'un portique, vu de loin, ne garde pas ses proportions, le fond allant en se rétrécissant et les entrecolonnements finissant par l'absence de tout intervalle; ce qui fait que les jumeaux sont conçus séparément tandis qu'ils naissent ensemble, si l'effet d'une seule copulation est disséminé en deux existences ou bien si chacune suppose une conception, pourquoi à des naissances simultanées correspondent des destins opposés, et pourquoi la vie met le plus de distance précisément entre ceux dont les naissances ont le moins d'intervalle : on ne perdra guère à laisser de côté ce qu'il est impossible comme inutile de savoir. Enveloppée de mystère la vérité reste cachée au fond de l'abîme. 6 Et nous ne saurions accuser la nature d'être jalouse de ses secrets, puisque aucune découverte n'est difficile excepté celles dont l'avantage consiste simplement à les avoir faites. Tout ce qui est susceptible de nous rendre meilleurs et plus heureux, elle l'a placé bien en vue et tout près de nous. 7 Si notre âme a su mépriser tout ce qui est affaire de hasard, si elle s'est élevée au-dessus des appréhensions et n'embrasse pas l'infini en son espoir insatiable, mais a appris à ne chercher qu'en elle la richesse, si elle a banni d'elle-même la peur des dieux et

d'ailleurs remarqué (V. Albertini, p. 242, n. 4) que le philosophe mêlait parfois les souvenirs de son père avec les siens. — Le *In manibus terrae* me semble être le γῆν ὁρῶ des Grecs (*Introd.* p. XXXIX, n. 1), que répéteront les scribes Byzantins (εὑρεῖν λιμένα = ἰδεῖν βιβλίου τέλος) jusqu'en plein XVIe siècle (cf. la souscription

sapientiae teneas, sed illa in promptu tibi et in us*u* sint, quam si multa quidem didiceris, sed illa non habeas ad manum. 4 "Quemadmodum" inquit "magnus luctator est, non qui omnis numer*os* nexusque perdidicit, quorum usus sub aduersario rarus est, sed qui in uno se aut altero bene ac diligenter exercuit et eorum occasiones intentus expectat (neque enim refert, quam multa sciat, si scit, quantum uictoriae satis est), si*c* in hoc studio multa delectant, pauca uincunt. 5 Licet nescias, quae ratio oceanum effundat ac reuocet, quare septim*us* quisque annus aetati signum inprimat, quare latitudo porticus ex remoto spectantibus non seruet portionem suam, sed ultima in angustius coeant et columnarum nouissime interualla iungantur, quid sit, quod geminorum conceptum separet, partum iungat, utrum unus concubitus spargatur in duos an totiens concep*ti* *sint*, cur pariter natis fata d*i*uersa sint maximisque rerum spatiis distent, quorum inter ortus minimum interest : non multum || tibi nocebit transisse, quae nec licet scire nec prodest. Inuoluta ueritas in alto latet. 6 Nec de malignitate naturae qu*e*ri possumus, quia nullius rei diffi*ci*lis inuentio est, nisi cuius hic unus inuentae fructus est inuenisse; quidquid nos meliores bea*to*sque facturum est, aut in aperto aut in proximo posuit. 7 Si animus fortuita conte*m*psit, si se supra metus sustulit nec auida spe infinita conplectitur, sed didicit a se petere diuitias; si deorum hominumque formidinem eiecit et scit non multum esse ab homine timendum, a deo

3 in usu N^3 : in | usum N^1.
4 omnis N^2 *nos* : -es N^1 *edd.* || numeros N^2 : -rus N^1 || sic N^2 *uel* N^3 : si N^1.
5 concepti sint N^3 *Erasme* : concepisset *N* || fata diuersa N^2 : fat aduersa N^1.
6 queri : quaeri *N* || difficilis N^3 : diffilis N^1 || beatosque N^3 : -tusque N^1.
7 contempsit N^2 *uel* N^3 : contepsit N^1.

des hommes et sait qu'elle a peu à craindre de l'homme et rien de Dieu; si faisant gloire de mépriser tout ce qui fait le tourment en même temps que la parure de notre vie, l'homme est parvenu à voir avec évidence que la mort n'est la source d'aucun mal et qu'elle termine un grand nombre de maux, s'il a uniquement voué son cœur à la vertu et si, où qu'elle l'invite à passer, il croit la route unie, si en sa qualité d'animal sociable, étant né pour le bien de tous il regarde le monde comme la maison commune; s'il a ouvert aux dieux le fond de son âme et en toute occasion se conduit comme s'il était en public, ayant le respect de lui-même plus encore que des autres : celui-là s'est dérobé aux tempêtes, pour s'arrêter sur la terre ferme et sous un ciel inaltérable et il possède au degré suprême le savoir utile et essentiel. Tout le reste ne sert qu'à amuser ses loisirs; l'âme peut en effet, — mais quand elle s'est retirée en lieu sûr, — se permettre aussi des fugues vers ces spéculations qui cultivent l'esprit sans le fortifier. »

II. 1 Voilà les principes que notre cher Démétrius veut que nous tenions à deux mains lorsque nous sommes en voie de progrès. Voilà ceux dont il ne faut en nulle occasion nous départir, mais qu'il faut au contraire graver en nous et identifier à notre substance, et arriver, par une méditation quotidienne, à nous rendre naturellement familiers et bienfaisants, prêts à répondre en tout lieu au premier appel de l'âme, de sorte que sans délai se présente à nous la grande distinction entre le mal et le bien. 2 Sachons qu'il n'est de mal que ce qui est malhonnête, de bien que ce qui est honnête; que cette norme nous serve à mettre de l'ordre dans les actes de notre vie; que cette maxime serve de règle à toute notre conduite et à tous nos jugements; que les plus misérables des mortels soient, à nos yeux, — pour aussi grandes que soient les riches-

mise au bas du f° 255 du *Parisinus*, fonds du suppl. grec n° 26, *chart.*, écrit en 1575). — Cf. (1, 2) *quae regunt mores* et les principes de ce traité : par ex. I, 2; 5-7; II, 31-35; IV, 3 ss.; 21; V, 2-4; VI, 2. V. *In-*

nihil; si contemptor *homo* omnium, quibus torque*e*tur uita, dum ornatur, eo perductus est, ut illi liqueat mortem nullius mali materiam esse, multorum finem; si animum uirtuti conse*c*rauit et, quacumque uocat illa, planum putat; si sociale animal et in commune genitus mundum ut unam omnium domum spectat et conscientiam suam dis aperuit semperque tamquam in publico uiuit se magis ueritus quam alios : subductus ille tempestatibus in solido ac sereno stetit || consu*m*mauitque scientiam utilem ac necessariam. Reliqua oblectamenta o*t*ii sunt; licet enim iam in tutum ret*r*acto animo ad haec quoque excurrere cultum, non robur ingeniis adferentia."

II. 1 Haec Demetrius noster utraque manu tener*e* proficientem iubet, haec nusquam d*i*mittere, immo adfi*g*ere et partem sui facere eoque cotidiana medita*ti*one perduci, ut sua sponte occurrant salutaria et ubique ac statim desiderata praesto sint et sine ulla mora ueniat illa turpis honestique distinctio. 2 Sciat nec malum esse ullum nisi turpe nec bonum nisi honestum; hac regula uitae opera distribuat; ad hanc legem et agat cuncta et exigat miserrimosque mortalium iudicet, in quantiscumque o*p*ibus refulgebunt, ue*n*tri ac libidini deditos quorumque animus inerti otio torpet. Dicat sibi ipse : "Voluptas fragilis est, breuis, fastidio obiecta, quo auidius hausta est citius in contrarium reccidens, cuius su-

7 contemptor <homo> omnium *nos* [*ut tollatur illud dicendi genus « si animus—animum uirtuti consecrauit »*] : contemptor | omnium *N edd.* || torquetur *N*² : -quitur *N*¹ || consecrauit *N*² : consegr- *N*¹ || consummauitque *N*² *uel N*³ : | consuma- *N*¹ || otii *N*² : ostii *N*¹ || retracto *N*² : retacto *N*¹.

II. **1** tenere *Erasme* : | -ri *N* || dimittere *N*² : dem- *N*¹ || adfigere *Erasme* : adfic- *N* || meditatione *N*² *uel N*³ : (|na) meditaone.

2 distribuat : *habet N ex* distrb- || opibus *N*² : obibus *N*¹ || uentri *N*² : | uetri *N*¹ || reccidens *N Gertz* [*cf. nostr. appar. ad* 6, 39, 2] : recid- *Hosius*.

ses dont l'éclat les environne, — ceux qui ne vivent que pour leur ventre et pour la débauche et dont l'âme est engourdie dans une veule inaction. Disons-nous à nous-mêmes : « La volupté est fragile, de courte durée, condamnée à la satiété, plus prompte, d'autant qu'on l'a plus avidement épuisée, à dégénérer en l'état contraire, fatalement suivie de regret ou de honte, dénuée de toute grandeur, de tout ce qui la pourrait assortir à la nature de l'être humain, proche des dieux; abjecte, ne devant qu'au fonctionnement d'organes déshonnêtes et vils son apparition, ignoble en ses résultats. **3** Voici maintenant la volupté digne de l'être humain et de l'homme de bien; ne pas emplir, ne pas mettre à l'engrais son corps et ne pas exaspérer des passions dont le sommeil est l'état le moins dangereux; mais échapper au trouble : à celui, convulsion puissante, qui naît de l'ambition des hommes en conflit, à celui, plus fort que nous parce qu'il vient de haut, où l'on est lorsqu'on s'est fié aux dires des gens sur les dieux et qu'on les a jugés d'après les vices humains. » **4** Cette volupté toujours égale, imperturbable, non sujette au dégoût d'elle-même, est ressentie par l'homme dont nous traçons l'image en ce moment et qui est versé pour ainsi dire dans la science des lois divines et humaines. Celui-là jouit du présent sans dépendre de ce qui n'est pas encore (car l'on n'a aucune solidité lorsqu'on est penché vers l'incertain). Aussi, soustrait aux grandes inquiétudes qui sont le martyre des âmes, d'une part il est sans espérance comme sans désir, d'autre part il ne s'élance pas vers un but problématique, satisfait de ce qu'il a. **5** Et pour que tu ne le croies pas satisfait de peu de chose, c'est l'univers qu'il possède, mais non dans le sens où le possédait Alexandre, à qui lorsqu'il s'arrêta sur le rivage de la mer Rouge, manquait cependant plus d'espace qu'il n'en avait franchi pour

trod. p. XXI, n. 1. — Les cyniques (1,5) écartaient comme inutiles τὰ ἐγκύκλια μαθήματα (Diog. Laert. VI, 103). — Sur les *numeri* et les *nexus* de la lutte (1,4), voir Quint. *Inst. or.* II, 8, 13; X, 1, 4; XII, 2, 12; Fougères, *Vie publ. et privée des Grecs et des Romains* 366, 380,

binde necesse est aut paeniteat aut pudeat, in qua nihil est magnificum aut quod naturam hominis dis proximi || deceat; humilis, membrorum turpium aut *u*ilium ministeri*o* ueniens, exitu foeda. **3** Illa est uoluptas et homine et uiro digna non inplere corpus nec saginare nec cupiditates inritare, quarum tutissima est quies, sed perturbatione carere et ea, quam hominum inter se rixantium ambitus concutit, et ea, quae into*l*erabilis ex alto uenit, ubi de dis fam*ae* creditum est uitiisque illos nostris aestimauimus."
4 Hanc uoluptatem aequalem, intrepidam, numquam sensuram sui taedium percipit hic, quem deformamus quom maxime, ut ita dicam, diuini iuris a*t*que humani peritus. Hic praesentibus gaudet, ex futuro non pendet; ni*h*il enim firmi habet, qui *in* incerta propensus est. Magnis itaque curis exemptus et distorquentibus mentem et nihil sperat aut cupit nec se mittit in dubium su*o* contentus. **5** Et, ne illum existimes paruo esse contentum, omnia illius sunt, non sic, quemadmodum Alexandri fuerunt, cui, quamquam in litore rubri maris steterat, plus deerat, quam qua uenerat. Illius ne ea quidem erant, quae tenebat aut uicerat, cum in oceano Onesicritus praemissus explorator erraret et bella in ignoto mari || quaereret. **6** Non satis apparebat inopem esse, qui extra naturae terminos arma proferret, qui se in profundum inexploratum et inmensum auiditate caeca prosus immitteret? Quid interest, quo*t* eripuerit reg-

2 humilis *N nos* : res humilis N^2 *edd. praeeunte Erasmo* || uilium N^2 uel N^3 : bil- *N* || ministerio N^2 : -riu N^1.

3 concutit *N Erasme Hosius* : concitat *Gruter Gertz* || intolerabilis N^2 : intoll- N^1 || famae N^2 : -me N^1.

4 atque N^2 *uel* N^3 : adq- N^1 || in incerta N^2 : (|qui) incerta N^1 || et nihil — nec se mittit *N nos* [*cf.* et non — et non *cum emphasi ad Pol. de cons.* 17, 2] : nihil — nec se mittit *edd. praeeunte Erasmo* || suo N^2 : suum N^1.

5 Et ne *SV Wesenberg* : Ne et (illum|) *N* Nec *Erasme.*

6 auiditate N^2 : auiditate aui|ditate N^1.

venir là. Celui-là ne possédait même pas les pays qu'il occupait ou qu'il avait soumis, quand sur l'Océan, Onésicrite, envoyé de l'avant en éclaireur, allait à l'aventure, en quête de nouvelles guerres à travers l'inconnu des mers. **6** N'était-il pas bien évident qu'il était pauvre celui qui sortait des limites de la nature pour porter ses armes plus loin, et qui, vers un abîme inexploré et sans bornes, mu par une aveugle convoitise, allait de l'avant à toute bride? Qu'importe le nombre des couronnes qu'il a volées, le nombre de celles qu'il a données, l'étendue de terres qu'il écrase de son tribut? Il lui manque tout ce qu'il convoite.

III. **1** Et ce ne fut point le mal du seul Alexandre, qui suivait les traces de Liber et d'Hercule, poussé par une heureuse témérité; mais celui de tous les hommes dont la Fortune n'a fait qu'exaspérer la faim en les comblant. Cyrus, Cambyse... passe en revue toute la lignée des rois de Perse : y a-t-il exemple que l'impérialisme rassasié ait appris la mesure, que l'homme n'ait point fini de vivre en rêvant d'aller plus avant? Et ce n'est pas étonnant : tout ce que la convoitise peut atteindre disparaît englouti, et la quantité de choses que l'on jette les unes par-dessus les autres dans un gouffre n'importe pas, lorsqu'il est sans fond. **2** Le sage est le seul qui possède toutes choses sans avoir de peine à les conserver; il n'a pas à envoyer par-delà les mers ses lieutenants ni à établir son camp sur la rive ennemie; il n'a pas à répartir de garnisons sur les points faibles de sa ligne de défense; il n'a pas besoin d'une légion, ni d'escadrons de cavalerie! Comme les dieux immortels gouvernent leur royaume sans force armée et défendent leurs possessions du haut d'un poste élevé et tranquille, ainsi il vaque, lui, à ses devoirs, si étendus soient-ils, sans alarme; et tout le genre humain, où nul n'égale sa puissance et sa vertu,

383; Dugas, *La céramique grecque*, p. 105, fig. 67. — Le flux et le reflux (1,5) s'expliquent d'après Sénèque (*De Prou.* I, 4) par l'action de la lune; sur la mystérieuse influence de « chaque septième année », voir Varron *ap.* Gell. III, 10, 9; 10; 12; Censorin., *De Die nat.*, 14 (d'après Hippocrate, le péripatéticien Staséas et Varron). — Sur les

na, quo*t* dederit, quantum terrarum tributo premat? tantum illi deest, quantum cupit.

III. **1** Nec hoc Alexandri tantum uitium fuit, quem per Liberi Herculisque uestigia felix temeritas egit, sed omnium, quos fortuna inritauit inplendo. C*y*rum et Camb*y*sen et totum regni Persic*i* stemma percense : quem inuenies, cui modum imperii satietas fecerit, qui non uitam in aliqua ulterius procedendi cogitatione finierit? Nec id mirum est : quidquid cupiditati contingit, penitus *h*auritur et condit*ur*, nec interest, quantum eo, quod inexplebile est, congeras. **2** Vnus est sapiens, cuius omnia sunt nec ex difficili tuenda; non habet mittendos trans maria legatos nec met*a*nda in ripis hostilibus castra, non opportunis castellis disponenda praesidia; non opus est legione nec equestribus turmis. Quemadmodum dii immortales regnum inermes regunt et illis rerum suarum ex edito tranquilloque tutela est || ita hic officia sua, quamuis latissime pateant, sine tumultu obit et omne humanum genus potentissimus eius optimusque infra se uidet. **3** Derideas licet : ingentis spiritus res est, cum Orientem Occidentemque lustraueris animo, quo etiam remota et solitudinibus interclusa penetrantur, cum tot animalia, tantam copiam rerum, quas natura beatissime fundit, aspexeris, emittere hanc d*e*i uocem : " Haec omnia mea sunt! " Sic fit, ut nihil cupiat, quia nihil est extra omnia.

6 quot — quot N^2 : quod — quod N^1.

III. **1** Cyrum N^2 *uel* N^1 *se ipse corrigens* : | cirum N^1 || Cambysen : cambi- *N* || persici N^2 : -cis | N^1 || hauritur N^2 : aur- N^1 || conditur N^2 : -tor N^1.

2 metanda *GV* : -tenda *N* || immortales : *habet N ex* -lis.

3 dei *Erasme* : diei *N*.

lui apparaît à ses pieds. **3** Tu peux en rire tant que tu voudras : il y a un sublime orgueil quand l'Orient et l'Occident ont été parcourus par la pensée, — à qui même les parages reculés et ceux dont les déserts barrent l'accès s'ouvrent jusqu'au fond, — lorsque tant d'êtres vivants, toute cette abondance de biens que la nature épanche avec la plus large magnificence s'offrent à la vue, — à pousser ce cri, le cri de Dieu : « Tout cela est à moi! » De là vient qu'il ne désire rien; car en dehors de tout il n'y a rien!

Peut-on donner au sage, si tout lui appartient? à l'ami, si tout est commun aux amis?

IV. **1** « Voilà précisément, dis-tu, ce que je voulais! Je te tiens! Je veux voir comment tu te dégageras du panneau dans lequel tu as donné spontanément. Dis-moi, comment peut-on faire un présent au sage, si tout lui appartient[1]? Car même la chose dont on lui fait don est à lui. Et ainsi la bienfaisance envers le sage est impossible, puisque tout ce qu'on lui donne est pris sur son bien. Or vous dites qu'on peut donner au sage. — Et la même question, sache-le bien, je la pose encore, au sujet des amis : vous dites qu'entre eux tout est commun, donc nul ne saurait faire le moindre don à un ami; car ce qu'il donne fait partie de la communauté. »

2 Rien n'empêche qu'une chose appartienne au sage et en même temps au propriétaire, à qui elle a été attribuée et dévolue. Selon le droit politique, tout appartient au roi et pourtant ces biens dont le roi possède l'universalité se trouvent répartis à titre individuel entre des propriétaires, et chaque chose a son posses-

illusions d'optique (1,5), cf. Sen. *De Const. sap.* 1, 2 et *Nat. Q.*, I, 3, 9 *columnarum interualla porticus longior iungit.* — Sur la naissance simultanée, les destins opposés, la conception distincte des jumeaux, voir Cic. *De Diuin.* II, 90 *fortunam plerumque disparem,* 95 *uno et eodem temporis puncto nati dissimilis et naturas et uitas et casus habent;* Hippocr. 248, 12, 21 et 33. — Sur l'abîme où « se cache la vérité », cf. Sen. *Nat. Q.*, VII, 32, 4 *uix ad fundum ueniretur in quo ueritas posita est;* Lyd. *De Mens.*, cap. 68, 9 τὸ δ' ἀτρεκὲς ἐν βάθει ἐστί (Gercke).

IV. **1** "Hoc ipsum" inquis "uolu*i*! teneo te! uolo uidere, quomodo ex his laqueis, in quos tua sponte decidisti, expliceris. Dic mihi : quemadmodum potest aliquis donare sapienti, si omnia sapienti*s* sunt? nam id quoque, quod illi donat, ipsius est. Itaque non potest beneficium dari sapienti, cui quidquid datur de suo datur. A*t*qui dicitis sapienti posse donari. Idem autem me scito et de amicis interrogare: omnia dicitis illis esse communia; ergo nemo quicquam donare amico potest; donat enim illi communia."

2 Nihil prohibet aliquid et sapientis esse *et* etiam eius, qui possidet, cui datum et adsignatum est. Iure ciuili omnia regis sunt, et tamen illa, quorum ad regem pertinet uniuersa possessio, in singulos dominos d*i*scripta sunt, et unaquaeque res habet possessorem suum; itaque dare regi et || domum et mancipium et pecuniam possumus nec donare illi de suo di*ci*mur; ad regem enim potestas omnium pertinet, ad singulos proprietates. **3** Fines Atheniensium aut Campanorum uocamus, quos deinde inter se uicini priuata terminatione distinguunt; et totus ager *h*aut ullius, rei publicae est; pars deinde suo domino quaeque censetur; ideoque donare agros nostros rei publicae possumus, quamuis illius esse dicantur,

IV. **1** uolui N^2 : | uoluit *N* || sapientis N^2 : -ti N^1.

2 <et> etiam *V Hosius* : etiam *N* et tamen *Gertz* et iam *Buck* || dominos : dns *supra posita uirgula* || discripta *Gertz* : descr- *N* || et tamen — descripta sunt : *bis habet N* || dicimur N^2 : dimur N^1.

3 haut ullius, reip. *nos* [*id est* « *sed reip.* » *cf. talem ellipsin ap. Liu.* 22, 27, 9 « *nec se—dies imperii cum eo, exercitum diuisurum* » *Val. Max.* 7, 3, 7 « *Fabius Maximus cuius non dimicare, uincere fuit* » *Sen.* 7, 12, 4 « *habeo—locum, non ut —, in hoc tantum ut* »] : aut ullius reip. *N* [*cf. rursus infra* 10, 2 haut N^1 *pro* aut] illius aut huius reip. *V* aut huius aut illius reip. [*cf. de otio* 4, 1] *Rossbach in Berl. phil. woch.* 1907 *p.* 1486 ante unius *Madvig* utique ullius *Hosius* aut saltus *idem dubitanter*.

4 domini : dni *N*.

seur; c'est pourquoi donner au roi une maison, un esclave, de l'argent est possible sans que l'on dise que nous lui faisons cadeau de son bien; car le roi a pouvoir sur tout, les individus ont la propriété des divers biens. **3** Nous parlons du « territoire des Athéniens » ou « des Campaniens », mais il est subdivisé entre voisins et, à l'aide de bornes individuelles, délimité. Et de même la totalité de l'*ager* n'est à personne, elle est à l'Etat; puis chaque lot est attribué à un maître particulier dans la liste du recensement; et voilà pourquoi une donation de nos terres à l'Etat est possible, — pour autant que l'on dise qu'elles lui appartiennent, — parce que le mode selon lequel elles lui appartiennent diffère du mode selon lequel elles sont à moi. **4** Y a-t-il le moindre doute que l'esclave et son pécule soient au maître? Il peut cependant faire à son maître un cadeau. Il ne s'ensuit pas en effet que l'esclave n'ait rien parce qu'il n'aura rien si son maître le veut ainsi; et il ne laisse pas d'y avoir cadeau — en cas de don volontaire — de sa part, parce que cela aurait pu lui être pris, même contre sa volonté.

5 Comment établir mon principe, je ne m'en occuperai pas (maintenant il est reconnu entre nous que toutes choses appartiennent au sage[1]; c'est le point en question qu'il faut établir par raison : comment reste-t-il matière à générosité envers un homme à qui, — nous l'avons accordé, — toutes choses appartiennent? **6** Tout appartient au père dans le bien dont dispose le fils; qui ne sait pourtant qu'il y a des dons même de fils à père? Tout appartient aux dieux; cependant même pour les dieux, nous déposons des offrandes et nous versons notre obole. Ce que j'ai ne laisse pas d'être à moi si ce que j'ai t'appartient; il est possible en effet que la même chose soit et à moi et à toi.

7 « Celui, dit-on, à qui appartiennent les prostituées est le « marchand de femmes »; or tout appartient au

(1) Cf. Diogène (Diog. Laert. VI, 72) et les stoïciens (Cic. *Ac.* II, 136, *De Fin.* IV, 74). L'objection faite ici à Sénèque et sa réponse rappellent l'entretien d'Aristippe et de Denys (Diog. Laert, II, 82). — Sur la communauté des biens entre les amis (4, 1), cf. Aristot. *Eth.* VIII, 1168 b 2, Diog. Laert., VI, 72, Plat. II, 342, 9; 66, 5 (Didot)...

quia aliter illius sunt, aliter mei. **4** Numquid dubium est, quin seruus cum peculio domini sit? dat tamen domino suo munus. Non enim *i*deo nihil habet seruus, quia non est habiturus, si dominus illum habere noluerit; nec ideo non est munus, cum uolens dedit, quia potuit eripi, etiam si noluisset.

5 Quemadmodum probemus *hoc*, mi*ttam*, nunc enim omnia sapientis esse inter duos conuenit; illud, quod quaeritur, colligendum est, quomodo liberalitatis materia aduersus eum supersit, cuius uniuersa esse concessimus. **6** Omnia patris sunt, quae in liberorum manu sunt; quis tamen nescit donare aliquid et filium patri? Omnia d*e*orum sunt; tamen et dis et donum posuimus et stipem iecimus. Non ideo, quod habeo, meum non est, si meum tuum est; potest || enim idem meum esse et tuum.

7 "Is" inqui*t*, "cuius prostitutae sunt, leno est; omnia autem sapientis sunt; inter omnia et prostitutae sunt; ergo prostitutae sapientis sunt. L*e*no autem est, cuius prostitutae sunt; ergo sapiens leno est." **8** Sic illum uetant emere; dicunt enim : "Nemo rem suam emit; omnia autem sapientis sunt; ergo sapiens ni*h*il emit." Sic *u*etant mutuum sumere, quia nemo usuram pro pecuni*a* sua pendat. Innumerabilia sunt, per quae cauillantur, cum pulcherrime,

4 domino : dno *supra posita uirgula N* || ideo *GV Erasme* : adeo *N* || dominus : dns *N.*

5 hoc mittam *nos* : | omnia *N* [*fort. ex* ocmia (m) *per litterarum* it *hispanicum conpendium, quae in hoc uersus loco in hunc modum deprauata esse non mirum est, cum* omnia *uerbum hic haud semel scribenti occurreret*] omnia sapientis esse uidebimus (nunc enim inter nos) *Madvig* omnia sapientis esse (nunc iam inter) *Haeberlin* omnia sapientis esse nunc non curo (nunc enim inter duos) *dubitanter in apparatu Hosius, omnes, ut uid., parum ad N apte.*

6 deorum *N*[2] : dorum *N*[1] || et donum *N nos* [cf. « et stipem » *uerba his respondentia*] : donum *N*[2] *edd.*

7 inquit *N*[2] : id *N*[1] || leno autem : laeno|autem *N.*

8 nihil : nichil *ut uid. N* || Sic uetant *N*[2] : sicu* etant [t *eras.*] *N*[1] || pecunia : pecunia* | [m *eras.*] *N.*

sage; dans ce « tout », il y a aussi les prostituées; donc les prostituées appartiennent au sage. Mais « le marchand de femmes » est celui à qui appartiennent les prostituées; donc le sage est « marchand de femmes ». 8 De même, on lui interdit d'acheter; on dit en effet : « Nul n'achète un objet qui est à lui; or toutes choses appartiennent au sage; donc le sage n'achète rien. » De même, on lui interdit d'emprunter, sous prétexte que personne ne paie les intérêts de son propre argent. Il est impossible de dénombrer tous les sophismes qu'on emploie à nous chicaner, quoiqu'on entende à merveille ce que nous voulons dire. V. 1 En effet, quand je dis que tout est au sage, j'entends que chacun n'en garde pas moins sur ses biens son droit de propriétaire (de même que, sous le monarque idéal, tout est possession du monarque en tant que souverain et des individus en tant que propriétaires). Le moment viendra de prouver ce principe; en attendant, il suffit, pour le problème qui nous occupe, qu'un bien qui appartient à des titres différents au sage et à moi, j'en puisse faire don au sage. 2 Et ce n'est pas merveille qu'on puisse faire un don à celui à qui le tout appartient. J'ai loué ta maison; en celle-ci quelque chose est à moi : l'édifice t'appartient, l'usage de ton édifice m'appartient. De là vient que tu ne toucheras pas, si ton fermier s'y oppose, aux fruits, même nés dans ta propriété (et en cas de cherté de vivres ou de famine, « en vain regarderas-tu la belle récolte amassée pour autrui », quoique née dans ton domaine, sise en ton domaine et destinée à des greniers qui t'appartiennent); 3 que dans le fonds à moi loué, tout propriétaire que tu es, tu ne pénétreras pas; que ton esclave, s'il est à ma solde, ne me quittera pas pour te suivre, et que, m'ayant loué ta voiture, tu recevras un véritable bienfait si je t'autorise à monter dans ton véhicule! Tu vois qu'il est possible qu'en recevant son propre bien on reçoive un présent.

VI. 1 Dans tous ces exemples que je viens de citer, il y a deux maîtres pour la même chose. Comment cela?

quid a nobis dic*a*tur, intellegant. V. 1 Enim sic omnia sapientis esse dico, ut nihilo minus proprium quisque in rebus suis dominium habeat, quemadmodum sub optimo rege omnia rex imperio possidet, singuli dominio. Tempus istius probandae rei ueniet; interim hoc huic quaestioni sat est, me id, quod aliter sapientis est, aliter meum est, posse donare sapienti. 2 Nec mirum est aliquid ei, cuius est totum, posse donar*i*. Conduxi domum a te; in hac aliquid tuum est, aliquid meum : res tua est, usus rei tuae meus est. Itaque || nec fructus tanges colono tuo prohibente, quamuis in tua possessione nascantur, et, si annona carior fuerit aut fames, “heu! frustra magnum alterius spectabis aceruum” in tuo natum, in tuo po*s*itum, in horrera iturum tua; 3 nec conductum meum, quamquam sis dominus, intrabis nec seruum tuum, mercennarium meum, abduces et, cum a te raedam conduxero, beneficium accipies, si tibi in uehiculo tuo sedere permisero. Vides ergo posse fieri, ut aliquis accipiendo, quod suum est, munus accipiat.

VI. 1 In omnibus istis, quae modo rettul*i*, uterque eiusdem rei dominus est. Quo modo? quia alter rei dominus est, alter usus. Libros dicimus esse *C*i*ce*ronis; eosdem Dorus librarius suos uocat, et utrumque uerum est : alter illos tamquam auctor sibi, alter tamquam emptor adserit; a*c* recte utriusque dicuntur esse, utriusque enim sunt, sed non eodem modo.

8 dicatur *G* : -antur *N*.
V. 1 Enim [*cf. de uit. beat.* 17, 4] *W. A. Baehrens Beiträge zur lat. Synt. Philol. suppl.* 1912, p. 235 : enim | *N* etenim *G edd.*

2 donari *V* : re *N* || heu—aceruum *Verg. georg.* 1,158 || positum : possi- *N*.

VI. 1 rettuli N^2 : ret|tulit N^1 || Ciceronis N^2 *uel* N^3 : cironis N^1 || ac *Pincianus ex « ueteribus codicibus » Hosius* : ad *N*.

C'est que l'un possède la chose elle-même, l'autre l'usufruit. Nous disons : « des volumes de Cicéron » là où Dorus, son libraire, dit « mes volumes ». Dans les deux cas, l'expression est exacte : l'un les revendique comme auteur, l'autre comme acquéreur; et l'on a raison de dire qu'ils sont à tous les deux, car ils sont bien à tous les deux, mais non de la même manière. De même il est possible que Tite-Live reçoive ou achète de Dorus ses propres ouvrages. **2** Je puis faire don au sage de ce qui est ma propriété personnelle, bien que tout soit à lui; car, puisque, à l'instar des souverains, il possède toutes choses (par l'intuition qu'il en a) et que, d'autre part, la propriété des biens particuliers est répartie entre des individus, recevoir et devoir un présent, acheter et louer n'est pas pour lui chose impossible. **3** César possède tout, mais son trésor ne contient que sa fortune privée et personnelle, et ainsi l'universalité [1] des biens est comprises dans son empire, ses biens propres dans son patrimoine. Le départ entre ce qui est à lui et ce qui ne l'est pas est une question dont l'étude ne fait point de tort à son empire. Car cela même qu'on lui dénie juridiquement comme n'étant pas à lui, à un autre point de vue est à lui. Ainsi le sage possède en son esprit l'universalité des choses, en droit et à titre de propriété ses biens à lui.

VII. **1** Bion a des arguments pour démontrer tantôt que tout le monde est sacrilège, tantôt que personne ne l'est. Lorsqu'il veut précipiter tout le monde du haut de la Roche, il dit : « Quiconque a enlevé ou détruit ou même fait servir à son usage ce qui appartient aux dieux est sacrilège; or tout appartient aux dieux; donc enlever quelque chose, c'est toujours enlever ce qui est aux dieux, maîtres de tout; donc enlever quelque chose, c'est toujours être sacrilège. » **2** Après cela, lorsqu'il veut qu'on force les temples et que l'on pille impunément le Capitole, il prétend qu'il n'y a point d'homme sacrilège parce que tout objet

(1) Sur *uniuersa*, cf. 4, 2 et 5, 1. — *Fiscus* est évidemment synonyme, ici, de *patrimonium*. Ces mots peuvent caractériser l'état des choses sous Néron, mais non sous Auguste (Hirschfeld, *Kaiserl. Verwaltung-Beamten* 1905, p. 11). — Bion du Borysthène (7, 1) :

Sic potest Titus Li*u*ius a Doro acc*i*pere aut emere libros suos. **2** Possum donare sapienti, quod uiritim meum est, licet illius s*i*nt omnia; nam cum regio more cuncta conscientia possideat, singularum autem rerum in unumquemque proprietas sit sparsa, et acc*i*pere munus et debere et emere et conducere potest. Caesar omnia habet, fiscus eius priuata tantum ac sua; et uniuersa in inperio eius sunt, in patrimonio propria. Quid eius sit || quid non sit, sine d*e*minutione imperii quaeritur; nam id quoque, quod tamquam alienum abiudicatur, aliter illius est. Sic sapiens animo uniuersa possidet, iure ac dominio sua.

VII. **1** Bion modo omnes sa*c*rilegos esse argumentis colligit, modo neminem. Cum omnis de saxo deiecturus est, dicit : " Quisquis id, quod deorum est, sustulit et consumpsit a*t*que in usum suum uertit, sa*c*rilegus est; omnia autem deorum sunt; quod quisque ergo tollit, deorum tollit, quorum omnia sunt; ergo, quisquis tollit aliquid, sa*c*rilegus est. " **2** Deinde, cum *ec*fringi templa et expilari imp*u*ne Capitolium iubet, dic*i*t nullum sa*c*rilegum esse, quia, quidquid sublatum est, ex eo loco, qui *d*eorum erat, in eum transfertur locum, qui deorum est. **3** Hic respond*e*tur omnia quidem deorum esse, sed non omnia

1 Liuius : libius *N* || accipere *N*² : accep- *N*¹.

2 sint *Erasme edd.* : sunt *N* || accipere : accep- *N* || deminutione *Gertz* : dim- *N Hosius.*

VII. **1** Bion : *cuius uerba uide ap. Teletem* [*in Teletis relliquiis* 2ª *ed. O. Hense, Tubinge,* 1899] *p. LXXV* || sacrilegos *N*² : sagr- *N*¹ || omnis *N nos* -es *N*² *edd.* || atque : adq- || sacrilegus *N*² : sagr- *N*¹ || sacrilegus *N*² : sagr- *N*¹.

2 ecfringi *nos* : (deinde cum) frin|gi *N* [*fort. ex* (deind)e c ecfr- *uirgula* c *litterae priori parum enucleate superposita in archetypo nec a scriba animaduersa*] effringi *N*² *edd.* || impune *N*² : impone *N*¹ || dicit *N*² : dicet *N*¹ || sacrilegum *N*² : sagr- *N*¹ || deorum *N*² : | eorum *N*¹.

3 respondetur : -di|tur *N*.

enlevé ne fait que passer de l'endroit qui était aux dieux à l'endroit... qui est aux dieux aussi! 3 Ici l'on répond que tout sans doute est aux dieux, mais que tout ne leur est pas dédié; et que, si nous sommes en présence d'un acte sacrilège, c'est à propos d'objets assignés par la religion à la divinité; qu'ainsi, premièrement, le monde entier est le temple des dieux immortels (le seul en vérité qui convienne à leur grandeur et à leur magnificence); et pourtant le « profane » se distingue du « sacré »; deuxièmement, que toute action n'est pas permise dans le coin secret appelé *fanum*, qui, sous le ciel et sous le regard des étoiles, est permise. D'injure, le sacrilège n'en peut, en vérité, faire à Dieu, que sa nature divine a mis hors de toute atteinte; mais il est puni pour avoir visé Dieu dans cette action : c'est notre opinion et même la sienne qui l'obligent à réparation. 4 Donc comme on juge sacrilège celui qui vole un objet sacré, lors même que chaque fois le lieu où est passé le fruit du larcin est compris dans les limites de l'univers, ainsi, même au sage on peut faire un larcin; ce sera prendre en effet non sur son universel domaine, mais sur le domaine qui est enregistré à son nom et qui est expressément à son service personnel. 5 De ces deux sortes de possessions, il n'avouera pour sienne que la première, de l'autre il ne voudra point si elle est à sa portée, et il s'écriera, comme le général romain à qui, pour prix de son courage et de sa brillante gestion des intérêts publics, on décernait tout l'espace dont il pourrait faire le tour avec sa charrue en une journée : Vous n'avez pas besoin, dit-il à ses compatriotes, d'un citoyen qui a plus de besoins qu'un simple citoyen. » Combien plus de hauteur d'âme, à ton avis, n'y a-t-il pas dans le refus dédaigneux opposé à un tel cadeau que dans le fait de l'avoir mérité? Effectivement beaucoup d'hommes empiètent sur les limites d'autrui, nul ne s'en fixe à lui-même.

disciple de Théophraste, puis de l'école cyrénaïque, enfin cynique (vers 300 av. J.-C.). Comme satirique, il fut le modèle de Lucien. — Entendons (VII, 7, 1) la Roche Tarpéienne. — Le général (7, 5) est Curius Dentatus.

dis dedicata; in iis ob*u*er*s*ari sa*c*rilegium, quae religio numini adscripsit. Sic et totum mundum deorum esse immortalium templum, solum quidem amplitudine illorum ac magnificentia dignum : tamen a sa*c*ris profana discerni; et non omnia || licere in angulo, cui fani nomen impositum est, quae sub caelo et conspectu *s*iderum licent. Iniuriam sa*c*rilegus deo quidem non potest facere, quem extra ictum sua diuinitas posuit, sed punitur, quia tamquam deo fecit : opinio illum nostra ac sua obligat poenae. **4** Quomodo ergo sacrilegus uidetur, qui aliquid aufert sacri etiam si, quocumque transtulit, quod subripuerat, intra terminos mundi est, sic et sapienti furtum potest fieri; auferetur enim illi non ex iis, quae uniuersa habet, sed ex iis, quibus dominus inscriptus e*s*t, quae uiritim ei seruiunt. **5** Illam alteram posse*s*sionem agnoscet, hanc nolet habere, si poterit, emitt*e*tque illam uocem, quam Romanus imperator emisit, cum illi ob uirtutem et bene gesta*m* rem p. tantum agri decern*er*etur, quantum arando uno die circumire potuisset : "Non opus est" inquit *ciui*bus "uobis eo ciue, cui plus opus sit quam uni ciui." Quanto maioris uiri putas respuisse hoc munus quam meruisse! Multi enim fines aliis abstulerunt, sibi nemo constituit.

VIII. **1** Ergo cum animum sapi||entis intuemur potentem omnium et per uniuersa dimissum, omnia

3 obuersari *nos* : obseruari | *N edd. parum ut uidetur latine* || sacris N^2 : sagris N^1 || discerni et *N* [*addito supra* et] *nos* : discerni *edd.* [*quia, ut uidetur, « et non » uerba improbant, sed cf. hunc apparatum ad 7, 2, 4*] || conspectu siderum N^2 : conspectus | terum N^1 || sacrilegus : sagr- *N* || deo : do | *supra posita uirgula, quod est ipsius* deo *uerbi conpendium N* || deo : do *supra pos. uirgula N.*

4 dominus : dns *supra posita uirgula N* || inscriptus est N^2 : inscriptus | et *N.*

5 possessionem : possessessionem *N* || emittetque : emittit|que *N* || gestam : gesta *N* || decerneretur N^2 : -netur N^1 || inquit <ciui>bus *nos* : inquibus *N* -quit N^2 *edd.*

VIII. 1 Donc, quand nous considérons l'âme du sage en tant qu'elle a pouvoir sur toutes choses et rayonne à travers tout l'univers, nous disons que tout est à lui; quand nous considérons notre droit quotidien, il sera, le cas échéant, soumis au cens individuel.

Il est bien différent d'évaluer son domaine d'après son âme et l'étendue de son âme, ou d'après la liste du cens. 2 L'idée d' « avoir toutes choses », comme tu le dis, ne fera que le révolter. Je ne te rappellerai point Socrate, Chrysippe, Zénon, et les autres, grandes figures en vérité, — en vérité d'autant plus grandes que l'envie ne se dresse pas à l'encontre des gloires du passé. Tantôt je citais Démétrius (qu'à mon avis la nature a fait naître à notre époque pour montrer qu'il ne pouvait pas plus être corrompu par nous que nous ne pouvions être corrigés par lui, homme rigoureusement parfait en sa sagesse, quoiqu'il le nie tout le premier; d'une logique inflexible en sa ligne de conduite; d'une éloquence adéquate aux plus mâles pensées, sans ornement, sans recherche laborieuse d'expression, mais qui poursuit d'une fierté superbe, au hasard d'une fougueuse inspiration, l'exposition d'idées personnelles. 3 Si à cet homme la Providence a donné pareilles mœurs et pareil talent, c'est afin qu'il ne manquât à notre génération ni un modèle ni de rudes leçons). Démétrius, si nos biens lui étaient offerts par quelque dieu en toute propriété, mais à la condition formelle qu'il n'en pût faire don, saurait, je l'affirme, les répudier et dire : IX. 1 « Non, moi je ne m'enchaîne pas à pareil fardeau, dont je ne saurais me débarrasser, et ne laisse point enfoncer dans le bourbier profond des richesses mon être dégagé de tout. Pourquoi me gratifier des maux du monde entier, — que je n'accepterais pas même pour les donner, car je vois bien des choses dont il ne me siérait point de faire largesse. Je veux mettre sous mes yeux ce qui éblouit les nations et les rois; je veux, je veux regarder tout ce que vous achetez de votre sang et de votre vie. 2 Commence par placer devant moi les trophées du luxe, soit que tu veuilles les étaler en série,

illius esse dicimus, cum ad hoc ius cotidianum, si ita res tulerit, capite censebitur.

Multum interest, possessio eius animo ac magnitudine aestimetur an censu. **2** Haec uniuersa habere, de quibus loqueris, abominabitur. Non referam tibi Socra*t*en, Chr*y*sippum, Zenonem et ceteros magnos quidem uiros, maiores quidem, quia in laudem uetustorum inuidia non obstat. Paulo ante Demetrium ret*t*ul*i*, quem mihi uidetur rerum natura nostris tulisse temporibus, ut ostenderet nec illum a nobis corrumpi nec nos ab illo corri*g*i posse, uirum exactae, licet neget ipse, sapientiae firm*a*eque in iis, qu*a*e proposuit, constantiae, eloquentiae uero eius, quae res fortissimas deceat, non concinnatae nec in uerba sollicitae, sed ingenti animo, pro*ut* impetus tulit, res suas prosequentis. **3** Huic non dubito quin prouidentia et talem uitam et talem dicendi facultatem dederit, ne aut exemplum saeculo nostro aut conui*c*ium deesset. Demetrio si res nostras aliquis deorum possidendas uelit tra||dere sub lege certa, ne liceat donare, adfirmauerim repudiaturum dicturum*q*ue : IX. **1** " Ego uero me ad istud inextricabile pondus non alligo nec in al*t*am fa*e*cem rerum hunc expeditum hominem demitto. Quid ad me defers populorum omnium mala? quae ne daturus quidem acc*i*perem, quoniam multa uideo, quae me donare non deceat. Volo sub conspectu meo ponere, quae gentium oculos regumque praestringunt; uolo, uolo intueri pr*etia* sanguinis animarumque uestrarum. **2** Prima

VIII. **2** Socraten N^2 : -then N^1 || Chrysippum : chri- *N* || rettuli N^2 : retulit N^1 || corrigi *Gruter* : -ipi *N Hosius* || firmaeque—quae : firmeque—que *N* || prout impetus N^2 : pro | impetus N^1.

3 conuicium N^2 : -itium N^1 || dicturumque *Erasme* : -rumue *N*.

IX. **1** altam *Gruter* : aliam *N* || faecem : fac- N^1 fec- N^2 || acciperem N^2 : accep- N^1 || uolo uolo N^1 *nos* : uolo N^2 *edd.* || pretia sanguinis N^2 : praetias | sanguinis N^1.

soit que tu veuilles, ce qui est préférable, les jeter en un monceau. Je vois, ouvrée en minutieuse marqueterie, l'écaille de la tortue et les coquilles des bêtes les plus hideuses et les plus paresseuses achetées à d'énormes prix; et cette bigarrure elle-même, qui en fait le charme, est transformée — par la substitution de couleurs artificielles — en une teinte imitée de la nature! Je vois là des tables et un bois estimé au revenu d'un sénateur, d'autant plus prisé que l'on compte plus de nœuds, effet d'une disgrâce naturelle, en son aspect tourmenté [1]. **3** Je vois là des objets de cristal dont la fragilité même attise la surenchère; car toujours le plaisir que fait une chose s'accroît, pour l'ignorant, précisément du risque qui le devrait éloigner. Je vois des vases à boire murrhins; il va de soi que le luxe ne coûtera pas assez, si l'on ne se penche bouche fendue sur des gemmes tenant jusqu'à trois setiers — pour en vomir autant! **4** Je vois des perles acquises à raison de plus d'une pour chaque oreille (à présent en effet les oreilles sont entraînées à porter fardeau); on en forme des paires, et, par-dessus chaque paire, on en met une autre; la folie des femmes n'avait pas suffisamment surpassé celle des maris, il fallait encore que deux et même trois patrimoines fussent suspendus à chacune de leurs oreilles! **5** Je vois des vêtements en soie, s'il faut appeler vêtements des tissus où il n'y a aucun abri possible pour le corps ou seulement pour la pudeur; devant lesquels nous aurons des doutes, si celle qui les a mis nous jure qu'elle n'est pas nue. Voilà ce que, pour des sommes fabuleuses, on fait venir de pays inconnus même au commerce, afin que les dames de chez nous ne montrent de leur personne, à leurs amants eux-mêmes, rien de plus au boudoir qu'en public. X. **1** A

(1) Sur les meubles en bois de citronnier ou semés d' « yeux de paon », voir notre Introd., p. XXII, n. 2; Plin, 13, 96; Mart. 14, 85. Leur vogue fut telle que les ouvriers qui travaillaient ce bois (Girard, textes p. 778) formèrent avec ceux qui travaillaient l'ivoire de véritables corporations. Sur les vases cristallins, précieux parce que fragiles (§ 3), cf. Plin. 33, 5; 37, 23-29. Les murrhins étaient peut-être en « spath fluor ». Introduits d'Orient à Rome par Pompée, ils étaient tellement prisés que sous Néron les fragments de l'un d'eux étaient conservés dans un tombeau, comme s'il se fût agi des

mihi lux*u*riae spolia propone, siue illa uis per ordinem expandere siue, ut est melius, in unum aceruum dare. Video laboratam scrupulosa distinctione testudinem et foedissimorum pigerrimorumque animalium testas ingentibus pretiis emptas, in quibus ipsa illa, quae placet, uarietas subditis medicamentis in similitudinem ueri colorat*u*r. Video istic mensas et aestimatum lignum senatori*o* cens*u*, eo pretiosius, quo illud in plures nodos arboris infelicitas torsit. **3** Video istic cr*y*stallina, quorum accendit et fragilitas pretium; omnium enim rerum uoluptas aput inperitos ipso, quo fugari debet, periculo crescit. Video murrea pocula; parum scilicet lux*u*ria magno fueri*t*, nisi, quod uomant, capacibus gemmis in tr*es* *sextarios* proni in*h*iau*er*e. **4** Video uniones non singulos singulis auribus conparatos; || iam enim exercitatae aures oneri ferundo sunt; iunguntur inter se et insuper alii binis superponuntur; non satis muliebris insania uiros superiecerat, nisi bina ac terna patrimonia auribus singulis pependissent. **5** Video sericas uestes, si uestes uocandae sunt, in quibus ni*h*il est, quo defendi aut corpus aut denique pudor possit, quibus sumptis parum liquido nudam se non esse iura*b*it; hae ingenti summa ab ignotis

2 luxuriae : luxi- N^1 luxo- N^2 || laboratam *N nos* [*quod uerbum in hunc sensum Horatius Vergilius, haud ita alio sensu Plin. n. h.* 5, 7 *et* 23, 2 *pro* « *elaborare* » *usurpant*] : elaboratam *edd.* || subditis *N edd.* : subli- *Erasme* || coloratur N^2 : -tor N^1 || senatorio censu N^2 : se|natori censo N^1.

3 crystallina : cri- *N* || accendit et *nos* : accendit* [*eras.* et] N^1 accendit N^2 *edd.* || luxuria : luxo- *N* || fuerit : | -erint *N* furit *Erasme* fuerat *Muret* || capacibus gemmis in tres se<xtarios> *nos* [*cf. et Plin. n. h.* 37, 18 « *capacem plane ad sextarios tris calicem* » *Neronis murreum et* se *conpendium pro* « *sextarius* » *uerbo ap. Hirschfeld ad C.I.L.* XII, 1657] : capacibus gemmis inter se *N edd. obscure* || proni inhiauere *nos* : pronuntiaue *N* [*fort. ex* proni in-iau(er)e *spiritu aspero pro* h *littera in modum* t *litterae supra scripto*] (inter se) propinauerint *Haase praeeunte Erasmo* [propinarent] permutauerint *Juste Lipse in adn.* 96 *omnes parum ad N apte.*

5 nihil N^2 : ni*hil [c *eras.*] *N* || iurabit N^2 : -auit N^1.

quoi songes-tu, avarice? Que d'objets dont la valeur a surpassé ton or! Tous ceux que j'ai cités sont plus en honneur et à plus haut prix. Maintenant, je veux passer en revue tes richesses, les barres de l'un et l'autre métal — aveuglant objet de notre convoitise. **2** Mais, par Hercule, la terre qui a mis en lumière tout ce qui nous devait servir a enfoui et englouti ces métaux, et, comme choses nuisibles, — voire incapables de paraître au grand jour sans faire le malheur des peuples, — les a placés sous elle-même pour s'appesantir dessus. Je vois le fer tiré des mêmes ténèbres que l'or et l'argent, afin qu'il ne manque aux hommes, pour s'entr'égorger, ni l'instrument ni le salaire. **3** Encore ces biens ont-ils, après tout, quelque réalité matérielle, offrent-ils à l'âme quelque sujet d'aller docilement où vont les regards abusés! Je vois là des brevets, des obligations, des cautions écrites : simulacres vides de la possession, accompagnant, telle une ombre, l'avarice — tandis que laborieusement elle prépare des leurres à l'âme heureuse de croire à ses chimères; qu'est-ce en effet que tout cela, qu'est-ce que prêt d'argent, livre d'échéances, intérêt, sinon autant de noms qu'on a cherchés à la convoitise humaine en dehors de la nature? **4** Je puis bien accuser la nature de n'avoir pas enfoui plus profondément l'or et l'argent, de n'avoir pas, pardessus, jeté une masse trop grande pour qu'il fût possible de la retirer! Mais qu'est-ce que ces registres, qu'est-ce que les supputations et le « terme » et le sanguinaire

restes d'Alexandre le Grand (Plin. 37, 19). L'empereur possédait toute une collection de ces vases qu'il avait ravie aux héritiers du collectionneur; elle était en montre dans son théâtre des *Horti Vaticani* (Plin. 37, 18 et 19), lorsqu'il s'y exerçait avant de déclamer sur le théâtre de Pompée (*a.* 65). Il y avait là un vase à boire qui tenait jusqu'à 3 setiers (Plin. 37, 18). Sénèque nous laisse entrevoir (*De Prov.* 3, 13) les beuveries dégoûtantes auxquelles ces coupes de luxe donnaient lieu, mais le record allait en être battu à la fin du siècle par une illustre « sportswoman » qui, avant ses repas, devait prendre (et rendre) plus du double (Mart. VII, 67). — Cf. 9, 4 et *De Const. sap.* 14, 1 (*mulierem*) *habentem—oneratas aures.* Il y avait deux et même trois perles par oreille, et à cause de leur cliquetis, les femmes les appelaient leurs « grelots » (Plin. 9, 114). Sur la transparence des tissus de soie (§ 5), portés d'abord par les courtisanes (Plaut. *Epid.* 230), Sénèque s'indigne encore

etiam *a*d commercium gentibus accersuntur, ut matronae nostrae ne adulteris quidem plus sui in cubiculo quam in publico ostendant. X. **1** Quid agis, auaritia? quo*t* rerum caritate aurum tuum uictum est! omnia ista, quae rettuli, in maiore honore pretioque sunt. Nunc uol*o* tuas opes recognoscere, lamnas utriusque materiae, ad quam cupiditas nostra caligat. **2** At mehercules terra, quae, quidquid utile futurum nobis erat, protulit, ista defodit et mersit et ut noxiosis rebus ac malo gentium in medium prodituris toto pondere incubuit. Video ferrum ex isdem tenebris esse prolatum, quibus aurum et argentum, ne aut instrumentum in caedes mutuas deesset *a*ut pretium. **3** Et tamen adhuc ista aliquam materiam habent; est, in quo errorem oculorum animus subsequi possit. Video istic diplomata et s*y*ngraphas et cautiones : uacua || habendi simulacra, umbra*m* auaritiae quaedam laborantis, per quae decipi*a*t animum inanium opinione gaudentem. Quid enim ista sunt, quid fenus et calendarium et usura nisi human*a*e cupiditatis extra naturam quaesit*a* nomina? **4** Possum de rerum natura qu*e*ri, quod aurum argentumque non interius absconderit, quod non illis maius, quam quod detrahi posset, pondus iniecerit : quid sunt [ista] istae tabellae, quid conputationes et uenale tempus et sanguinulentae centesimae? uoluntaria mala ex constitutione nostra pendentia, in quibus ni*h*il est quod subici oculis, quod teneri manu pos-

5 etiam ad : etia(m) d *N*.

X. **1** quot *edd.* : -od *N* || uolo N^2 : -lu N^1 || ad quam N^1 *Gertz* : ad quas N^2 *Erasme.*

2 aut N^2 : ∗aut N^1 [*eras.* h].

3 syngraphas : sin- *N* || umbram *nos* [*cf. Ep.* 100, 10 *f.*] : umbra *N* umbras (quasdam auaritiae) *Muret* umbracula *Haase* symbola *Hosius dubitanter* || decipiat *Haase* : -ant *N* || quaesita N^2 : -ta∗ [m *eras.*] N^1.

4 queri N^2 : quaeri | N^1 || quid sunt istae tabulae *Erasme* : quid sunt ista ista & abellae *N* || nihil N^2 : nich- N^1.

12 %[1]? Des maux volontaires, — conséquences de nos propres institutions, — ne contenant rien de perceptible à la vue ou de saisissable à la main, des rêves d'une chimérique avarice. 5 Ah! malheureux quiconque trouve de l'agrément au long rouleau qui détaille son patrimoine, et aux vastes étendues de terres qui exigent une main-d'œuvre enchaînée, et aux immenses troupeaux de bétail qui exigent des provinces et des royaumes pour pacages, et à une équipe d'esclaves plus nombreuse que des nations sur le pied de guerre, et aux édifices privés qui surpassent en amplitude de vastes cités! 6 Quand il aura bien promené ses regards sur toutes ces choses, — entre lesquelles il a réparti sa richesse à flots, qu'il compare ce qu'il possède avec ce qu'il désire : il est pauvre. Laisse-moi libre et rends-moi à ces autres richesses qui sont bien à moi; le royaume que je connais, moi, est celui de la sagesse; il est grand, il est tranquille; moi je possède toutes choses en telle sorte qu'elles sont à tout le monde. »

XI. 1 Aussi, lorsque C. César lui voulut faire cadeau de 200.000 sesterces, il les repoussa en riant, la somme ne méritant même pas à ses yeux qu'il se fît gloire de l'avoir refusée. Dieux du ciel! Quelle mesquinerie de sentiment inspirait ce geste d'hommage, ou de corruption! Il faut rendre témoignage à cet homme d'élite : il eut un mot d'une sublime grandeur, qu'on m'a rapporté; un mot dicté par la surprise, lorsqu'il vit Gaïus assez fou pour s'imaginer qu'on pouvait à ce prix changer une âme comme la sienne. « S'il était résolu à m'éprouver, dit-il, ce n'était pas trop de tout l'empire pour cette expérience. »

XII. 1 Donc il est possible de faire des cadeaux au sage, lors même que tout lui appartient. Rien n'empêche non plus, bien que nous disions que tout est commun entre les amis, qu'on ne fasse un don à un ami.

ailleurs, *supra* I, 9, 3; *Ad Helu.* 16, 4; *Ep.* 90, 20 (cf. Sen. Rh. *Contr.* 2, 15 *extr.*). Des gemmes et des soieries l'auteur du *De Matrimonio* parlait sur ce même ton satirique (Haase *fragm.* 52). Et, comme plus haut (IV, 14, 1), il appliquait aux dames (*fragm.* 53) le vers d'Ovide (*Am.* 3, 14, 4), mais en le déformant un peu plus.

(1) Cf. le mot de Caton rapporté par Cicéron (*De Off.* 2, 89) *Quid*

sit, inanis auaritiae somnia. **5** O miserum, si quem delect*at* patrimonii sui liber magnus et uasta spatia terrarum colenda per uinctos et inmensi greges pecorum per prouincias ac regna pascendi et fam*i*lia bellicosis nationibus maior et aedificia priuata laxitatem urbium magnarum uincentia! **6** Cum bene ista, per quae diuitias suas disposuit ac fudit, circumspexerit superbumque se fecerit, quidquid habet, ei, quod cupit, conparet : pauper est. D*i*mitte me et illis diuitiis meis redde; ego regnum sapientiae noui, magnum, securum; ego sic omnia habeo, ut omnium sint. "

XI. **1** Itaque || cum *C.* Caesar illi ducenta donaret, ridens reiecit ne dignam quidem su*m*mam iudicans, qua non accepta gloriaretur. Dii deaeque, quam pusillo animo illum aut honorare uoluit aut corrumpere! **2** Reddendum egregio uiro testimonium est; ingentem rem ab illo dici audiui, cum miraretur Cai dementiam, quod se putasset tanti posse mutari : " Si temptare " inquit " m*e* constituerat, toto illi fui experiendus imperio. "

XII. **1** Sapienti ergo donari aliquid potest, etiam si sapienti*s* omnia sunt. Aeque nihil prohibet, cum omnia amicis dicamus esse communia, aliquid amico donari. Non enim mihi sic cum amico communia omnia sunt, quomodo cum socio, ut pars mea sit, pars illius, sed quomodo patri matrique com-

5 delectat *N*[2] : -a*t *N*[1] [n *eras.*] || familia *N*[2] : famel- *N*[1].

6 Dimitte *N*[2] : Dem- *N*[1].

XI. **1** cum C. Caesar *Pincianus « legendum putat »* : | cum Caesar [*ex* | C. Caesar] *N cf. nostr. praef. ad op. de cl. p. XXXV*] || summam *N*[2] : sumam | *N*[1].

2 Cai : *C. uirgula supra posita N* || me *N*[2] : meo *N*[1].

XII. **1** sapientis *N*[2] : -ti *N*[1].

En effet, cette communauté entre mon ami et moi ne ressemble pas à celle qui m'unit à un associé, dans laquelle chacun des deux a sa part respective, mais au droit commun du père et de la mère sur leurs enfants, lesquels, lorsqu'ils en ont deux, n'en possèdent pas un chacun, mais chacun deux. **2** Et maintenant je commencerai par faire assavoir à cet homme, quel qu'il soit, qui m'invite à m'associer avec lui, qu'il n'y a rien de commun entre nous : pourquoi? parce qu'une telle communauté existe seulement entre les sages, qu'unit réellement l'amitié; les autres sont bien plutôt des associés que des amis. **3** Ensuite, il y a plusieurs manières de posséder en commun. Les places des chevaliers <au spectacle> appartiennent à tous les chevaliers romains; parmi elles cependant une me devient propre: celle que j'ai prise le premier. Si je la cède à un autre, ce que je lui ai cédé a beau nous être commun, je passe pourtant pour lui avoir accordé une faveur. **4** Certaines choses appartiennent à certains individus à une condition déterminée. J'ai ma place au banc des chevaliers, mais sans pouvoir la vendre, ni la louer, ni l'habiter, uniquement pour assister au spectacle : à cela près je ne mens pas si je dis que j'ai ma place parmi les chevaliers. Mais, une fois arrivé au théâtre, si les places des chevaliers sont occupées, d'une part j'ai, de droit, ma place en cette catégorie, puisqu'il m'est permis de m'y asseoir, d'autre part je ne l'ai pas, puisque ceux qui partagent avec moi le droit d'y siéger l'ont prise avant moi. **5** Considère qu'il en est de même entre amis : tout ce que possède mon ami nous est commun, mais reste propre au détenteur; l'usage, sans son consentement, m'en est interdit. « Tu te moques de moi, dis-tu; si ce qui est à mon ami est à moi, il faut que j'aie là-dessus le droit de vente. » Tu ne l'as pas; non plus, en fait, que sur les places des chevaliers, qui pourtant te sont communes avec les autres chevaliers. **6** Il n'est pas démontré qu'une chose n'est pas à toi

fenerari? Quid hominem occidere? Sur les *centesimae* exigées par le stoïcien Brutus, cf. Carcopino, *La loi d'Hiéron*, p. 99 et n. 7 Sur

mun*e*s liber*i* sunt, quibus cum duo sunt, non singuli sing*u*los habent, sed singuli binos. **2** Primum omnium iam efficiam, ut, quisquis est iste, qui me in societatem uocat, scia*t* se nihil mecum habere commune : quare? quia hoc inter sapientes solum consortium est, inter quos amicitia est; ceteri non magis amici sunt quam socii. **3** Deinde pluribus modis || communia sunt. Equestria omnium equitum Romanorum sunt; in illis tamen me*u*s fit proprius locus, quem occupaui; hoc si cui cessi, quamuis illi communi re cesserim, tamen aliquid dedisse uideor. **4** Quaedam quorundam sub certa condicione sunt. Habeo in *e*questribus locum, non ut uendam, non ut locem, non ut habitem, in hoc tantum, ut spectem; praeter ea non mentior, si dico habere me in equestri locum. Sed cum in theatrum ueni, si plena sunt *e*questria, et iure habeo locum illic, quia sedere mihi licet, et non habeo, quia ab his, cum quibus mihi ius loci commune est, occupatus est. **5** Idem inter amicos puta fieri. Quidquid habet amicus commune est nobis, sed illius proprium est, qui tenet; uti *i*is illo *n*olente non possum. "Derides me" inquis; "si, quod amici est, meum est, liceat mihi uendere." Non licet; nam nec equestria, et tamen communia tibi cum ceteris equitibus sunt. **6** Non est argumentum ideo aliquid tuum non esse, quia uendere non potes, quia consumere, quia mutare in deterius aut melius; tuum enim est etiam, quod sub lege certa tu*u*m est.

1 communes liberi N^2 : | -nis -ris N^1 || singulos : -golos *N*.
2 sciat se N^2 : sciasse N^1.
3 meus N^2 : me*us [t *eras.*] N^1.
4 equestribus : aeq; | stribus *N* || praeter ea *N nos* : propterea *Muret Gertz Juste Lipse* || in equestri *N Erasme* [*id est « in eq. ordine »*] : in equestribus *Muret edd.* || equestria N^2 : e*questria [a *eras.*] *N*.
5 uti iis N^2 : | uti iis [b *eras.*] N^1 || nolente N^2 *uel* N^1 *se ipse corrigens* : uol- N^1.
6 tuum N^2 : tum N^1

par le fait que tu ne peux la vendre, que tu ne peux la consommer, que tu ne peux la détériorer ou l'améliorer; car tu possèdes même ce dont tu es possesseur à condition.

XIII. ... reçu, mais non pas moins en tous cas. Mais je ne veux pas t'entraîner trop loin : un bienfait, dirai-je, ne saurait croître. Ce sont les choses servant à faire le bien qui sont susceptibles d'accroissement matériel et numérique, afin qu'en elles et par elles l'affection s'épanche à flots et se satisfasse avec la complaisance habituelle aux amants, qui, en multipliant leurs baisers et en resserrant leurs étreintes, n'augmentent pas leur amour, mais lui donnent carrière.

La bonne intention suffit-elle comme marque de reconnaissance?

XIV. 1 La question qui se présente maintenant se trouve, elle aussi, résolue dans les livres précédents : aussi ne ferai-je que l'effleurer rapidement; car les arguments qui furent consacrés à d'autres questions peuvent s'appliquer à elle. La voici : celui qui a fait tout pour rendre le bien qu'on lui avait fait, l'a-t-il rendu?

2 « La preuve, dit-on, qu'il ne l'a pas rendu, c'est qu'il a tout fait pour le rendre; il est donc évident que l'acte n'a pas eu lieu, pour lequel l'occasion lui a manqué. Le créancier non plus n'a pas été payé par celui qui en a partout cherché le moyen sans le trouver. »

le prêt à intérêt chez les Romains, cf. Appleton in *Nouv. Rev. d'Hist. du droit français et étranger,* oct.-déc. 1919, n° 4, p. 483, p. 486, p. 498. — Les « simulacres vides de la possession » (10, 3) rappellent le *De Const.* 6, 7 *tabellas quibus auaritia falso laeta diuitias imaginatur.* Sur le cynisme du passage, voir Albertini, p. 308, n. 2. — « Le livre d'échéances » était énorme (*Ep.* 87, 7; Mart. 8, 44, 11). Sur les *latifundia* et les armées d'esclaves (10, 5); cf. *Ep.* 87, 5-7; 89, 20; 95, 24; Juv. *Sat.* 2, 141; Boissier, *La Rel. Rom.* II, p. 308 ss.; notre introd., p. XXI, n. 9. — Sur les *latifundia* et l'*ager publicus* (VII, 4, 3), voir G. Stara Tedde (*Il capitalismo nel mondo antico, Rivista Internazionale di scienze mor. e discipline ausiliarie* 1907, p. 9 du tirage à part). — Le témoignage rendu par Sénèque à Démétrius (cap. 11) a son prix. Le Sénat, avec bien moins de justice, avait commémoré en 49, par une inscription officielle (Cucheval, *Hist.*

XIII. * Accepi sed certe non minus. Ne traham longius, beneficium maius esse non potest; ea, per quae beneficium datur, possunt esse maiora et plura, in quae *se et* qui beniuolentia effundat || et sic sibi indulgeat, quemadmodum amante*s* solent, quorum plura oscula et conplexus artiores non augent amorem sed exercent.

XIV. 1 Haec quoque, quae uenit, quaestio profligata est in prioribus; itaque breuiter perstringetur, possunt enim in hanc, quae aliis data sunt, argumenta transferri. Quaeritur, an qui omnia fecit, ut beneficium redderet, reddiderit.

2. " Vt scias " inquit " illum non reddidisse, omnia

XIII. accepi sed certe non minus—sed exercent *N* : *ante haee edd. omnes auctore Mureto lacunam ideo, ut uidetur, statuunt quia haec uerba neque cum antecedentibus cohaerent et tamen purum sermonem resipiunt* [*cf.* sed certe *ap. Cic. pro Mur.* 66, *Prop.* 2, 12, 14 *etc.*], *ceterum ea quaestio quae his in capitibus a Seneca tractabatur ab ipso dicidur* (*cap.* 14) *in prioribus libris profligata esse; si autem Mureto credimus, hoc disputabatur, possetne beneficium aliud alio maius esse; concludit autem Seneca conuenienter disciplinae stoicorum, beneficia quidem ipsa neque maiora neque minora esse posse* (*paria enim sunt omnia* κατορθώματα). *sed materiam beneficii posse esse aut maiorem aut minorem* [*cf.* 5, 33*;* 7, 13 *et* 1, 1, 4 *ss.;* 1, 5, 1 *ss.;* 1, 5, 5*;* 1, 6, 1)*; eadem post* 11, 2 *transponi olim uolui pautum quidem immutata* [accepisset certe non minus], *Gertzii exemplum secutus qui alium locum* (3, 11, 2) *transposuerat* (*quos locos ab ipso Seneca in uoluminum suorum margine olim additos ac eo ubi sunt, dum iterum atque iterum exscribuntur, paulatim delapsos esse suspicabar*)*; nam praeterquam quod dicere uidebatur Seneca in prioribus et beneficia alia aliis maiora esse posse* [*cf.* 1, 7, 17], *quod non cum opinatis et desideratis capitibus congruere putabam, nonnulla ibid. inueniebam, in quibus quasi praeciperes cum hanc quaestionem, num posset beneficium dari sapienti* [*cf.* 7, 4 *ss. et* 5, 6, 1 *s.*], *tum haec argumenta, seruum dare domino suo munus* [*cf.* 7, 4, 4 *et* 3, 18, 2 *ss.*], *donare aliquid et filium patri* [*cf.* 7, 4, 6 *et* 3, 29 *ss.*]*; ita ut transposito capite* 13, *capita* 4—14 *mihi satis pro Senecae consuetudine, cohaerere uiderentur* [*cf. compt. rend. de l'Ac. des inscr. et b-lettres* 1914 p. 115 *in adnot.*] || se et qui *nos* : sed qui *N* se denique *Gertz* || amantes *N*[2] : amante *N*[1].

XIV. 2 inquit *N*[2] : -id *N*[1]

3 Certains actes sont de telle nature qu'ils doivent aboutir à une réalisation effective; en d'autres cas, ce qui tient lieu de réalisation, c'est le fait d'avoir tout essayé pour y aboutir. S'il a tout fait pour nous guérir, le médecin a rempli son rôle entièrement; de même quand le prévenu est condamné, l'avocat garde tout le mérite de ses services professionnels, s'il a mis en œuvre tous ses moyens; la gloire qui récompense le commandement est accordée de droit au chef, même après une défaite, si sa compétence, son activité, son courage ont été ce qu'ils devaient être. **4** Tel a fait tout pour te rendre le bien que tu lui avais fait; il a rencontré un obstacle en ton bonheur; aucune disgrâce un peu sensible ne t'est survenue pour mettre à l'épreuve la sincérité de son amitié. Ta richesse ne lui permettait pas les cadeaux; ta santé, les séances à ton chevet; ton bonheur, l'empressement à te secourir; il a témoigné sa reconnaissance, même si tu n'as pas recouvré ton bienfait. Au surplus, l'homme toujours soucieux de ce devoir et à l'affût du bon moment pour y satisfaire, qui n'a épargné pour cela ni soin ni zèle, s'est donné plus de mal que celui qui a eu la chance de s'acquitter promptement. **5** Le cas du débiteur n'est point le même : pour lui, c'est peu d'avoir cherché l'argent s'il ne paie; toujours il voit là, sur lui, impitoyable, le créancier : un homme pour qui chaque journée qui passe est taxée! Le bienfaiteur, lui, est plein de bonté, capable, s'il te voit multipliant les démarches, en proie à l'inquiétude et à l'anxiété, de te dire : « Bannis de ton cœur ce souci »; cesse de te tourmenter sans trêve : tu es quitte envers moi intégralement; tu me fais injure, si tu penses que je désire rien de plus; on ne saurait rien ajouter aux témoignages que j'ai reçus de tes senti-

de l'éloq. rom. depuis la mort de Cic. II, 101-105; Tac. *Ann.* XII, 53), le désintéressement de l'affranchi Pallas, qui avait refusé une récompense publique de 15.000.000 de sesterces. — Cf. le fier langage de Démétrius (10, 6) et celui d'Attalus (*ap.* Sen. *Ep.* 108, 13 *ipse se regem esse dicebat*). Les cyniques pensaient avoir droit à tout (Diog. Laert. VI, 46 et 72) — et, en particulier au commandement (Id. VI, 29, 30, 36, 74). Mais Démétrius s'interdisait de rien demander (*De uit. beat.* 18, 3) et ne voulait rien pour lui (*Ep.* 63, 3).

fecit, ut redderet; apparet ergo non esse id factum, cuius faciendi [non esse] occa*s*ionem non habuit. Et creditori suo pec*u*niam non soluit is, qui, ut solueret, ubique quaesiuit nec inuenit." **3** Quaedam eius condi*c*ionis sunt, ut effectum praestare de*b*eant; quibusdam pro effect*u* est omnia temptasse, ut efficere*nt*. Si omnia fecit, ut sanaret, peregit partes suas medicus; etiam damnato reo oratori constat eloquentiae officium, si omni *ui* u*s*us est; laus imperatori*a* etiam uicto duci redditur, si et prudentia et industria et fortitudo muneribus suis functa est. **4** Omnia fecit, ut beneficium redderet, obstitit illi felicitas tua; nihil incidit durius, quod || ueram amicitiam experiretur; locupleti donare non potuit, sano adsidere, felici succurrere : gratiam rettulit etiam si tu beneficium non recepisti. Praeterea h*u*ic intentus semper et huius rei tempus opperiens, qui in hoc multum curae, multum sedu*l*itatis impendit, plus laborauit, quam cui cito referre gratiam contigit. **5** Debitoris exemplum dissimile est, cui parum est pecuniam quaesisse, n*i*si soluit; illic enim stat acer*b*us super caput creditor, qui nullum diem gratis occidere patiatur; hic benignissimus, qui, te cum uiderit concursantem et sollicitum atque anxium, dicat : "Mitte hanc de pectore curam"; desine tibi molestus instare. Omnia a te habeo; iniuriam mihi facis, si me quicquam desi*d*erare amplius iudicas; plenissime ad *me* peruenit animus tuus."

2 faciendi occasionem *V* : faciendi non esse occas | sionem *N* [occasionem N^2] || pecuniam N^2 : pecaniam *ut uid.* N^1.

3 condicionis N^2 : condit- N^1 || debeant N^2 : deue- N^1 || effectu N^2 : -tum | N^1 || efficerent : -ret | *N* || si omni ui usus est *Gertz* : si | omni si omni iussus est N^1 si omni iussus est N^2 || imperatoria *Juste Lipse* : imperia | tori *N*.

4 huic N^2 : hic N^1 || sedulitatis N^2 : sed utilitatis N^1.

5 quaesisse nisi N^2 : -issent si N^1 || acerbus : | aceruus *N* || Mitte -curam *Verg. Aen.* 6, 85 || desiderare N^2 uel N^2 : || -iterare N^1 || plenissime ad me *G P* : plenissime | ad *N*.

ments. » **6** « Dis-moi, demande-t-on, s'il t'eût rendu le bienfait, tu dirais qu'il t'a marqué sa reconnaissance; on est donc au même point, que l'on ait ou non rendu. » En regard du premier cas, à présent, mettons celui où il eût oublié le bienfait reçu, où il n'eût même pas essayé d'en être reconnaissant. Tu dirais qu'il n'a point témoigné de gratitude. L'autre, au contraire, s'est jour et nuit épuisé et a sacrifié tous ses autres devoirs pour n'être attentif, ne s'employer qu'à une chose : ne laisser nulle occasion lui échapper. Le cas sera-t-il donc identique lorsqu'on a rejeté tous les soins de la reconnaissance ou lorsqu'on ne s'y est pas dérobé un instant? Tu es injuste, si tu exiges de moi des effets, quand tu constates la réalité de mon intention.

XV. **1** Enfin, suppose que, te sachant fait prisonnier, j'aie emprunté de l'argent, hypothéquant mes biens pour rassurer mon créancier; que j'aie, par un hiver déjà rigoureux, côtoyé des rivages infestés par les entreprises des brigands, passant par toute la série des dangers que nous peut créer la mer même sans les pirates. Après avoir parcouru tous les déserts, osant chercher ceux que tout le monde fuyait, j'ai fini par arriver chez les pirates : déjà un autre t'avait racheté. Diras-tu que je ne t'aie point témoigné ma reconnaissance? Et si, au cours de cette traversée, j'ai perdu, dans un naufrage, la somme que j'avais réunie pour te sauver, et si, en voulant te tirer des fers, je suis tombé dans les fers moi-même, diras-tu encore que je ne t'ai pas témoigné ma reconnaissance? **2** Cependant, par Hercule, les Athéniens appellent Harmodius et Aristogiton les « meurtriers du tyran », et, pour Mucius, le fait d'avoir laissé sa main sur l'autel ennemi équivalut au meurtre de Porsina; et toujours d'une lutte avec la Fortune, la Vertu, sa tâche ne fût-elle point parachevée, sort resplendissante. On a plus fait en réalité à recher-

— Le raisonnement (12, 4) est ancien; Epictète le reprendra (II, 4, 8), Saint Basile aussi (*hom.* sur l'avarice : Migne III, p. 276, cap. 7); Cic. (*De Fin.* II, 67) l'attribue à Chrysippe; Clément d'Alexandrie (*Strom.* III, 10, p. 514 P=p. 314 I. 42 ss. ed. Heins., 1616) le retrouve dans une comparaison platonicienne au sujet du mariage; Sénèque le

6 " Dic " inquit " mihi : si reddidisse*t* beneficium, diceres illum gratiam rettulisse; eodem ergo loco est, qui reddidit et qui non reddidit? " Contra nunc illud pone : si oblitus esset accepti benefici, si nec temptasset quidem gratus esse. Negare*s* illum gratiam re*t*tulisse; a*t* hic se diebus noctibusque lassa*u*it et omnibus aliis renuntia*u*it officiis huic uni imminens et operatus, ne qua se || fugeret occasio; eodem ergo loco erunt ille, qui curam referendae gratiae abiecit, et hic, qui numquam ab illa recessit? Iniquus e*s*, si rem a me exigis, cum uideas animum non defuisse.

XV. **1** Ad summa*m* puta, cum captus esses, me pecuniam mutuatum rebus meis in securitatem credi*t*oris obpositis nauigasse hieme *iam* saeua, per infesta latrociniis litor*a*, emensum quidquid periculorum adferre potest etiam pacatum mare; peragratis omnibus solitudinibus, cum, quos nemo *non* fugiebat, ego quaererem, tandem ad piratas perueni, iam te alius redemerat : negabis me gratiam re*t*tulisse? etiamne, si in ill*a* nauigation*e* pecuniam, quam saluti tuae contraxeram, naufragus perdidi, etiamn*e*, si *in* uincula, quae detrahere tibi uolui, ipse incidi, negabis me re*t*tulisse gratiam? **2** At mehercule*s* *A*thenienses Harmodium et Aristogitonem tyrannicidas uocant, et Mucio manus in hostili ara relicta instar occisi Porsinae fuit, et semper contra

6 inquit N^2 : -id N^1 || reddidisset *Haupt* : -isse *N* || nec—quidem *N nos* [cf. *hunc apparatum ad* 1, 4, 1] : ne—quidem *Erasme edd.* || Negares N^2 [*ita nos interpunximus*] : -re *N* || rettulisse : retul- *N* || at N^2 : ad N^1 || lassauit : -abit *N* || renuntiauit : -abit *N* || Iniquus es N^2 : -iquus est N^1.

XV. **1** Ad summam *Erasme* : ad summa *N* || creditoris N^2 *uel* N^3 : -dioris N^1 [*cf. nostr. ad op. de cl. praefationem* p. XIV] || hieme iam *Gruter* : hiemetam *N* || litora emensum N^2 : litore mensum || nemo non *Erasme* : nemo *N* || rettulisse N^2 : retul- N^1 || illa nauigatione N^2 : illam -tionem N^1 || etiam ne si in *Gruter* : etiam nisi *N* || rettulisse N^2 : retul- N^1.

2 mehercules Athenienses N^2 : me hercules sathe- || Porsinae :

cher les occasions fugitives et à guetter, un à un, les moyens de témoigner sa gratitude, qu'à se trouver sans effort, moyennant la première occasion venue, reconnaissant.

3 « Il y a deux choses, dit-on, que cet homme a faites pour toi : un acte de bon vouloir et un don matériel; ta dette envers lui est double également. » On aurait raison de tenir ce langage à qui n'a témoigné en retour qu'une bonne volonté inactive; mais à celui qui, étant débiteur, joint à la bonne volonté l'effort et n'omet aucune tentative, on ne le peut pas; car il remplit les deux conditions, autant qu'il est en lui. 4 Ensuite il n'est pas vrai que la balance se doive toujours faire numériquement; parfois une chose en vaut deux. Aussi un don matériel est-il remplacé par une inclination aussi marquée du vouloir accompagnée par un aussi vif désir de rendre. Que si l'intention sans l'effet ne vaut pas pour témoigner la reconnaissance, nul n'est reconnaissant envers les dieux, à qui l'on n'offre non plus que sa bonne volonté. 5 « Pour les dieux, dit-on, nous ne saurions faire autre chose. » Mais si, pour celui-là envers qui j'ai une dette de gratitude, je ne puis rien faire d'autre non plus, pour quelle raison, dès lors, ne serais-je pas reconnaissant envers un être humain par les marques où se borne mon offrande envers les dieux?

XVI. 1 Si cependant tu demandes mon sentiment et veux une consultation en forme, que l'un estime avoir reçu le prix de son bienfait, que l'autre sache qu'il ne l'a point rendu; que l'un donne quittance, que l'autre refuse; que l'un dise : « j'ai reçu », que l'autre réponde : « je dois ». 2 En toute question, ayons en vue le bien général; il s'agit de fermer aux ingrats toute échappatoire, afin qu'ils ne puissent y chercher refuge et s'en couvrir pour nier leur dette. « J'ai tout fait. »

rajeunit, en ne parlant que des places réservées à Rome aux chevaliers par la loi *Roscia theatralis* (67 av. J.-C.; cf. Suet. *Aug.* 40; *Cal.* 26). — Sénèque parle (14,1) des emprunts qu'il vient de faire (13) aux livres précédents. Ces emprunts se laissent seulement deviner : ils de-

fortunam luctata uirtus etiam citra effectum propositi operi*s* en*i*tuit. Plus praestitit, qui fugientis occasiones secutus est et alia atque alia captauit, per quae referre gratiam poss*et*, quam quem sine ullo sudore gratum prima fecit occasio. 3 " Duas " inquit " res ille tibi praestitit, uol*un*||tatem et rem; tu quoqu*e* illi duas debes. " Merito istud diceres ei, qui tibi redd*i*dit uoluntatem otiosam, huic uero *qui* debe*n*s et uul*t* et conatur et nihil intemptatum relinquit, *id* non potes dicere; utrumque enim praestat, quantum in se est. 4 Deinde non semper numero numerus aequandus est, aliquando una res pro duabus ualet; itaque in locum rei succedit tam propensa uoluntas et cupida reddendi. Quod si animus sine re ad referendam gratiam non ualet, nemo aduersus deos gratus est, et in quos uoluntas sola confertur. 5 " Diis " inquit " nihil aliud praestare possumus. " Sed si huic quoque, cui referre gratiam de*b*eo, nihil aliut praestare possum, quid est, *cur iam* non eo aduersus hominem gratus sim, quo nihil amplius in deos confero?

XVI. 1 Si tamen quaeris, quid sentiam, et uis signare responsum, hic beneficium recepisse se iudic*et*, ille se sciat non re*dd*i*disse*; hic illum d*i*mittat, ille se teneat; hic dicat : " habeo ", ille respondeat : " *de*beo ". 2 In omni quaestione propositum sit nobis

habet N ex -cinae || operis enituit N^2 : operis sentuit || fugientis N^1 *nos* : -tes N^2 *edd.* || posset N^2 : -it N^1.

3 uoluntatem N^2 : uolon|tatem N^1 || quoque N^2 : quoquo N^1 || reddidit N^2 : redded- N^1 || qui debens et uult *nos* : debes et|qui uul N^1 [uult N^2] qui et uult *Murel edd.* [*iam Pincianus* qui uult (et qui) *legendum existimabat*] *parum ad N apte* || id non potes *Hosius* : et non potes *N* [sed non potes N^2] ei non potes *Gertz*.

4 succedit : suce|dit *N supra posita* c *littera.*

5 debeo N^2 : deueo N^1 || cur iam *nos* : clara N^1 [*fort. ex* c'Ia(m) *unde* cl'a=clara] quare N^2 *uel* N^3 *edd.*

XVI. 1 iudicet N^2 : -cit N^1 || reddidisse : rededisset | N^1 rededisse N^2 || dimittat N^2 : dem- N^1 || debeo *V Pincianus ex « uetustis exemplaribus »* : habeo *N*.

Fais encore. 3 Quoi! penses-tu que nos ancêtres n'eussent point la sagesse de comprendre qu'il est souverainement injuste de mettre sur la même ligne celui qui a sacrifié à la débauche et au jeu tout l'argent qu'il tenait d'un créancier — et celui qui, victime d'un incendie ou d'un acte de brigandage ou de quelque hasard plus malheureux encore, a perdu le bien d'autrui avec le sien! S'ils n'ont admis aucune excuse, c'était pour faire savoir aux hommes qu'il faut à tout prix tenir parole. Car il valait mieux qu'un petit nombre vît repousser ses raisons, même valables, que si tout le monde essayait d'en trouver. 4 Tu as tout fait pour rendre; cela doit suffire à ton bienfaiteur; pour toi ce n'est pas assez. Car si, de son côté, en laissant passer tous les efforts d'un zèle actif sans ratification, il ne mérite pas de témoignage de ta reconnaissance, toi, de ton côté, tu n'es qu'un ingrat si, envers l'homme qui accepte la bonne volonté en paiement, tu ne restes point redevable, d'autant plus volontiers que l'on te tient quitte. Ne va pas faire main basse sur cette quittance ou t'en prévaloir; cherche, quand même, les occasions de rendre. Rends à l'un parce qu'il te demande son dû, à l'autre parce qu'il t'en fait remise; à l'un parce qu'il est méchant, à l'autre parce qu'il ne l'est pas.

Est-on tenu envers un bienfaiteur, qui de sage est devenu méchant?

5 Aussi la question suivante ne saurait-elle raisonnablement t'intéresser : lorsqu'on a reçu un bienfait d'une personne sage, est-on tenu de le rendre, si elle a cessé de l'être pour devenir méchante? En effet, tu lui rendrais bien un dépôt, qu'elle t'aurait confié au temps de sa sagesse; fût-elle méchante, tu lui rendrais une somme prêtée; pourquoi pas aussi un bienfait? Le changement survenu en elle doit-il en entraîner un en toi? 6 Quoi? ce que tu aurais reçu d'un homme bien portant, tu ne le lui rendrais pas s'il tombait malade, alors que toujours envers

vaient concerner les passages où l'essence du bienfait est distinguée formellement de la chose donnée (cf. l'apparat), et notamment le paragraphe (V, 3, 3), où est affirmée à ce propos la « parité » entre

bonum puplicum; praecludendae sunt excusationes ingratis, ad quas refugere non possint et sub quibus infitiationem suam tegere. " Omnia feci. " Fac etiamnunc. **3** Quid? tu tam inprudentes iudicas maiores nostros fuisse, ut non intellegerent || iniquissimum *esse* eodem loco haberi eum, qui pecuniam, quam a creditore acceperat, libidini aut aleae absumpsit, et eum, qui incendio aut latrocinio aut aliquo casu tristiore aliena cum suis perdidit? Nullam excusationem receperunt, ut homines scirent fidem *esse* utique praestandam; satius enim erat a paucis etiam iustam excusationem non acc*i*pi quam ab omnibus aliquam temptari. **4** Omnia fecisti, ut re*d*deres; hoc illi satis sit, tibi parum. Nam quemadmodum ille, si enixam et sedulam operam transire pro inrita patitur, cui gratia referatur, indignus est, ita tu ingratus es, nisi ei, qui uoluntatem bonam in solutum accipit, e*o* libentius debes, quia d*i*mitteris. Non rapias hoc nec testeris; occasiones reddendi nihilo minus quaeras. Redde illi, quia repetit, huic, quia remittit; huic, quia malus *est, illi quia non malus.*

5 Ideoque hanc qu*a*estionem non est quod ad te iudices pertinere, an, quod beneficium quis a sapiente accepit, reddere debeat, si ille desiit esse sapiens et in malum uersus est. Redderes enim et depositum, quod a sapiente accepisses; etiam malo

3 iniquissimum esse eodem N^2 : | iniquissimum eodem N^1 || absumpsit (aleae) *nos* : ads- *N Hosius* [*sed cf. infra* 31, 5 ads- *pro* abs-] abs- (alea) *Erasme* || fidem esse utique *nos* : fide(m)s utiq; | N^1 fidem utique N^2 *edd.* || accipi N^2 : acce- N^1.

4 redderes N^2 : rede- N^1 || nam quemadmodum N^2 : namq|admodum *litterae* q *superposita uirgula* N^1 || eo N^2 : eu N^1 || dimitteris : dem-|*N* || huic quia malus <est, illi quia non malus> *nos* : huic quia malus *N* illi quia malus huic quia non malus *Erasme non admodum ad Nazariani uerba apte* illi quia bonus est, huic quia malus *Gertz non aptius.*

5 quaestionem : quest- *N*.

l'ami souffrant nous avons plus de devoirs? Elle aussi est malade moralement; elle doit être aidée, supportée; l'aberration de l'esprit est une maladie morale.

XVII. 1 Ici une distinction, pour rendre les choses plus saisissables, me paraît s'imposer. Il y a deux sortes de bienfaits : l'une, qui ne peut exister que de la part d'un sage envers un autre : c'est le bienfait authentique et parfait; l'autre, banale, populaire, est celle qui, entre nous autres ignorants, a cours pratiquement. 2 Sur celle-ci, aucun doute : il la faut rendre à l'auteur, quel qu'il puisse être, fût-il devenu homicide, voleur ou adultère. Il y a pour les crimes des lois spéciales; le juge, plus que l'ingrat, a qualité pour les redresser; nul ne doit, parce qu'il est méchant, te rendre tel. Au méchant, je renverrai vivement son bienfait, au bon je le rendrai; à celui-ci parce que je dois, à l'autre pour ne plus devoir. XVIII. 1 C'est sur l'autre espèce de bienfaits qu'il y a doute. Si je n'ai pu recevoir qu'en tant que sage, ce n'est donc qu'à un sage que je puis rendre aussi. « Suppose que je rende; il est incapable de recouvrer, il n'a plus la capacité de recevoir ce bien, il a perdu le secret d'en user. Que penserait-on si tu me disais de renvoyer la balle à un manchot? C'est une sottise que de donner à quelqu'un ce qu'il est hors d'état de recevoir. » 2 Pour te répondre en commençant par la fin, je ne *donnerai* jamais à quelqu'un ce qu'il ne sera pas capable de « recevoir »; mais je *rendrai,* même à qui sera incapable de recouvrer. Car si obligation suppose que l'on reçoit, libération implique toujours que l'on restitue. Cet homme ne pourra utiliser ce bien? C'est son affaire; à lui en sera la faute et non à moi.

XIX. 1 « Rendre, dit-on, c'est remettre à qui recevra. » Dis-moi : si tu dois du vin à quelqu'un et qu'il

les bonnes intentions. — Cf. 14 *f.* (et II, 31, 2) avec Ov. *Pont.* V, 1, 3, 93 s., *munus tua grande uoluntas | Ad me peruenit* (V. introd. p. XXX, n. 4 *f.*). — Cf. 14, 5 *creditor acerbus* et χρήστης πικρός (Ps. Phocyl. 83, Bergk) et 24, 2 *acerbos exactores,* Cic. *De Off.* II, 64 *in exigendo—acerbus.* — Cf. 14, 2 s. et *Ep.* 85, 31-36 (Sen. Rh., *Contr.* IV, 7 (*excerpt.* 2) *occasio* perficit; — *honorata uirtus et ubi eam*

redderes creditum : quid est, cur non et beneficium? quia mutatus est, ille te mutet? Quid? si quid a sano ac||cepisses, aegro non redderes, cum plus semper inbecillo amico debeamus? Et hic aeger est animo : adiuuetur, feratur; stultitia morbus est animi.

XVII. **1** Distingu*u*endum hoc, quo magis intellegatur, existimo. Duo sunt beneficia : unum, quod dar*e* nisi sapiens sapienti non potest; hoc est absolutum et uerum beneficium; alterum uulgare, plebeium, cuius inter nos inperitos commercium est. **2** De hoc non est dubium, qu*in* illi, qualiscumque est, debeam reddere, siue homicida siue fur siue adulter euasit. Habent scelera leges suas; melius istos iudex quam ingratus emendat; nemo te mal*u*m, quia est, faciat. Malo beneficium proiciam, bono reddam, huic, quia debeo, illi, ne debeam. XVIII. **1** De altero beneficii genere dubitatur, quod si accipere non potui nisi sapiens, nec reddere quidem nisi sapienti possum. "Puta enim me reddere : ill*e* non potest recipere, non est iam huius rei capax, scientiam utendi *perdidit*. Quid, si me remittere manco pilam iubeas? stultum est dare alicui, quod accipere non possit." **2** Vt respondere ab ultimo incipiam : non dabo ulli, quod acc*i*pere non poterit; reddam, etiam si recipere non poterit. Obligare enim non possum nisi accipientem; liberari tantum, si reddidi, possum. Ille ut*i* illo non poterit? Viderit; penes || illum erit culpa, non penes me.

XIX. **1** "Reddere est" inquit "accepturo trad*i*disse.

XVII. **1** Distinguendum : -gendum *N* || dare nisi : darem [*uel* darent?] si N^1 || uulgare plebeium : uul|gare*plebe ium [I *eras.*] *N*.
2 quin illi N^2 : quin|| In illi N^1 || malum N^2 : -lom N^1.
XVIII. **1** nec—quidem *N nos* [*uide ad* 1, 4, 1] *praeeunte Erasmo* : ne—quidem *Muret edd.* || ille N^2 : illi N^1 || utendi perdidit *V Erasme* : utend reddidit *N*.
2 accipere N^2 : acce- N^1 || uti illo N^2 : ut illo N^1.

te dise de le verser dans un tamis ou dans un crible, prétendras-tu l'avoir restitué? ou voudras-tu restituer ce qui, au moment de la restitution, doit être perdu en changeant de mains? » **2** Rendre, c'est, quand on doit une chose, la remettre au propriétaire lorsqu'il la veut. Je n'ai pas d'autre condition à remplir; quant à la manière dont il saura garder ce qu'il a reçu de moi, c'est une affaire qui n'est plus de mon ressort; je n'ai pas à lui servir de tuteur, mais à lui tenir parole; et mieux vaut cent fois conservation précaire de sa part, que de ma part non-restitution. **3** Même au créancier qui s'en ira sur l'heure au marché porter ce qu'il aura reçu, je rendrai; même si c'est sa maîtresse qu'il délègue auprès de moi pour toucher l'argent, je le verserai; et si les sesterces qu'il recevra doivent tomber dans le pli de sa toge, sans qu'il ait mis ceinture, je les remettrai aussi. J'ai à restituer, non à préserver après restitution, ou à surveiller; c'est sur le bienfait reçu, non sur le bienfait rendu que je dois faire bonne garde. Tant qu'il est chez moi, qu'il demeure intact; au surplus, quand même les mains qui le reçoivent le laisseraient échapper, il faut le livrer si on le réclame. Je rendrai au bon lorsqu'il y aura pour lui avantage, au méchant lorsqu'il demandera. **4** « Les conditions, dit-on, dans lesquelles tu lui rends le bienfait ne sauraient être celles dans lesquelles tu l'as reçu, car tu l'as reçu d'un sage, tu le rends à un sot. » Non, je le lui rends tel qu'il peut maintenant le reprendre, et ce n'est pas par mon fait qu'auront empiré les conditions de ce que j'ai reçu, au moment où je le rendrai, mais bien par son fait; et s'il revient à la sagesse, je rendrai le don en l'état où il me l'a fait; tant qu'il est parmi les méchants, en l'état où il le peut recevoir.

5 « Hé quoi! dit-on, s'il n'est pas seulement devenu

fefellit exitus). — Cf. 14, 3 ss. et Sen. Rh. *Contr.* II, 5 (13), 10 *animus aestimandus est non reddentis.* — 16, 1 *Signare* : à partir d'Auguste la consultation donnée par les juristes sous forme d'une lettre aux clients dut porter le sceau officiel. — La question posée 16,5 rappelle IV, 26 et 27 (doit-on faire du bien à l'ingrat, au méchant?). Platon l'avait déjà posée et résolue négativement (*Resp.* I, 331 c. 332 a : ne

Quid enim? si cui uinum debeas et hoc ill*e* te infundere reticulo iubeat *aut* cribro, reddidisse te dices? aut reddere uoles, quod, dum redditur, inter duos pereat?" **2** Reddere est id, quod debeas, ei, cuius est, uolen*ti* dare. Hoc unum mihi praestandum est; ut quid*em* *id ha*beat, quod a me accepit, iam ulterioris est curae; non tutelam illi, sed fidem debeo, multoque satius est illum non habere, quam me non reddere. **3** Et creditori statim in macellum laturo, quod acceper*it*, reddam; etiam, si mihi adulteram, cui numerem, del*e*gauerit, soluam; et, si nummos, quos accipie*t*, in sinum suum discinctus infundet, dabo. Reddendum enim mihi est, non seruandum, cum reddidero, ac tuend*u*m; beneficii accepti, non redditi, custodiam debeo. Dum aput me est, saluum sit; ceterum, licet accipientis manibus effluat, dandum est reposcenti. Redda*m* bono, cum expediet, malo, cum petet. **4** "Tale" inqui*t* "illi beneficium, quale accepisti, non pote*s* reddere; accepisti enim a sapiente, stulto reddis." Non; reddo illi, quale nunc potest recipere, nec per me fit, quod deterius id, quod accepi, reddam, sed per illum, cui, si ad sapientiam redierit, || reddam, quale *donauit,* dum in malis est, reddam, quale ab illo potest acc*i*pi.

5 "Quid? si" inqui*t* "non tantum mal*u*s factus

XIX. **1** *tradidisce* N^2 : -dedisse N^1 || ille N^2 : illi N^1 || aut : aut *bis N.*

2 uolenti N^2 : -di N^1 || ut quidem id habeat *nos* : ut quida(m) debeat [*fort. ex* ut quideidabeat] *N* ut quidem habeat *Erasme edd.*

3 acceperit N^2 [*puncto* e *littera partim deleta*] : -eret N^1 || delegauerit N^2 : delig- N^1 || soluam *V* : solum *N* || accipiet [-piet et] *P* : -pies *N* || tuendum N^2 : -dom N^1 || Reddam : redda *N* || expediet : exsped- *N*.

4 inquit N^2 : -id N^1 || potes N^2 : -tes * N^1 [t *eras.*] || non; reddo *interpunx. N Hosius* || potest : *habet N sed* p *in ras.* || fit quod *N edd.* : fit quo *C. F. W. Mueller* [*cui* reddam *subiunctiuus non esse non posse uidetur*] || quale <donauit> dum *nos* : quale dum *N* quale accepi dum *Erasme edd.* || accipi N^2 : acce- N^1.

5 malus N^2 : *aut* malis *aut* malus [*litteris* u s *conligatis*] N^1.

méchant, mais cruel, mais atroce, pareil à Apollodore ou à Phalaris[1], est-ce que, à un tel homme aussi, tu rendras ce que tu en avais reçu? » Un changement si profond chez le sage n'est pas naturel. N'est-il pas vrai qu'en tombant de la perfection au plus bas degré de l'immoralité, il garde nécessairement jusque dans le mal des vestiges du bien! Pour autant que la vertu s'éteigne, toujours les marques imprimées par elle dans le cœur ont trop de netteté pour être effacées par aucun changement. **6** La bête sauvage élevée parmi nous, si elle force sa barrière pour gagner les forêts, garde quelque chose de sa précédente douceur et est à égale distance des bêtes les mieux domestiquées, et des bêtes sauvages authentiques et qui n'ont jamais subi la main de l'homme. Nul ne tombe au dernier degré de la méchanceté s'il s'est une fois attaché à la sagesse; trop profonde est la teinte qu'il en a reçue pour pouvoir être complètement effacée et tourner à la teinte opposée. **7** Ensuite je demande si cet homme est cruel de sentiments sans plus, ou s'il se rue hors de chez lui pour le malheur de tous. Car tu m'as présenté le tyran Phalaris et Apollodore; or si le caractère de ces personnages est au fond celui du méchant, il faut bien que je lui rende son bienfait, pour n'avoir plus rien à débattre avec lui. **8** Mais si le sang humain ne fait pas seulement sa joie, s'il est sa pâture, si même, en torturant tous les âges, il donne carrière à son insatiable cruauté, et si ce n'est point la colère, mais comme une soif d'exécutions qui le met en délire, s'il va, sous les yeux des parents, égorger leurs enfants, si, non content de la mort pure et simple, il martyrise, et au lieu de brûler seulement, il rôtit ceux qu'il veut mettre à mort, si sa citadelle dégoutte d'un sang toujours frais, c'est trop peu de ne pas lui rendre son bienfait! Tous

rendons point ses armes à celui qui a perdu le sens depuis que nous les avons reçues de ses mains) — 19, 5. Ces exceptions à la loi de gratitude durent être envisagées par les déclamateurs : Sen. Rh. *Contr.* IX, 1 (24) 9 *Multa interuentunt propter quae non debeam facere* (= *gratiam referre*) *etiamsi possum.* — V. Cic. *De off.* 3, 95. ||

(1) Sur Phalaris, tyran d'Agrigente et son taureau d'airain, cf.

est, sed ferus, sed immanis, qualis Apollodorus aut Phalaris, et huic beneficium, quod acceperas, reddes?" Mutationem sapientis tantam natur*a* non patitur. Non in pessima ab optimis lapsus necesse est etiam in malo uestigia boni teneat? numquam tantum uirtus extinguitur, ut non certiores animo notas inprimat, quam ut illas eradat ulla mutatio. **6** Ferae inter nos *e*ducatae s*i* in siluas eruperunt, aliqui*d* mansuetudin*i*s pristinae retinent tantumque a pla*ci*dissimis absunt, quantum a ueris feris et numquam humanam manum passis. Nemo in summam nequitiam incidit, qui *u*mquam haesit sapientiae; altius inf*e*ctus est, quam ut ex toto elui et transire in colorem malum possit. **7** Deinde interrogo, utrum iste ferus sit animo tantum, an et in perniciem publicam excurrat? Proposuisti enim mihi Phalarim *tyrannum et Apollodorum,* quorum si naturam habet intra se malus, quidni ego isti beneficium suum reddam, ne quid mihi cum illo iuris sit amplius? **8** Si uero sanguine humano non tantum gaudet, sed pascitur, sed et suppliciis omnium aetatium crudelitatem insatiabilem exercet nec ira sed || aui*di*tate quadam saeuiendi f*u*rit, si in ore parentium liberos iugulat, si non contentus simplici morte distorquet nec urit solum peritur*o*s sed excoquit, si ar*x* eius cruore semper recenti madet, parum est huic beneficium

5 natura N^2 : -ram N^1.

6 nos educatae N^2 : nos se ducatae N^1 || si *Maduig* : st *N* || aliquid mansuetudinis N^2 : -it -nes N^1 || placidissimis N^2 : placed- N^1 || umquam *Erasme* : numq- *N* || infectus N^2 : -fictus N^1.

7 Phalarim tyrannum et Appollodorum *nos* : phala|rim et tyrrannum *N* [*ex* phalarit(=yrannum? *quod a retractante scriba in uersus initio male forsitan suppletum sit*] Phalarim et tyrannum N^2 *Stangl* —et <alterum> tyrannum *Hosius* Phalarim tyrannum (quoius) *Gertz*.

8 auiditate N^2 : | auitate || furit *GP* : fuerit *N* || arx : ar'x *N*.

les liens qui m'attachaient à lui, en rompant brutalement l'union sociale que le droit garantissait, il les a tranchés. **9** Si, après m'avoir réellement rendu service, il portait les armes contre ma patrie, tous les titres qu'il avait à ma gratitude seraient perdus, et la lui témoigner passerait pour crime; s'il ne s'attaque pas à ma patrie, mais opprime la sienne, si trop éloigné de mon pays, c'est le sien qu'il persécute, tout lien n'en est pas moins rompu de lui à moi par un pareil degré de dépravation morale; même si elle ne fait pas de lui mon ennemi personnel, elle me le fait détester; et je donne la priorité et la préférence, tout compte fait, à mon devoir envers le genre humain et non à mon devoir envers un seul individu. XX. **1** Mais cela étant, et quand j'ai toute latitude à son égard (dès l'instant où, par la destruction de tous les principes, il a ôté à toute entreprise contre lui son caractère sacrilège), je ne croirai pas moins devoir garder certaine mesure et si mon bienfait ne doit pas contribuer à l'œuvre de destruction générale soit en lui procurant un surcroît de forces soit en consolidant celles dont il dispose, s'il s'agit d'une restitution de nature à ne pas entraîner le malheur public, je la ferai. **2** Je sauverai son fils en bas âge; en quoi ce bienfait est-il nuisible à aucune des victimes que déchire sa cruauté? Mais de l'argent qui serve à soudoyer et à lui garder ses satellites, je ne lui en fournirai pas. S'il désire des marbres et des tissus précieux, nul ne sera lésé par cet attirail offert à son luxe; mais des soldats, des armes, je ne lui en procurerai point. **3** S'il demande comme un cadeau de grand prix des artistes dramatiques et des courtisanes et de ces choses capables d'adoucir sa férocité, volontiers je les lui offrirai. Tandis que je ne lui enverrais pas des trirèmes et des vaisseaux armés de bronze, je lui enverrai des navires de plaisance, des gondoles à chambrettes et autres jouets ser-

De Ira II, 5, 1 s.; *De Cl. Vulg.* II, 4, 3 = *nostr. ed.* P. IIa, 2, 3; *ep.* 66, 19); sur Apollodore, cf. *De Ira* II, 5, 1; Cic. *De Deor. nat.* 3, 82; c'était le tyran de Cassandrea en Macédoine (Paus. IV, 5,4); sa

non re*d*dere. Quidquid erat, quo mihi cohaereret, intercisa iuris humani societas abscidit. **9** Si praestitisset quidem aliquid mihi, sed arma patriae meae inferret, quidquid meruerat, perd*i*disset, et referre illi gratiam scelus haberetur; si non patriam meam inpugnat, sed suae grauis est et *se*positus a mea gente suam exagitat, a*b*scindit nihilo minus illum tanta prauitas animi; etiam si non inimicum, inuisum mihi efficit, priorque mihi ac potior eius officii ratio est, quod human*o* generi, quam quod uni homini debeo. XX. **1** Sed quamuis hoc ita sit et ex eo tempore omnia mihi in illum libera sint, ex quo corrumpendo fas omne, ut nihil in eum nefas esset, effecerit, illum mihi seruandum modum credam, ut, si beneficium illi meum neque uires maiores daturum est in exitium commune nec confirmaturum, quas habet, *id* || autem erit, quod illi reddi sine pernicie publica possit, reddam. **2** Seruabo filium eius infantem; quid hoc beneficium obest cuiquam eorum, quos crudelitas eius lacerat? Pecuniam, quae satellitem stipendio teneat, non sumministrabo. Si marmora et uestes desi*de*rauerit, nihil oberit cuiquam id, qu*o* luxuria eius instruitur; militem et arma non suggeram. **3** Si pro magno petet munere artifices sc*a*enae et scorta et quae feritatem eius emolliant, libens offeram. Cui triremes et *a*eratas non mitterem, lusorias et cubiculatas et alia ludibria re*gu*m in mari lasciuientium mittam. Et si ex toto desperata eius sanitas fuer*i*t, eadem manu beneficium

8 reddere N^2 : | redere N^1.

9 perdidisset N^2 : -de|disset N^1 || est et sepositus *Erasme* : est et positus *N* || abscindit N^2 : ads- N^1 || humano N^2 : -nu N^1.

XX. **1** id autem *Muret* : Ita || autem *N*.

2 desiderauerit N^2 : desiter- N^1 || id quo N^2 : id quod N^1.

3 aeratas *Erasme* : cer- *N* || regum N^2 : -gnum N^1 || fuerit N^2 : -rat N^1.

vant aux folâtreries royales sur mer. Et si sa guérison est absolument désespérée, je ferai, d'un seul geste, un acte de bienfaisance envers tous, de restitution envers lui; car, pour des natures comme la sienne, sortir de la vie est le seul remède, et le meilleur parti est de s'en aller lorsqu'on ne doit jamais revenir à soi. **4** Mais cette forme de méchanceté est rare et tenue en tout temps pour un phénomène, tels les gouffres s'ouvrant sur terre ou les feux lancés du fond caverneux des mers jusqu'à l'air libre; aussi éloignons-nous de ce cas et parlons de ces vices que nous maudissons sans frissonner. **5** A cet homme méchant que je puis trouver en n'importe quelle place publique et qui n'inspire que des craintes individuelles, je rendrai le bienfait que j'en ai reçu. Il ne faut pas que sa perversité me profite; que le bien qui n'est pas à moi retourne à son maître! Bon ou méchant, que m'importe? Une enquête précise à ce sujet ne serait de mise que si, au lieu de rendre, je donnais.

XXI. **1** Ceci appelle une anecdote. Certain disciple de Pythagore avait acheté à un cordonnier des chaussures blanches à la grecque — grosse emplette! — sans pouvoir payer comptant. A quelque jours de là il s'en vint à la boutique pour payer; mais porte close; il frappait depuis longtemps lorsqu'il se trouva quelqu'un pour lui dire : « Pourquoi perdre ta peine? Le cordonnier que tu cherches a été porté en terre et incinéré; ce qui pour nous peut être un sujet d'affliction (car nous perdons les nôtres pour toujours), mais nullement pour toi; car tu sais qu'il doit renaître » (il raillait le pythagoricien). **2** Cependant notre philosophe, avec trois ou quatre deniers dans la main, fort aise, regagna son logis, non sans les faire sonner de temps à autre. Puis, blâmant le plaisir qu'il trouvait secrètement à ne point payer, et comprenant qu'il s'était laissé tenter par cette misérable aubaine, il retourna auprès de la même

fin tragique fut en harmonie avec son horrible vie (Plut. *De tarda Dei uindicta*, 11). — Le tyran a nécessairement une citadelle et des gardes du corps (19, 8; 20, 2). Sur la conduite à tenir envers ses enfants (20, 1), les tyrannicides, parfois, délibéraient (Aristot.

omnibus dabo, illi reddam; quoniam ingeniis talibus exitus remedium est optimumque est abire ei, qu*i* ad se nunquam rediturus est. **4** Sed haec rar*a* nequitia est *et* semper portenti loco habita, sicut hiatus terrae et e*x* cauernis maris ignium eruptio; itaque ab illa recedamus, de iis loquamur u*i*tiis, quae detestamur sine horrore. **5** Huic homini malo, quem inuenire in quolibet foro possum, quem singuli timent, reddam beneficium, quod accepi. Non || oportet mihi nequitiam eius prodesse; quod meum non est, redeat ad dominum. Bonus sit an malus, quid? diligenter istud excuterem, si non redderem, sed darem.

XXI. **1** H*i*c locus fabulam poscit. Pytha*g*oricus quidam emerat a sutore phaecasia, rem magnam, non praesentibus numis. Post aliquo*t* dies uenit ad tabernam redditurus et, cum clusam diu pulsaret, fuit, qui diceret : “ Quid perdis operam? sutor ille, qu*e*m qu*a*eris, el*a*tus, combustus est; quod nobis *f*ortasse molestum est, qui in aeternum nostros amittimus, tibi minime, qu*i* scis futurum, ut renascatur ”, *i*ocatus in Pytha*g*oricum. **2** A*t* philosophus noster tres aut quattuor denarios non inuita manu dom*um* re*t*tulit subinde concutiens; deinde, cum repr*e*h*e*nd-

3 qui ad se *V* : quia ad se *N*.

4 rara nequitia est et *Gertz* : rare nequitia est *N* rara nequitia est *Hosius* || et ex *nos* : et | ea *N* [*cf.* 5, 22, 2 ea|probabo *pro* exprobrabo, *rursus autem* 5, 12, 2 ex|plicuit *pro* ea plicuit] et e N^2 *edd.* || ignium N^2 : igni*um N^1 || uitiis *Gronov* : utiis | *N* [*cf.* uitio *De Cl. nostr. ed. P.* 2ᵃ, 5, 4 = *Vulg.* 2, 7, 4 *et supra* 5, 25, 6] || quid [*id est* ad me *uel* deinde] *N nos* : quid differt *Gertz Hosius*.

XXI. **1** Hic N^2 : Huic N^1 || Pythagoricus N^2 : pythaco- N^1 || aliquot N^2 *uel* N^3 : | -quod N^1 || quem quaeris : quaemqueris *N* || elatus *Erasme* : eletus *N* || fortasse N^2 : port- N^1 || qui scis N^2 : quis scis N^1 || locatus N^2 : locatus N^1 || Pythagoricum : pythaco- *N* || locatus-Pythagoricum *Albertini*, p. 186, n. 3, *tamquam glossema eicit*.

2 At philosophus N^2 : aphilo|sophus N^1 || domum N^2 : domom N^1 || rettulit N^2 : redt- N^1.

boutique et déclara : « Cet homme est vivant pour toi : paie ta dette. » Puis, à travers la cloison, par un vide laissé entre les ais disjoints, il glissa et fit tomber à l'intérieur quatre deniers, se punissant d'une convoitise malhonnête, de peur de s'accoutumer à retenir le bien d'autrui.

L' « oubli » du bienfait, prescrit au bienfaiteur, est une formule surtout théorique.

XXII. 1 Ce que tu dois, cherche à qui le rendre ; et si nul ne le réclame, fais-toi sommation à toi-même. « Est-il bon? est-il méchant? » Cela ne te regarde pas. Rends d'abord — et accuse après. Tu as oublié comment sont répartis les rôles entre vous : à l'autre d'oublier (c'est sa consigne); à toi de te souvenir (voilà notre prescription). On se trompe cependant si l'on pense, à nous entendre prêcher l'oubli au bienfaiteur, que nous lui ôtons brutalement le droit au souvenir, au souvenir surtout de l'action la plus honorable qui soit; si parfois nos préceptes dépassent la mesure, c'est pour qu'on les réduise à leur portée exacte et naturelle. 2 Quand nous disons : « Il ne doit pas se souvenir », nous voulons qu'on l'entende ainsi : « La vantardise lui est interdite et la jactance et l'importunité. » D'aucuns en effet vont raconter de cercle en cercle le bien qu'ils ont fait : avant de boire, ils en causent; après boire, ils sont expansifs; ils en rebattent les oreilles des étrangers, aux amis ils le disent en secret; pour que cette intempérance et cette verve accusatrice de la mémoire se pût calmer, nous avons commandé l'oubli à celui qui a donné; et en exigeant de lui plus que le possible, nous avons voulu l'exhorter au silence. XXIII. 1 Lorsqu'on n'a pas toute confiance en ceux à qui l'on commande, il faut toujours leur demander plus qu'il ne faut afin d'obtenir autant qu'il faut. Si l'on enfle l'hyperbole, c'est en général pour aboutir à l'impression juste par le

Ath. ciu. 18 et 19, notre *Introd.* p. XXVII, n. 1). — Sur l'analogie entre ce développement sur Phalaris (19,5; 20,4) et le langage de Cicéron sur César-Phalaris, voir notre *Introd.* p. XXIII, n. 9). —

iss*et* hanc suam non reddenti tacitam uoluptatem, intellegens adrisisse illud lucellum sibi, r*e*diit ad eandem tabernam et ait : " Ille tibi uiuit; redde, quod debes. " Deinde per clostrum, qua se commissura laxauerat, quattuor denarios in tabernam inseruit ac misit poenas a se exigens inprobae cu*p*iditatis, ne alieno adsuesceret.

XXII. 1 Quod debes, quaer*e*, cui reddas, et, si nemo poscet, ipse te a*p*pella; malus an bonus, ad te non pertinet; redde et accusa. || Oblitus es, quemadmodum inter uos officia diuisa sint : illi obliuio i*n*perata est, tibi meminisse mandauimus. Errat tamen, si quis existimat, cum dicimus eum, qui beneficium *dedit*, obliuisci oportere, excutere nos illi memoriam rei praesertim honestissimae; quaedam praecipimus ultra modum, ut ad uerum et suum redeant. 2 Cum decimus : " meminisse non de*b*et ", hoc uolumus intellegi : " praedicare non debet nec iactare nec grauis esse ". Quidam enim beneficium, quod dederunt, omnibus circulis narrant; hoc sobrii loquuntur, hoc ebrii non continent, hoc ignotis ingerunt, hoc amicis committunt; ut haec nimia et exprobratix memoria subsideret, obliuisci eum, qui dedit, iussimus et plus imperando, quam praestari poterat, silentium suasimus. XXIII. 1 Quotiens parum fiduciae est in iis, quibus imperes, amplius exigendum est, quam sat est, ut praestetur, quantum sat est. In hoc omnis hyperbol*e* *e*xtenditur, ut ad uerum menda*c*io

2 reprehendisset N^2 : repraehin|dissit N^1 || rediit N^2 : redd- N^1 || inseruit : *habet N* 1 *prior ex* s || cupiditatis N^2 : cubidi- N^1.

XXII. 1 quaere N^2 : quaerei N^1 || appella N^2 : | apella N^1 || inperata *V* : interperata *N* || dedit *V* : reddi *N*.

2 debet N^2 : deuet N^1.

XXIII. 1 hyperbola extenditur : -|bola et extenditur N^1 -bolae extenditur N^2 || mendacio N^2 : -atio N^1.

mensonge. Aussi tel poète, par ces mots : « qui surpassaient en blancheur les neiges, en vitesse les souffles de l'air », a dit une chose impossible, afin qu'on imaginât le plus haut degré possible; et tel autre, par ces mots : « plus ferme que ces rochers, plus fougueux qu'un torrent », n'a pas pensé non plus que, sur sa parole, on attribuerait à un homme la fermeté du roc. **2** Jamais l'hyperbole n'escompte un effet proportionné à son audace; mais elle affirme l'incroyable pour atteindre au croyable. En disant : « que l'auteur d'un bienfait oublie », nous voulons dire : « qu'il ait tout l'air d'avoir oublié; que le souvenir qu'il en garde n'ait rien de visible, rien d'agressif. » **3** En disant qu'il ne faut pas réclamer le prix d'un bienfait, nous n'excluons pas toute réclamation; souvent le méchant a besoin que l'on sache compter avec lui; et les bons mêmes, qu'on les avertisse. Hé quoi? je ne montrerais pas l'occasion à qui ne la soupçonne pas? Je ne lui découvrirais pas mes besoins? pour qu'il feigne ou qu'il souffre d'avoir ignoré cette situation? Faisons intervenir parfois l'avertissement, mais avec discrétion : point de requête, ni de citation en justice.

XXIV. **1** Socrate disait tout haut devant ses amis : « J'aurais acheté un manteau, si j'avais eu de l'argent. » Sans demander à aucun, il les avertissait tous. Ce fut à qui aurait l'honneur de l'obliger. Chose bien naturelle. En fait, c'était si peu de chose que Socrate allait recevoir; en revanche, c'était beaucoup d'avoir été l'homme de qui Socrate daignait recevoir. **2** Pouvait-il leur faire plus doucement la leçon : « J'aurais acheté un manteau, dit-il, si j'avais eu de l'argent. » Après cela, on peut faire diligence : on vient trop tard; déjà on a laissé Socrate au dépourvu. C'est parce qu'existe la tendance à demander son compte âprement que nous ne voulons pas qu'on réclame son dû, non pour qu'on s'en

L'idée de 20, 3 *f.* se retrouve dans Cicéron *De Fin.* IV, 56 (*huic [Dionysio] mori optimum esse propter desperationem sapientiae* et, avec moins de précision, au *De Ira* (*Introd.*, p. XXV). — L'idée du chap. 21 avait été érigée en maxime : Sen. Rh. *Contr.* IX, 1 (24), 5 *Ego sum qui referre gratiam ne mortuis quidem desino.* — Chap. 23,

ueniat. Itaque ille, cum dix*i*t : " Qui candore niues anteirent, cursibus auras ", quod non poterat fieri dixit, ut crederetur, quantum plurimum posset. Et qui dixit : " His immobilior scopulis, uiolentior amn*e* ", ne hoc quidem se persuasurum putauit aliquem tam immobilem esse quam sco||pulum. 2 Numquam tantum sperat hyperbol*e*, quantum audet, sed incredibilia adfirmat, ut ad credibilia perueniat. Cum dicimus : " Qui beneficium dedit, obliuiscatur", hoc dicimus : " similis sit oblito; memoria eius non appareat nec incurrat ". 3 Cum dicimus beneficium repeti non oportere, non ex toto repeti*ti*onem tollimus; saepe enim opus est malis exactore, etiam *bon*is admonitione. Quid ergo? occ*a*sionem ignoranti non ostendam? necessitates illi meas non detegam, qua*m* re*m* nescisse se aut mentiatur aut doleat? Interueniat aliquando admoni*ti*o, sed uerecunda, quae non p*o*scat nec in ius uocet.

XXIV. 1 Socrates amicis audientibus : " Emissem " inquit " pallium, si nummos haberem. " Neminem poposcit, omnes admonuit. A quo a.cciperet, ambitus fuit; quidni esset? quantulum enim erat, quod Socrates accipiebat? *a*t multum erat eum fuisse, a quo Socrates acciperet. 2 Num illos casti*g*are mollius potuit? " Emissem " inquit " pallium, si nummos haberem. " Post hoc qu*i*squis properauerit, s*e*ro dat; iam Socrati defuit. Propter acerbos exactores

1 dixit N : -et N^1 || Qui candore—auras *Verg. Aen.* 12, 84 || His—amne *Ou. met.* 13, 801 || amne N^2 : -nem N^1.

2 hyperbole : hyperbol* [e *fort. eras.*] : -la *N*.

3 repetitionem : repetio- *N* || bonis N^2 *uel* N^3 : uobis N^1 || occasionem : oc|cans- *N* || quam rem *nos* : quare | *N edd.* || admonitio N^2 : -icio N^1 || poscat N^2 : pasc- N^1.

XXIV. 1 at multum *Muret* : aut multum *N*.

2 castigare N^2 : castic- N^1 || quisquis N^2 : qusquis N^1.

abstienne toujours, mais pour qu'on y apporte des ménagements.

XXV. 1 Aristippe prenant un jour plaisir à sentir un parfum : « Maudits soient, dit-il, ces efféminés qui ont discrédité une chose si délicate[1]. » De même il faut dire : « Maudits soient ces malhonnêtes et insupportables usuriers de bienfaisance qui ont aboli le délicat procédé du rappel entre amis. » Moi je ne laisserai pas d'user de cette prérogative de l'amitié et je demanderai le retour de mon bienfait à celui dont j'eusse voulu pour bienfaiteur et qui accueillera comme un second bienfait la possibilité qu'il a eue de s'acquitter. 2 Jamais, même pour me plaindre, je ne dirai :

« Jeté par les flots sur le rivage, manquant de tout, je t'ai recueilli et, folle que j'étais, j'ai partagé mon trône avec toi! »

Ce n'est point là un avertissement, mais un vif reproche; cela revient à faire haïr les bienfaits; cela revient à rendre l'ingratitude permise ou agréable. Il suffit amplement que le langage de la modestie et de l'amitié réveille les souvenirs :

« Si jamais j'ai bien mérité de toi, ou si ma personne eut pour toi quelque charme... »

Que l'autre dise à son tour : « Oh! oui, tu as bien mérité de moi! Les flots m'avaient jeté sur le rivage, je manquais de tout, quand tu m'as recueilli. »

XXVI. 1 « Mais nous ne sommes pas, dit-on, plus avancés; il dissimule, il a oublié; que dois-je faire? C'est la question que je pose. »

Question essentielle et par laquelle il convient de couronner l'étude de notre sujet : comment faut-il supporter les ingrats?

1 s. : Sénèque aimait justifier les figures philosophiquement. Telles d'entre elles, comme la comparaison, lui semblaient indispensables au sage pour seconder la faiblesse de notre esprit et placer le lecteur ou l'auditeur en présence des objets (*Ep.* 59, 6; cf. Burnier, *La pédagogie de Sén.* p. 57). Sur ces métaphores, voir *Ep. ibid.* et *De Ben.* IV, 12, 1. L'exagération semblait à Cicéron (*Pro Mur.* 65) comme à Sénèque un procédé efficace du prédicateur stoïcien : *paulo longius quam natura uellet (fines officiorum) protulisse, ut cum ad ultimum contendissemus, ubi tamen oporteret consisteremus.*

(1) Voici l'anecdote (*ap.* Diog. Laert. II, 76) : « Charondas (ou

repetere prohibemus, non, ut numquam fiat, sed ut parce.

XXV. 1 Aristippus aliquando d*e*lectatus ung*u*ento : " Male " in||qui*t* " istis effeminatis eueniat, qui rem tam bellam infamauerunt. " I*t*em dicendum est : " Male istis improbis et inportunis beneficiorum suorum quadriplatoribus eueniat, qu*i* *t*am bellam rem, admoni*t*ionem inter amicos, sustulerunt. " E*g*o tamen utar hoc iure amicitiae et beneficium ab eo repetam, a quo petissem, qui alterius beneficii loco accepturus est potuisse reddere. 2 Numquam ne querens quidem dicam :

Eiectum litore, egentem
Excepi et regni demens in parte locaui.

Non est ista admoni*t*io, conui*c*ium est; hoc est in odium beneficia perducere, hoc est efficere, ut ingratum esse aut liceat aut iuuet. Satis abundeque est summissis et familiaribus uerbis memoriam reuocare :

Si bene quid de te merui, fuit aut tibi quicquam
Dulce meum.

Ille inuicem dicat : " Quidni merueris? eiectum litore, egentem excepisti. "

XXVI. 1 " Sed nihil " inqui*t* " proficimus; dissimulat, oblitus est : quid facere debeam *quaero* ".

XXV. 1 delectatus N^2 : dilec- N^1 || unguento : ungento *N* || inquit N^2 : -id N^1 || Item *Gertz* : idem *N* || qui tam *GP Gruter* [qui tam bellam ammonitionem *GP*] : quam | *N* || bellam rem : bellarem *N* || admonitionem N^2 : -icionem *N* || Ego N^2 : Ergo N^1.

2 Eiectum—locaui *Verg. Aen.* 4, 373 || admonitio N^2 : -icio N^1 || conuicium : conuit- *N* || Si bene—meum *Verg. Aen.* 4, 317.

XXVI. 1 inquit N^2 : -id N^1 || <quaero> quaeris *nos* : queris N^1 quaeris N^2.

Conclusion : attitude à garder envers les ingrats.

Avec calme, avec mansuétude, avec magnanimité. 2 Que jamais âme insensible, oublieuse, ingrate, ne te scandalise au point que tu n'éprouves plus, malgré tout, le plaisir d'avoir donné [1], que jamais mauvais procédé ne t'arrache des mots comme : « Je regrette de l'avoir fait. » Que ton bienfait, même malheureux, te soit une satisfaction; l'ingrat se repentira toujours, si de ton côté tu n'as, même à présent, aucun regret. Tu n'as point sujet de t'indigner, comme si une chose inouïe était arrivée; ce qui devrait t'étonner bien plutôt, c'est qu'elle ne fût point arrivée. 3 L'un est rebuté par l'effort, l'autre par la dépense, un autre par le danger, un autre par une fausse honte (la peur d'avouer, en rendant, qu'il a reçu); un autre ignorait son devoir; un autre a été paresseux; un autre, trop occupé. Vois comme le gouffre de la convoitise humaine est toujours béant et comme il réclame toujours; tu ne t'étonneras pas que nul ne rende en un monde où nul n'a assez avec ce qu'il a reçu. 4 Quelle est parmi ces hommes l'âme tellement sûre et tellement solide, qu'on y puisse sans risque déposer un bienfait? L'un est égaré par la débauche, l'autre est esclave de son ventre; l'autre est un homme d'argent, et ne regarde point aux moyens, mais au total du bénéfice; l'autre est tourmenté par l'envie, l'autre par une ambition aveugle et dont la fougue brave les épées. Ajoute l'engourdissement et la décrépitude morale et les états contraires de l'âme : l'inquiétude d'un cœur toujours agité et sans cesse en tumulte; ajoute l'estime de soi exagérée et l'orgueil qui se targue précisément des défauts qui l'avilissent. Et encore l'obstination dans l'effort criminel, et encore la versatilité toujours quittant un but pour un autre. Ajoutons-y la

Phédon) disait : « Quel est l'homme qui se parfume? » — « Un infortuné comme moi, répondit Aristippe, — et le roi de Perse. Mais prends-y garde : tandis que les autres animaux ne perdent rien pour cela, il n'en est pas ainsi de l'homme. Maudits soient les efféminés qui discréditent notre bonne odeur! » (J. Lipse).

(1) Telle des maximes contenues dans cette conclusion nous

Qu*a*eris rem maxime necessariam et in qua hanc materiam consummari decet, quemadmodum ingrati ferendi sint.

Placi*do* animo, mansueto, magno. **2** Nunquam te tam inhumanus et inmemor et ingratus offendat, ut non tamen dedisse delectet; numquam in hos uoces iniuri*a* impellat : " Vellem || non fecissem. " Beneficii tui tibi etiam infelic*it*as placeat; semper illum paenitebit, si te ne nunc quidem paenitet. Non est, quod indigneris, tamquam aliqui*d* noui acciderit; magis mirari deberes, si non acc*i*disset. **3** Alium labor, alium inpensa deterret, alium periculum, alium turpis uerec*u*ndia, ne, dum reddit, fateatur accepisse, alium ignorantia officii, alium pigritia, alium occupatio. Aspice, quemadmodum immensae hominum cupiditates hient semper et poscant; non mira*b*eris ibi neminem reddere, ubi nemo satis accepit. **4** Quis est istorum tam firmae mentis ac solidae, ut *tu*to aput eum beneficia deponas? Alius libidine insanit, alius abdomini seruit; alius lucri to*t*us est, cuius summam, non uias, spectat; alius inuidia laborat, alius caeca ambitione et in gladi*o*s inruente. Adice t*o*rporem mentis ac senium et contraria huic inquieti pectoris agitationem tumultusque perpetuos; adice aestimationem sui nimiam et tumorem, ob quae contemnendus est, insole*n*tem. Quid? contumaciam in peruersa nitentium; qui*d*? leuitatem semper aliquo transil*i*entem. **5** Hoc acce-

1 Placido N^2 : -ito N^1.

2 iniuria N^2 : -iam N^1 || infelicitas N^2 *uel* N^3 : -licas N^1 || aliquid N^2 *uel* N^3 : -it N^1 || accidisset.

3 uerecundia N^2 : -condia N^1 || miraberis N^2 : -aueris N^1.

4 tuto N^2 *uel* N^3 : toto N^1 || totus *S* : tosus *N* || gladios N^2 : -ius N^1 || torporem N^2 : turp- N^1 || Quid? *Erasme nos* [Quid *Erasme*] : Quid *N* Quid dicam *Gertz Hosius* || quid N^2 : qui N^1 || transilientem N^2 : -lentem N^1.

5 Huc accedat *Erasme* : Hoc acce- *N Hosius*.

précipitation aveugle et la couardise, toujours mauvaise conseillère, et mille formes d'égarement dont nous sommes le jouet : l'audace qui vient aux plus lâches, la discorde entre les amis les plus intimes et cette générale et funeste disposition à faire fond sur les biens les plus précaires et à faire fi, lorsqu'on les tient, de ceux dont l'acquisition était inespérée. C'est parmi les passions instables par excellence, que tu cherches la chose stable par excellence, la fidélité!

XXVII. 1 Si une image exacte de notre vie s'offre à toi, tu croiras avoir sous les yeux l'aspect extérieur d'une ville qui vient d'être prise[1] : là plus d'égard pour la pudeur, nul respect du juste : on ne consulte que ses forces. Comme si le signal du bouleversement général était donné, le fer, le feu, tout est bon; le crime est affranchi des lois; la religion elle-même, habituelle sauvegarde des suppliants parmi les armes ennemies, n'arrête point la ruée vers le butin. 2 Qui s'attaque aux biens particuliers , qui aux biens publics, qui au profane, qui au sacré : c'est le pillage; l'un enfonce, l'autre escalade; tel à qui un étroit passage ne suffit pas, renverse les obstacles qui l'arrêtent et réalise ses profits dans les décombres; tel dévaste sans tuer, tel brandit un trophée de sa main sanglante; pas un qui n'emporte quelque chose d'autrui. En ce déchaînement universel des appétits, ah! vraiment tu as trop oublié le sort commun, toi qui cherches parmi les pillards celui qui vient restituer. 3 Si tu es indigné qu'il y ait des ingrats, sois-le aussi qu'il y ait des dépensiers, et qu'il y ait des avares, qu'il y ait des impudiques, qu'il y ait des malades et des difformes, des vieux et des blêmes! C'est là un vice gros de conséquences, c'est un vice insupportable et propre à désunir les hommes, à rompre

rappelle les déclarations édifiantes de Cicéron (*Ad. Fam.* V, 7, 2) : *Nulla enim re tam laetari soleo quam meorum officiorum conscientia, quibus si quando non mutue respondetur, apud me plus officii residere facillime patior* (cf. notre *Introd.*, p. XXX, n. 4).

(1) Cette comparaison, dit Sonntag, p. 59, paraît avoir été en honneur dans les écoles de rhétorique : cf. Cornif. *Ad Herenn.*, IV (39), 51 : *Neminem uestrum fugit Quirites, urbe capta quae mise-*

dat temeritas praeceps et numquam fidele consilium daturus timor et mille errores, quibus || uoluimur : audacia timidissimorum, discordia fa*mi*liarissimorum et, puplicum malum, incertissim*i*s fidere, fastidire possessa, quae consequi posse spes non fuit. Inter adfectus inquietissimos rem quietissimam, fidem, quaeris?

XXVII. 1 S*i* tibi uitae nostrae uera i*m*ago succurret, *uidere* uideberis tibi captae cum maxime ciuitatis faciem, in *q*ua omisso pudoris rectique respectu uires in concilio sunt. Velut signo ad permiscenda omnia dato, non igni, non ferro abstinetur; soluta legibus scelera sunt; ne religio quidem, quae inter arma hostilia supplices texit, ullum inpedimentum est ruentium in praedam. 2 Hic ex priuato, hic ex publico, hic ex pro*f*ano, hic ex *s*acro rapit; hic ecfringit, hic tra*n*silit; hic non contentus angusto it*i*nere ipsa, quibus arcetur, euertit et in lucrum ruina uenit; hic sine caede populatur, hic spolia cruenta manu gestat; nemo non fert aliquid ex altero. In hac auiditate generis humani o ne tu nimis fortunae commun*i*s oblitus es, qui quaeris inter rapientis *referentem!* 3 Si indignaris ingratos esse, indignar*e* lux*u*riosos, indignare auaros, indignare impudicos, indignare aegros deformes, senes pallidos. Est istuc

5 familiarissimorum N^2 : faliariss- N^1 || incertissimis N^2 : -mes N^1.

XXVII. 1 Si N^2 : Sit N^1 || imago : imma- N^1 || <uidere> uideberis *Gertz* : | (ret) uidebiris *N* uideberis tibi uidere *V* || in qua N^2 : iniqua N^1 || Velut — dato *ita distinxit Feldmann* : ⟨sunt⟩ uelut — dato. *edd. praeeunte Erasmo.*

2 profano N^2 : proph- N^1 || ex sacro N^2 : ex a|cro N^1 || ecfringit *nos* : exfringit N^1 [*fort. ex* ec *quae litterae conligatae paene similes erant conligatis* e x *litteris*] effr- N^2 *edd.* || transilit N^2 : tras-|N^1|| itinere : ite- *N* || communis N^2 : -nes N^1 || rapientis referentem N^2 [rapientes—] : referentem | rapientis N^1.

3 indignare N^2 : -ari N^1 || luxuriosos : luxor- *N*.

et à détruire la concorde, soutien de notre faiblesse; mais il est répandu à ce point que même lorsqu'on s'en plaint on n'y a point échappé!

XXVIII. 1 Dans ton for intérieur demande-toi si aux gens qui avaient droit à ta reconnaissance tu l'as toujours témoignée, si jamais bon office placé chez toi n'a été perdu, si le souvenir de tout le bien qu'on t'a fait ne te quitte pas. Tu verras que celui qui remonte à tes premières années était avant l'adolescence sorti de ta mémoire, que celui qui s'adressait à ta jeunesse n'y est point demeuré jusqu'à ta vieillesse. Telle chose s'est perdue par notre faute, telle autre a été mise au rebut; celle-ci a disparu peu à peu de notre vue, d'une autre nous avons détourné nos regards. 2 Pour excuser à tes yeux ta faiblesse, je dirai que la mémoire est un vase éminemment fragile et, pour la richesse de son contenu, trop peu résistant; fatalement, autant elle reçoit, autant elle laisse échapper et les souvenirs les plus anciens y disparaissent sous les plus récents. De là vient que ta nourrice n'a plus auprès de toi qu'une autorité minime, car son bienfait a été placé trop en arrière par l'âge suivant; de là vient que tu n'as plus pour ton précepteur la moindre vénération [1], ainsi est-il arrivé que tout occupé des comices consulaires ou candidat aux sacerdoces, tu as perdu le souvenir de l'homme qui faisait campagne pour le <futur> questeur! 3 Peut-être le vice dont tu te plains, si tu te fouilles avec soin, tu le trouveras sur toi. C'est une injustice de s'emporter contre le crime de tout le monde; une sottise, contre un crime que tu partages: pour être absous, pardonne.

Tu rendras cet homme meilleur par la patience, pire en tout cas par les reproches. N'aille pas sans sujet lui apprendre à ne rougir plus. Souffre, s'il lui reste la moindre pudeur, qu'il la conserve. Souvent, un senti-

riae consequi soleant. — Notons toutefois qu'ici c'est la vie humaine ou la société qu'elle sert à caractériser.

(1) La délicatesse de sentiments qui transparaît ici était, à vrai dire, celle de tout homme bien élevé (Cic. *Pro Planc.* 81 *Quis est nostrum liberaliter educatus,—cui non magistri sui—cum grata ueneratione*

graue uitium, est into*l*erabile et quod di*s*societ homines, quod concordiam, qua in*b*ecillitas nostra fulcitur, scindat ac dissupet, sed || usque eo uulgare est, ut illud ne qui queritur quidem effugerit.

XXVIII. 1 Cogita tecum, an, quibuscumque debuisti, gratiam re*tt*u*l*eris, an nullum umquam aput te perierit officium, an omnium te beneficiorum mem*o*ria comitetur. Videbis, quae puero data sunt, ante adul*e*scentiam ela*p*sa, quae in iuuenem conlata sunt, non perdurasse in senectutem. Quaedam perdidimus, quaedam proiecimus, quaedam e conspectu nos*t*ro paulatim exierunt, a quibusdam oculos auertimus. 2 Vt excusem tibi in*b*ecillitatem, inprimis *uas* fragile est mem*o*ria et rerum turbae non sufficit; necesse est, quantum recipit, emittat et antiquissima recentissimis obruat. Sic factum est, ut minima aput te nutricis ess*e*t auctoritas, quia beneficium eius longius aetas seque*n*s posuit; sic factum est, ut praeceptoris tibi non ess*e*t ull*a* ueneratio; sic euenit, ut circa cons*u*laria occupato comitia aut sacerdotiorum candi*d*ato quaesturae suffragator excideret. 3 Fortasse uitium, de quo quereris, si te diligenter excusseris, in sinu inuenies. Inique [in] publico crimini irasceris, stulte tuo : ut absoluaris, i*g*no*s*ce. Meliorem illum facies ferendo, utique peiorem exprobrando. Non est, quod front*em* eius ind*u*res; sine,

3 intolerabile : intoll- N || dissociet : disoc- N^1 || inbecillitas N^2 : inue- | N^1 || dissupet N^2 : disu- N^1 || effugerit : -ret N.

XXVIII. 1 rettuleris N^2 : retulle- N^1 || memoria N^2 : memer- N^1 || anta adulescentiam : ante adulisc- N || elapsa : -bsa N || nostro paulatim N^2 : nos propaul- N^1.

2 inbecillitatem N^2 : inuecill- N^1 || inprimis uas *Madvig* : inprimis tuam N || memoria N^2 : memer- N^1 || esset N^2 : -it N^1 || sequens N^2 : -ques N^1 || esset N^2 : -it | N^1 || ulla N^2 : -am N^1 || consularia N^2 : consol- N^1 || candidato N^2 : canditato N^1.

3 Inique publico N^2 : iniq;**publico [in *eras.*] || ignosce N^2 : icnoce N^1.

ment indécis de délicatesse, aux éclats d'une voix grondeuse, est tué net. Nul ne craint d'être ce qu'il paraît déjà. Quand on est pris sur le fait, la pudeur s'en va. XXIX. 1 « J'ai perdu mon bienfait. » Est-ce que par hasard nous disons « perdues » les offrandes à la divinité? Un bienfait est une offrande; fût-il stérile, on a bien fait de l'accorder. Cet homme n'est pas ce que nous espérions : sachons, nous, être ce que nous étions, au lieu de lui ressembler. S'il y a eu perte, ce n'est pas alors; il y a eu constatation. Un cas d'ingratitude ne peut sans tourner à notre honte être produit au grand jour, puisqu'à vrai dire la plainte est significative : bienfait perdu, bienfait mal placé. 2 Autant qu'il nous est possible, soyons l'avocat de l'ingrat auprès de nous: « Peut-être ne pouvait-il; peut-être ne savait-il pas, peut-être va-t-il s'exécuter. » Certaines créances sont devenues bonnes aux mains d'un patient et sage créancier, qui a su attendre et par les délais accordés entretenir le courage. Nous n'avons qu'à faire de même : aidons à vivre le sentiment de l'honneur prêt à défaillir.

XXX. 1 « J'ai perdu mon bienfait! » Comme un sot tu ignores les dates de ton déficit; tu l'as « perdu », mais quand tu l'as adressé; la perte maintenant n'a fait que se révéler. Même dans le scas qui semblent désespérés les ménagements sont le remède le plus efficace : comme le corps, l'âme malade veut une main délicate. Souvent l'écheveau qu'une longue patience aurait pu débrouiller a été rompu par un coup brusque. Qu'est-il besoin d'injures? Qu'est-il besoin de récriminations? qu'est-il besoin de persécution? pourquoi libérer cet homme? pourquoi le tenir quitte? S'il est ingrat, il ne doit plus rien. 2 Est-ce un procédé raisonnable d'aigrir celui à qui l'on a fait beaucoup de bien afin que d'ami douteux il devienne ennemi véritable et qu'il cherche une excuse en nous perdant d'honneur et qu'il ne manque

in mente uersentur?) Mais les stoïciens l'ont observée comme une de leurs maximes favorites (voir Perse, *Sat.* V, 21, 44, à Cornutus; Marc Aurèle, [M. Aur. I, 5 ss.]); et Pythagore en avait jadis donné l'exemple avec son maître Phérécyde (Diod. Sic. *Excerpta de uirtu-*

si quid est pudoris residui, ser||uet. Saepe dubiam uere*cu*ndiam uox conuiciantis clarior rupit. Nemo id esse, quod iam uidetur, timet; dep*ren*so pudo*r* emit*ti*tur.

XXIX. 1 " Perdidi beneficium ". Numquid, quae consecrauimus, perdidisse nos dicimus? inter consecrata beneficium est, etiam si male respondit, bene conlatum. Non est ille, qualem sperauimus; simus nos, quale*s* fuimus, e*i* dissim*i*les. Damnum non tunc factum : apparuit. Ingratus non sine nostro pudore protrahitur, quoniam quidem qu*e*r*e*lla amissi beneficii *hau* bene dati signum est. 2 Quantum possumus, causam eius aput nos agamus : " Fortasse non potuit, fortasse ignorauit, fortasse facturus est. " Quaedam nomina bona lentus et sapiens creditor fecit, qui sustinuit ac mora fouit. Idem nobis faciundum est; nutriamus fidem languidam.

XXX. 1 " Perdidi beneficium. " Stulte non nosti detrimenti tui tempora; perd*i*disti, sed cum dares; nunc palam factum est. Etiam in his, quae uidentur in perdito, moderatio plurim*u*m profuit; ut corporum ita animorum molliter uitia tractanda sunt. Saepe, quod explicari pertinacia *potuit, uiolentia* trahentis abruptum est. Quid opus est maledictis? quid querellis? quid insectatione? quare illum liberas? quare dimittis? si ingratus est, iam nihil debet.

3 uerecundiam *N²* : -condiam *N¹* || deprenso pudor emittitur *V* [deprehensus—] : depraenso pudore | emitur *N* deprehensus pudor amittitur *Erasme* deprenso pudor demitur *Haupt*.

XXIX. **1** quales *N²* : | quale *N¹* || ei dissimiles *N²* : et dissimules *N¹* || querella *N²* : quaerilla *N¹* || beneficii <hau> bene dati *nos* : beneficii bene da|ti *N* [*fort. ex* -icii (h)au bene— *cum in ipso N ic et a crebro in eundem modum effingantur*] beneficii non bene dati *Erasme edd. haud satis, ut uid., ad N apte*.

XXX. **1** Perdidisti *N²* : perde|disti *N¹* || plurimum *N²* : -om *N¹* || pertinacia <potuit, uiolentia> trahentis *Haupt* : pertina|cia trahentis *N*.

pas de naïfs pour venir déclarer : « Il y a je ne sais quoi : cet homme à qui il devait tant lui est devenu insupportable : quelque mystère est là-dessous. » (Il n'y a pas d'exemple que l'honorabilité d'un homme n'ait été, par les doléances d'un inférieur, sinon tachée profondément, au moins éclaboussée; et nul ne se contente de calomnies légères quand l'énormité du mensonge lui sert à trouver créance.) XXXI. 1 Combien préférable est la méthode qui consiste à lui garder les dehors de l'amitié et même, pour le cas où il voudrait revenir à la santé, notre amitié! Ce qui a raison des méchants c'est la bonté persévérante et nul n'est assez insensible, assez hostile à ce qui mérite affection pour n'aimer pas ceux qui même en butte à l'injustice restent bons, et à qui déjà il doit cette première faveur d'avoir pu impunément faire défaut.

2 Que tes réflexions s'orientent donc de ce côté : « On ne m'a pas payé de retour : que faire? Ce que font les dieux, qui sont nos meilleurs maîtres en toutes choses : car ils commencent à faire du bien à un être qui les ignore et ils continuent — malgré notre ingratitude. » 3 Tel leur reproche leur indifférence à notre égard, tel autre leur injustice; un autre les rejette hors de son univers et là dans la veulerie, l'insensibilité, sans lumière comme sans occupation, il les abandonne. L'autre fait du soleil — à qui nous devons et d'avoir pu répartir le temps en heures de travail et de repos, et d'avoir, au lieu d'être engloutis dans les ténèbres, échappé au chaos de l'éternelle nuit; et la marche régulière de l'année, effet de sa course, et l'entretien de la vie dans les corps, la montée du grain semé, l'arrivée des fruits à maturité... — « un morceau de roc », ou « un globe de feux assemblés par le hasard »; et il lui donne tous les noms qu'on voudra excepté celui de dieu. 4 Néanmoins et malgré tout, à la manière des parents excellents

tibus et uitiis, 243). Nous l'avons remarquée déjà (VI, 16, 6, cf. 47, n. 1) chez Sénèque; on l'admire dans le traité *Ad Helu.* (19, 2), où il dit sa reconnaissance envers la tante qui l'éduqua maternellement et l'aida de son crédit à devenir questeur (il fut depuis préteur en 49 et consul suffecte en 56). — Le retour sur nous-

|| 2 Quae ratio est ex*a*cerbare eum, in quem magna contuleris, ut ex amico dubio fiat non dubius inimicus et patrocinium sibi nostra infamia quaerat, nec desit *nescius qui dicat* : " Nescio quid est, quod eum, cui tantum debuit, ferre non potuit; subest aliquid "? Nemo non superioris dignitatem querendo, etiam si non inquinauit, aspersit : nec quisquam fingere contentus est leuia, cum magnitudine mendacii fidem quaerat. XXXI. 1 Quanto illa melior uia, qu*a* seruatur illi species amicitiae et, si reuerti ad sanitatem uelit, etiam amicitia! Vincit malos pertinax bonitas, nec quisquam tam duri infestique aduersus dil*i*genda animi est, ut etiam *in* iniuri*a* bonos non amet, quibus h*o*c quoque coepit debere, quod inpu*n*e non soluit.

2 A*d* illa itaque cogitationes tuas flecte : " Non est relata mihi gratia; quid faciam? quod dii omnium rerum optimi auctores, qui beneficia ignoranti dare incipiunt, ingratis perseuerant. 3 Alius illis obicit neclegentiam nostri, alius iniquitatem; alus illos extra mundum suum pro*i*cit et igna*u*os hebetesque sine luce, sine ullo opere destituit; alius solem, cui debemus, quod inter laborem quietemque tempus diuisimus, quod non tenebris mersi confusionem aeternae noctis effugimus, quod annum cursu suo temperat et corpora alit, sata || uocat, percoquit fructus, saxum aliquod aut fortuitorum ignium globum et quiduis potius quam deum appellat. 4 Nihilo minus tamen

2 exacerbare *N*[2] : exarcerb- *N*[1] || desit <nescius qui dicat> nescio quid *nos* : desit nescio quid | *N* dicere Nescio quid *Madvig* desit uox Nescio quid *Rossbach* desit qui dicat Nescio quid *Erasme*.

XXXI.1 qua *N*[2] : | quae *N*[1] || diligenda : dileg- | *N* || in iniuria *Juste Lipse* : iniuriam *N* || hoc V : hic *N* || inpune *N*[2] : in pugne *N*[1].

2 Ad illa *N*[2] : Atilla *N*[1] || ignoranti *N* : -tibus *Agricola* ignorati *ad quaedam « exemplaria » Pincianus*.

3 neclegentiam *N*[1] : negl- *N*[2] || proicit *N*[2] : prodicit *N*[1] || ignauos *N*[2] : -abos *N*[1] || noctis *N*[2] : -tis* [q; *eras. ut uid.*] *N*.

qui accueillent par un sourire les paroles injurieuses de leurs petits enfants, les dieux ne s'arrêtent pas de faire pleuvoir les bienfaits sur ceux qui mettent en doute l'existence du bienfaiteur; ils continuent régulièrement la distribution de leurs trésors aux nations et aux peuples, n'ayant reçu en partage que le seul pouvoir d'être utiles : ils arrosent les terres d'ondées opportunes, mettent par leur souffle les mers en mouvement, marquent les saisons par le cours des astres, tempèrent les hivers et les étés en envoyant au travers une brise douce, voient l'égarement des créatures en faute avec le calme propice de la patience. **5** Imitons-les : donnons, même si nous avons maintes fois donné en vain; ne laissons pas de donner à d'autres, de donner même à ceux-là qui nous ont fait perdre. Nul n'a craint d'élever des maisons pour en avoir vu choir et, quand un foyer a été détruit par le feu, sur la place encore tiède nous jetons des fondations; et quand des villes ont été englouties à maintes reprises, nous les fions au même sol; tant l'optimisme de l'âme est tenace. Sur la terre et sur la mer l'activité humaine s'arrêterait, si les tentatives malheureuses n'étaient recommencées de bon cœur.

XXXII. Il est ingrat : ce n'est pas à moi, mais à lui-même qu'il a fait tort; quant à moi, le bien que j'ai fait m'a profité au moment où je le faisais. Et je n'aurai pas moins d'ardeur à recommencer, mais un zèle plus judicieux; si j'ai perdu avec lui, d'autres me dédommageront. Mais à lui tout le premier je saurai faire du bien encore; et comme le bon laboureur, à force de soins et de culture, je vaincrai la stérilité du sol. Le bienfait a été perdu pour moi, mais lui est perdu

mêmes, condition de l'indulgence (28, 3), nous est prescrit aussi dans le *De Cl.* (notre *Introd.*, p. XIX, n. 8). — La délicatesse prescrite (*ibid.*) dans les leçons qu'on adresse à l'ingrat est recommandée aussi, dans le *De Cl. Vulg.*, I, 22, 5, envers quiconque a des torts envers nous; — Cf. 28 *f.* et Marion, *La Solid. mor.*, 2e partie, chap. 1 : « Il faut le moins possible humilier les gens à leurs propres yeux, — ne point prendre acte de leur déchéance et surtout

more optimorum parentium, qui maledictis suorum infantium adrident, non cessant dii beneficia congerere de beneficiorum auctor*e* dubitantibus, sed aequali tenore bona sua per gentes populosque distribu*u*nt, unam potentiam, prodesse, sortiti : spar*g*unt opportunis imbribus terras, maria flatu mouent, siderum cursu notant tempora, hiemes aestatesque interuentu lenioris spiritus molliunt, errorem labentium animarum placi*di* ac propitii ferunt. **5** Imitemur illos; demus, etiam si multa *in* inritum data sunt; demus nihilo minus aliis, demus ipsis, apu*d* quos facta *i*actura est. Neminem ad excitandas domos ruina de*t*e*r*ruit, et, cum penates ignis a*b*sumpsit, fundamenta tepente adhuc area ponimus et urbes hau*s*tas saepius eidem solo [ponimus] credimus; adeo ad bonas spes pertinax animus est. Terra marique humana opera cessarent, nisi male tempta*ta* retemptare libuisset.

XXXII. Ingratus est : non mihi fecit iniuriam, sed sibi; ego beneficio meo, cum darem, usus sum. Nec ideo p*i*grius dabo, sed diligentius; quod in hoc perdidi, ab aliis recipiam. Sed huic ipsi || beneficium dabo iterum et tam*quam* bonus agric*o*la cura cultuque ster*i*litatem soli uincam. Perit mihi bene-

4 auctore N^2 : -rem N^1 || distribuunt N^2 : -bunt N^1 || sortiti spargunt N^2 : sortiti∗ parcunt [s *eras.*] || interuentu lenioris spiritus *dett. Erasme*: | interuentu∗ leniorespu [s *ut uidetur eras. et* spu *literis superposita uirgula*] *N* interueniente leniore spiritu *Haase* interdum uenti leniore spiritu *Skutsch* || placidi N^2 : -iti N^1.
5 in inritum *GPS* : inrit- *N* || iactura N^2 : tact- N^1 || deterruit N^2 : -teruit N^1 || absumpsit N^2 *uel* N^3 : | ads- N^1 || haustas N^2 : hautas N^1 || credimus *Gruter* : ponimus credimus *N* || tempta<ta> retemptare *Madvig* : tem|ptare temptare *N*.

XXXII. pigrius : prig- *N* || tamquam N^2 *uel* N^3 : tam N^1 || agricola N^2 : -cula N^1 || sterilitatem N^2 : sterili- N^1 || omnibus N^2 : homnibus N^1.

subscriptio L(i)B(er) ANNEI SENECE DEBENEFICI | LIB(er) VII. EXPL (icit) | INCIP(it). LIB(er)I DECLEMENTIA | FELICITER *N*.

pour tout le monde. Il n'y a pas de grandeur d'âme à faire le bien et à le voir perdu; la grandeur d'âme consiste à le voir perdu — et à le faire encore.

n'en pas faire éclat, etc. ». — Sur la « cure de l'âme » (30,1), cf. *De Cl. Vulg.* 1, 17, 1 s. = *nostr. ed.* III, 15, 1 s.; 2, 7, 4, s. = II, 5, 4 s. — 31, 3 le « morceau de roc » est d'Anaxagore, le « globe de feux assemblés au hasard », d'Epicure. — La méditation sur la bienfaisance du soleil et des dieux (31, 2 ss.) nous rappelle Sen. *De Ben.*, I, 1, 9; III, 15, 4. *Ep.* 95, 50; mais aussi des développements très postérieurs à Sénèque (Them. *Or,* XI, p. 150 ab; et le discours de Julien en l'honneur du Soleil-Roi [Jul., trad. Touret 1821, t. III, p. 381-383; 412-414, 416, etc.]). — La comparaison (32) avec le cultivateur sert à deux fins dans le traité : au début Sénèque en tire la maxime : « ne semons pas nos bienfaits sur un sol stérile »; ici, cette autre : « donnons toujours, pour vaincre la stérilité du sol. »

ficium, iste *o*mnibus. Non est magni animi beneficium dare et perdere; hoc est magni animi perdere et dare.

INDEX NOMINVM

ERRATUM

VOL. I

Introduction

P. VII au bas, lire : les chapitres; — n. 9 fin : ennemis.

P. XI l. 2 : Et *nequitiam*.

P. XII n. 9, l. 2 : *Altertum*.

P. XIV n. 6 ajouter : Cf. *Ep.* 48,3.

P. XV n. 2, l. 2 lire : (*satisfacere*).

P. XVII l. 25 : modifiées.

P. XVIII, n. 2, l. 12 : *Praeterito*.

P. XXVIII n. 4, l. 4 : ἐν

P. XXIX n. 1, l. 5 mettre : Men. (*post Aristoph. comocd*... Didot, *Men. fr.* 4 p. 54 et *Cnid.* p. 28) sur la naissance (cf. *De B.* III, 28, 1 ss.) ; 'Επιρέπ

l. 7 : etc.; Philem. (*post Aristoph. comoed*... Didot, fr. 39, p. 124) sur l'esclavage; (*ibid.* fr. 75, p. 127) sur l'essence du bienfait.

P. XXX, n. 2, l. 7 fin, effacer la virgule.

n. 4, l. 1 mettre : Hor. *Ep I*, 7, 18; 20-22. — Id. *Ep. I*, 20, 20 ss., noblesse.

P. XXXI, n. 5, l. 5 lire : *Stoa*, 1892; — l. 6 : « *De Beneficiis* ».

P. XXXI n. 4, l. 1 : dans l'année 62; — l. 5 : 8794 = Holleaux, *Bull. Corr. hell.* 1888 XII, p. 510.

P. XXXII n. 1, l. 8 : Isocr.; — l. 16 : εἶναι ; ibid. : ὑποθήκης — l. 17 : εἶναι δίκας'οὐ — n. 7, l. 1 : Charites.

P. XXXVI n. 1, l. 3 mettre la citation grecque entre parenthèses.

P. XXXVII n. 8, l. 7 : interversions; — n. 9 supprimer : , et VII, 13; — n. 13, l. 2 lire : 304); celle.

P. XXXVIII n. 2, l. 5 : εὖ ; — l. 6 : *promereri, praeuenire, occupare*; — l. 11 : ἀμνήμων ; — n. 3, l. 8 : λόγον; — l. 6 : τόκῳ; — n. 4, l. 1 : ἔχω ou ἀπέχω

P. XXXIX n. 8, l. 2 : *oratorius uigor*.

P. XLI n. 10 : *Patrol.*).

P. XLII n. 3 ajouter à la fin : V. *infra* p. 57, n. 1. — Cf. XI, 27 (Parchemins) et *De B.* III, 15, 3. — V. aussi *ap.* La Rochefoucauld (*Max.* 93; 223-226; 228 s. ed. Chassang) des thèses déjà défendues ou combattues par Sénèque; cf. *Max.* 263 et I, 7,3 *f*.

P. XLIV l. 21 lire : *b*) II, 12, 2 *licet <id> aliquis non* ||; — n. 1, l. 15 : *d(ominus)*.

P. XLV, col. 1, à II, 5, 2, ligne 3 : *gratus etia*.

P. XLVII col. 1, dernière ligne : *con|funditur*.

P. XLVIII col. 2 à VII, 30, 2, ligne 2 : (pour *desit nesci'*.

P. L. col. 1 lire VI, 4, 5 au lieu de VII, 4, 5.

P. LIII n. 1, l. 9 : on lit *suscipiat*.

P. LV l. 10 lire : photographies.

P. LVI l. 9 : (*deteriores*), ibid. : signalées.
l. 15 : par *fort. ex-*

TRADUCTION

P. 27 l. 5 lire : tenir avant même — l. 6 : , sachons le prouver.

P. 28 l. 7 : le don en question.

P. 50 l. 27 : avidité ; ou l'envie.

P. 51 l. 3 : chose à ses yeux.

P. 57 n. 1 dernière ligne : Τὸ γὰρ εὖ

P. 59 l. 13 : une prétexte.
l. 32 : qui lui aura donné un coup.

P. 74 note, l. 1 : *signatarum*.

P. 82 dernière ligne : ; être, au milieu.

P. 103 n. 2, l. 3 : *laquearia*.

P. 104 l. 12 : de la terre.

P. 116, l. 23 : la peau fragile.

P. 117 n. 1, l. 8 : παρέχει]

TEXTE

P. 18 apparat, l. 4 lire : *nos* : quod animum.

P. 25, l. 7 : beneficium.

P. 81, l. 24 : illa transitio.

P. 84 l. 17 : liberalitatem.

P. 96 l. 15 : ille.

P. 111 apparat, l.7 : *N² edd.*

P. 131 n. 1, l. 11 : vainqueur.

VOL. II

TRADUCTION

P. 47 n. 1, l. 1 lire : L'art du pilote (cf. chez le stoïcien Lucain, *Phars.* VIII, 171 s.).

TEXTE

P. 86 apparat, l. 11, lire : 1657 *uel* ze = zestarius *pro* sextarius *uerbo ap. Cappelli Dizion. di abbrev. lat.* 1912 *p.* 405 *et « inhiare » cum datiuo ap. Cic. Catil.* III, 19 *Sen. ep.* 72,7 *et « in » cum accusatiuo post « longus », « altus », « latus » ap. Colum. arb.* 16,3 *sicut idem « in » hic esse uidetur post « capax » uel « ad » est ap. Plin. l. l.; ceterum cf. ap. Stat. silu.* 3,4,58 *« murras graues », potanti corporis inclinandi necessitatem nonnumquam fortasse afferentes* (*unde* proni)].

P. 104 l. 11 : consilio. — App. l. 3 consilio *Erasme* : conc- *N*.

Ce volume,
de la Collection des Universités de France,
publié aux Éditions Les Belles Lettres,
a été achevé d'imprimer
en janvier 2003
sur presse rotative numérique
de Jouve
11, bd de Sébastopol, 75001 Paris

N° d'édition : 4871
Dépôt légal : janvier 2003

Imprimé en France